Stam Verlag
Bardtenschlager-Verlag

Peter Thiesen

Arbeitsbuch Spiel

für Kindergarten, Hort, Heim und Kindergruppe

4. Auflage

Stam 8059

Stam Verlag
Bardtenschlager-Verlag

Verlag H. Stam GmbH
Fuggerstraße 7 · 51149 Köln
Fernruf (02203) 3029-0

ISBN 3-8237-8059-X

Umschlag und Zeichnungen: Monika Karpf-Achtélik
Druck: Erhardi Druck GmbH, Regensburg

INHALT

Vorwort

Kinder spielen in erster Linie, weil es ihnen Spaß macht und Freude bereitet.
Das vorliegende Buch versteht sich als Anregung und Hilfe zur Förderung des Spielens und spielenden Lernens, nicht jedoch eines „verschulten" Spielens.
Der Erzieher wird seine Spielangebote unter Berücksichtigung des Alters, des Entwicklungsstandes und der Bedürfnisse der Kinder planen. Zudem sind für ihn Kenntnisse über die Motivierung zum Spielen, über die pädagogischen Möglichkeiten eines Spiels, das methodische Vorgehen und Variationsmöglichkeiten für eine gezielte Förderung von großer Bedeutung.

Die Absicht dieses Arbeitsbuches liegt deshalb in der

- Vertiefung und Erweiterung des Spielrepertoires,
- Unterstützung freudigen Erlebens und kindergerechten Lernens,
- im Aufzeigen verbesserter Spielbedingungen beim spontanen und gelenkten Spiel, beim Umgang mit Spielzeug und auf Spielplätzen
- und in der Förderung der Spielfähigkeit.

Das Buch ist konzipiert als

- Studienhilfe für angehende Erzieher und Sozialpädagogen,
- Nachschlagewerk für Erzieher in Kindergärten, Hort, Heim und Jugendgruppen, Sozialpädagogen und Grundschullehrer,
- und als Hilfe für Eltern zur Förderung des eigenen Kindes.

Die meisten der hier beschriebenen und erprobten 317 Spiele sind auch im Freizeitbereich anwendbar. Sie bieten Anregungen für Kinderfeste, Spielnachmittage und Spielparties.

Viel Freude beim gemeinsamen Spielen und Erleben.

Peter Thiesen

Mach den anderen eine Freude,
dann hast du selber Spaß!

(Walt Disney)

Spieltheoretische Grundlagen

Spieltheoretische Grundlagen

Das Phänomen Spiel

Die Geschichte des Spiels* läßt sich bis zur Urzeit der Menschheit zurück-
verfolgen. Bereits in der Antike wurden dem Spiel des Kindes erzieherische Funktionen zugeschrieben. Es gibt z. b. zahlreiche Abbildungen aus dem alten
Ägypten, die spielende und mit Spielzeugen hantierende Kinder zeigen.

Der Mensch zeigte stets den Drang, sich zu betätigen und zu spielen.
Viele unserer Fähigkeiten entstammen dem Spiel: Aus dem ziellosen Grei-
fen und Strampeln des Säuglings wird mit zunehmendem Alter ein genaues
Beherrschen des Bewegungsablaufs, aus spielerischer Neugier, z. b. aus
dem Spiel mit Klängen, Farben und Formen entstehen Wissen und kreative
Schaffensfreude.
Der Mensch scheint seine Vervollständigung durch das Spiel zu suchen,
dessen Elemente Zufall und Regel sind.

Das Spiel ist relativ zweckfrei. Es bietet dem Kind den Wechsel von Spannung und Entspannung und die Auseinandersetzung mit einem Teil seiner
Umwelt.

Was bedeutet Zweckfreiheit des Spiels? Die Arbeit zeigt sich als eine
sachbetonte Notwendigkeit, deren Bewältigung als Leistung gemessen und
beurteilt wird. Einem gesteckten Arbeitsziel gegenüber sind wir nicht frei.
Beim Spiel jedoch bleiben wir den Zwecken gegenüber ungebunden, indem wir z. B. Regeln aufstellen, sie abwandeln und ihre Gültigkeit durch
Beenden des Spiels wieder aufheben.

Das Spiel des Kindes wird heute – darin sind sich Psychologen und Pädagogen einig – als differenzierte und veränderbare Möglichkeit der Auseinandersetzung mit der Umwelt und damit auch des Lernens, Einübens und
Anwendens von Kenntnissen, Einstellungen und Fertigkeiten angesehen.

---

* Das Wort Spiel stammt aus dem Mittelhochdeutschen (ahd. spil) und bedeutet ur-
sprünglich „unterhaltende Beschäftigung, fröhliche Übung, Kurzweil".

Spieltheorien

Wenn frühere Pädagogen das Spiel als nutzlos, wenn nicht sogar gefährlich bezeichneten, weil es das Kind von seinen Pflichten abhält, so setzte man sich seit dem Ende des 19. Jahrhunderts wissenschaftlich mit der Bedeutung des Spiels für die menschliche Entwicklung auseinander.

Bereits FRIEDRICH SCHILLER (1759–1805) sagte einmal, daß der Mensch nur dort Mensch sei, wo er spielt.

FRIEDRICH FRÖBEL (1782–1852), der 1837 den ersten Kindergarten gründete, hob die besondere Funktion des Spiels für die Erziehung hervor. Er bezeichnete das Spiel als einen ,,Spiegel des Lebens, des eigenen und des Fremdlebens, des Innen- und des Umlebens". Mit dem von ihm entwickelten Spielmaterial (Fröbelgaben) wollte er durch Beschäftigungen das Kind ,,spielend" zum Erwerb von Grundkenntnissen führen. Seine Überlegungen waren Grundlage für die spätere Erkenntnis, das Spiel auch als Ausdruck der Phantasie und schöpferischen Kräfte zu sehen.

An Eltern und Erzieher gerichtet, schrieb Fröbel: ,,Das Spiel mit Euren Kindern führt Euch selbst in Eure eigene Jugend; es führt Euch dieselbe verschönt zurück; es zeigt Euch, wie das, was jetzt in Euch lebt, in Eurer Kindheit, Eurem Jugendleben begründet ist; es zeigt Euch, wie die Ahnungen und Gefühle Eurer Kindheit, Jugend, sich geklärt und gestaltet, wie sie sich gerechtfertigt und erfüllt haben". *Fröbel über das Spiel*

Die italienische Ärztin und Pädagogin MARIA MONTESSORI (1870–1952), die sich besonders der Erziehung der Kinder im Vorschulalter widmete, begründete die Methode der ,,selbsttätigen Erziehung". Durch indirekte Leitung der Kinder, durch geeignete Lern- und Spielmittel trug sie zur Entfaltung der Eigentätigkeit bei. Maria Montessori entwickelte einen Stufenplan (vom Leichten zum Schweren), in dessen Mittelpunkt die systematische Schulung der Konzentration und Sinneswahrnehmung steht. Noch heute bilden die von Fröbel und Montessori geschaffenen pädagogischen Grundlagen und didaktischen Materialien einen Schwerpunkt vorschulischer Förderung. *Montessori's Methode der ,,selbsttätigen Erziehung"*

Es gibt zahlreiche Deutungen des Spiels. Als bekannteste, zum Teil schon klassische Theorien, lassen sich zur Verdeutlichung folgende nennen: *Deutungen des Spiels*

Theorie des Kraftüberschusses

HERBERT SPENCER deutete das Spiel als Kräfteüberschuß des Spielenden. Die Körperkräfte und geistigen Fähigkeiten, die eine Grundlage für das organische Gleichgewicht darstellen, verlangen nach Betätigung.

Einübungstheorie

KARL GROOS und WILLIAM STERN sahen das Spiel als eine Vorübung auf das Leben als Erwachsener. Das Kind nimmt die Dinge seiner Umwelt auf und verarbeitet sie im Spiel.

Triebtheorie

STANLEY HALL und KONRAD LANGE meinten, daß im Kinderspiel primitive Formen menschlichen Seins noch einmal deutlich werden. Sie gehen von der Annahme eines Instinkts aus, der bei Tieren und kleineren Kindern auftritt und beim erwachsenen Menschen zurückgedrängt und durch ,,Vernunfthandeln" überdeckt wird.

Funktionstheorie

KARL BÜHLER nennt Spiel etwas Gegenwärtiges, nicht auf das Künftige gerichtet, sondern stets als eine von der Lust an der Funktion bestimmte Tätigkeit, wie es die Freude am Wiederholen zeigt.

Reinigungstheorie

HARVEY CARR deutete das Spiel als eine Möglichkeit des Menschen, seine aggressiven, gesellschaftsfeindlichen Tendenzen (z. B. Egoismus) auf unschädliche Weise abzureagieren und sich somit davon zu ,,reinigen".

Erholungstheorie

MORITZ LAZARUS stellte die Theorie auf, daß im Spiel brachliegende Kräfte aktiviert werden. Dabei führt der Mensch seine Energie nicht ab, sondern sammelt und erholt sich.

Theorie der Ich-Ausdehnung

EDOUARD CLAPAREDE und später ERIK ERIKSON sahen in spielerischen Aktivitäten eine Erweiterung des Ichs als Zentrum der heranreifenden Persönlichkeit.

Theorie der Scheinbefriedigung

ALFRED ADLER sah im Spiel eine Scheinbefriedigung des menschlichen Macht- und Geltungsstrebens, die im Kindesalter noch ungehemmt und ohne alle gesellschaftlichen Überdeckungen in Erscheinung treten.
Auch SIGMUND FREUD, C. G. JUNG, F. J. J. BUYTENDIJK, J. HUIZINGA und JEAN PIAGET setzten sich ausführlich mit der Deutung des Spiels auseinander und stellten Theorien darüber auf.

Jede dieser Theorien erfaßt dabei eine Seite der Wahrheit; keine kann aber für sich alleine stehen oder schließt eine andere aus. Insgesamt gesehen sind die Spieltheorien eine Hilfe, die Gefühle, Erfahrungen und Erkenntnisse des Menschen beim Spiel als Ganzes zu erfassen und zu bewerten.

Spiel und Entwicklung

Die ersten spielerischen Handlungen lassen sich beim Säugling etwa vom 5. Monat an beobachten. Er spielt mit seinen Händen, mit seinen Kleidungsstücken, mit Ringen, Klappern, Rasseln und Badespielzeug und erforscht dabei die Möglichkeiten, die ihm die umgebende Umwelt bietet. Bereits nach dem 3. Monat bildet der Säugling klar erkennbare Silben („da da", „ga ga" usw.). Er führt Lallmonologe, die bei den Eltern und Verwandten oftmals Freude hervorrufen. Das Kind antwortet der Mutter, die sich ihm zuwendet, mit vermehrtem Lallen. *Spielerische Handlungen des Kindes*

Im 1. Lebensjahr ahmt das Kind gerne Bewegungen nach und fordert dazu auf, seine Bewegungen nachzuvollziehen. Es erlernt z. B. das Klingeln, das Ziehen oder Werfen. Es beginnt auch zu erkennen, wie Dinge funktionieren (Öffnen, Schließen, Aufheben, Füllen usw.). *Bewegungen nachahmen*
Zu Ende des 1. Lebensjahres gewinnt das Spiel zunehmend an Form und verliert an Zufälligkeit.
Das Kind sammelt Materialerfahrung mit „handgreiflichen" Gegenständen. Es spielt mit dem Material, indem es zerteilt, zerreißt und zerschlägt. Es scheint der Drang zu bestehen, den wachsenden Organismus zu üben. Das Kind spielt gerne mit den Grundelementen Wasser und Sand (Matschen). Erste Gemeinschaftsspiele beginnen (Versteckspielen mit Mutter oder Vater, Spiele auf dem Schoß – Kniereiterverse –, Wiegen und Reiten). *Materialerfahrungen sammeln*

Im Laufe des 2. Lebensjahres wendet sich das Kind *Konstruktionsspielen* zu. Es spielt mit Bauklötzen, hohlen Würfeln, Legosteinen und mit Materialien aus dem Haushalt. Dabei spielt es überwiegend allein oder unter Anleitung des Erwachsenen. Erste Handfertigkeiten werden geübt; manuelle Geschicklichkeit und schöpferisches Gestalten können gefördert werden. Das Kind spielt mit Puppen und Stofftieren und befriedigt so im Spiel auch seine Zärtlichkeitsbedürfnisse. *Konstruktionsspiele*

Im 2. bis 6. Lebensjahr kommt es zu *Laufspielen,* zum Springen und Klettern. Hier unterstützt der Erwachsene das Kind in seinen Aktionen. Bei *Bewegungsspielen* mit anderen Kindern kommt es zu sozialen Kontakten, aber auch zum Wettbewerb. Der Umgang mit Geräten, das Spiel mit dem Roller, Tretauto oder Dreirad verstärkt die Bewegungssicherheit und erweitert den Aktionsraum. *Laufspiele*

Etwa vom 3. **Lebensjahr an** kommt es zu *Rollenspielen*, die dann ungefähr im 5. Lebensjahr vom Kind voll beherrscht werden. Es ist ja wißbegierig und bei entsprechender Umgebung sehr phantasievoll und kreativ. Eine Wolldecke über den Tisch geworfen und fertig ist die Höhle; eine alte Wanne und ein Rad verwandeln sich in einen Formel-I-Rennwagen. Das Kind ahmt spielend Verhalten aus seiner Umwelt nach. Durch verschiedene Rollenspiele (Imitation des Erwachsenen, Vater, Mutter, Arzt, Kaufmann, Polizist) sammelt es Erfahrungen und versetzt sich in die Lage des anderen. Durch das Anspielen und Darstellen verschiedener Situationen (auch Konfliktsituationen) wird dem Kind geholfen, Probleme zu erkennen und Lösungen zu finden. Im Rollenspiel werden dem Kind die Ursachen für bestimmte Verhaltensweisen aufgezeigt; es führt so zur Sensibilität für die Gefühle anderer (Empathie).

Durch Rollen- und Sozialspiele (wie z. B. Abzähl- und Tanzspiele) können Kinder ihre Bedürfnisse aufzeigen und sorgen so für den seelischen Ausgleich. Die spontanen, von den Kindern sehr oft ohne Anleitung durchgeführten Rollenspiele dürfen deshalb vom Erwachsenen nicht gestört werden. Beim gelenkten Rollenspiel dagegen wirkt der Erzieher ein, um sich einem gesteckten Ziel zu nähern.

Bei *Rezeptionsspielen,* dem Bilderbetrachten und Anhören von Märchen und dem anschließenden darstellenden Spiel (mit Puppen im Kasperltheater und Stegreifspiel) wird dem Rede- und Mitteilungsbedürfnis Rechnung getragen, die sich mit zunehmendem Alter verstärken.

In *Gruppen- und Gesellschaftsspielen* werden sprachliche Kommunikation und soziale Kontakte mit bzw. zu anderen Kindern gefördert. Rücksichtnahme, Selbstbeherrschung und Selbstbehauptung werden geübt. Ohne Frage trägt das Spiel in besonderem Maße zur Bildung einer sozialen Persönlichkeit bei.

Im Kindergarten spielt das Kind noch viel allein. Der Erzieher ist als Mittler notwendig. Mit zunehmendem Alter wechseln die Interessen und die Ausdauer beim Spiel.
Während in der frühen Kindheit Jungen und Mädchen unbekümmert zusammen spielen, kommt es im Alter von etwa sechs Jahren zu einer allmählichen Differenzierung. Jungen- und Mädchengruppen bilden sich und wollen nicht mehr miteinander spielen, ,,weil die anderen ja blöd sind".

Der Höhepunkt der kindlichen Spielfreude läßt sich bei der **Gruppe der Sechs- bis Zehnjährigen** beobachten. Er ist durch intensives, vielseitiges und einfallsreiches Spielen gekennzeichnet.

Die Bedeutung des Spiels für das Kind

In unserer problembeladenen, hektischen Zeit werden dem Kind trotz eines 1980 eigens nach ihm benannten „Jahr des Kindes" immer noch zu wenig Freiräume zur Befriedigung seiner Bedürfnisse geboten. Bei vielen Kindern, deren Eltern den Fernsehapparat als „Ersatzerzieher" einsetzen, läßt sich eine „Unfähigkeit zu spielen" beobachten, sie haben nicht gelernt, etwas mit ihrer freien Zeit anzufangen oder spielen stets dasselbe. **Fernsehapparat als „Ersatzerzieher"?**

Kinder mit wenig Geborgenheit haben ebenso wie überbehütete ein gestörtes Verhältnis zu ihrer Umwelt, die ihnen anreizlos, nicht erforschenswert oder gar feindlich erscheint. Ein stets angepaßtes Kind ist in seiner Persönlichkeitsbildung genauso beeinträchtigt wie das Kind, dem völlig freier Lauf gelassen wird. Kindergarten und Hort sind dann oftmals die einzigen Orte unbefangenen Kinderspiels, in denen durch überlegte Spiel- und Materialangebote Anreize vermittelt werden können.

Die Lernerfahrungen, die das Kind in den ersten Lebensjahren sammelt, hängen wesentlich von den Spielen ab, die es vom Erwachsenen angeboten bekommt.

Kindheit und Spiel gehören untrennbar zusammen:

- Das Spiel vermittelt echte Erlebnisse und regt zu aktivem Handeln an. **Spiel regt zu aktivem Handeln an**
- Dem menschlichen Grundbedürfnis nach Sicherheit, Geborgenheit, körperlichem und seelischen Gleichgewicht wird entsprochen. Das Kind schöpft aus dieser Sicherheit Mut für sein Handeln.
- Das Kind setzt sich mit seiner Umwelt auseinander; es erkennt, versteht und beherrscht seine Umgebung.
- Im Spiel erfährt das Kind Zuwendung. Es wird vom Erwachsenen und später von den Gleichaltrigen akzeptiert.
- Das Kind erlebt im Spiel die Wechselwirkung zwischen aktivem Einsatz und passivem Geschehenlassen, zwischen Anspannung und Entspannung. Der gesunde Organismus braucht die Veränderung, besonders wenn man bedenkt, daß ein Kindergartenkind täglich etwa 7–8 Stunden spielt. Ein Grundschulkind sollte über 4 Stunden Spielzeit verfügen können.
- Es gibt kein sinnloses Spielen! Es hat immer eine wichtige Ausgleichsfunktion, die für die körperlich-geistige Entwicklung des Kindes bedeutsam ist. **Es gibt kein sinnloses Spielen!**
- Im Spiel findet soziales Lernen statt. Es führt zu kooperativem Handeln, indem sich eine Gemeinschaft zusammenfindet. Anfängliche Außenseiter werden zum Mitmachen angeregt und kommen, ohne es

zu merken, in die Gruppe. Hemmungen werden so „spielend" überwunden. Auf Schwächere wird Rücksicht genommen und mit Stärkeren wird gelebt. Die Kinder erwerben im Spiel Verhaltensweisen, die das Zusammenleben harmonischer gestalten.

Spiel als Mittel zur Selbstentfaltung
– Das Spiel soll in erster Linie der Selbstentfaltung des Kindes dienen. Es können Begabungen entdeckt und gefördert werden. Besonders bei zurückhaltenden Kindern lassen sich oft ausgeprägte Fähigkeiten beobachten.
– Der Bewegungsdrang des Kindes wird befriedigt.
– Es gibt nur sehr wenige Fähigkeiten und Fertigkeiten, die nicht im Spiel angeregt, entwickelt oder angewendet werden.
– Im Gegensatz zur Realität gibt es im Spiel keine echte Gegnerschaft. Sie wird im Anschluß an das Spiel wieder überwunden.
– Im Spiel können durch die Umdeutung der Wirklichkeit Wünsche und Bedürfnisse befriedigt werden (Hineinschlüpfen in andere Rollen, freies Umgehen mit Farben und Kleister, Herumtoben, überschüssige Kräfte abreagieren, Märchenspiel usw.).

Spiel ist Lebensfreude
– Spiel ist ein Stück Lebensfreude.

Motivierung zum Spielen

Förderung der Spielbereitschaft
Eine der Hauptaufgaben des Spielleiters ist es, die Spielfreude der Teilnehmer zu wecken und ihre Spielbereitschaft zu fördern. Wer dies erreichen will, muß selbst spielfreudig sein und versuchen, soweit dies jeweils möglich ist, die folgenden Bedingungen herzustellen:

– Auf das Kind eingehen, wenn es einen Spielpartner sucht! Die Lebensfreude des Kindes wird gestärkt durch eine positive Einstellung des Erwachsenen zum Spiel.
– Die Wünsche und Interessen der Kinder grundlegend in das Spiel einbeziehen!

Erfolgserlebnisse vermitteln!
– Spiele aussuchen, die allen – auch den Schwachen – Erfolgserlebnisse vermitteln können!
– Spielfreude kann sich nur dort entfalten, wo kein Zwang und Druck bestehen.
– Dem Kind soll geholfen werden, seine Phantasie im Spiel „auszuleben". Das geht nur, wenn genügend Spielmaterial und Spielanreize zur Verfügung stehen und somit Ausdrucksmöglichkeiten für das Kind geschaffen werden. Genügend Orientierungshilfen bieten!

Neugier wecken!
– Neugier wecken und Abwechslungen bieten! Die Spielangebote dürfen nicht zu gleichförmig sein.

- Positive Leistungen müssen angemessen bekräftigt werden! Durch eine positiv formulierte Ermutigung wird die Einsatzbereitschaft des Kindes gewürdigt.
- Nicht schulmeisterhaft belehrend auf das Kind einwirken! Spielende Kinder nicht kritisieren, auch wenn sie sich einmal ungeschickt verhalten.
- Wo Gefahren gesehen werden oder sich Ungerechtigkeiten für den einzelnen ergeben, grenzt der Spielleiter ein.
- Trotz gleichen Alters bringen die Kinder unterschiedliche Voraussetzungen mit, die das Spielniveau bestimmen. Die Spiele müssen den Fähigkeiten der Kinder entsprechend eingesetzt werden. Es soll weder zu einer Über- noch Unterforderung kommen. Beides führt zu Desinteresse und Langeweile. **Voraussetzungen bestimmen das Spielniveau**
- Die Zeitdauer des Spiels richtet sich nach der Belastbarkeit der Kinder. Besonders bei Bewegungs- und Konzentrationsspielen ist diese Überlegung wichtig.
- Bei Gesellschaftsspielen müssen die Regeln anschaulich erklärt werden.
- Eine Spielstunde sollte Höhepunkte bieten.
- Schwächeren und langsameren Kindern Beachtung schenken! Oft geht man als Erzieher auf die aktiveren, lebhaften Kinder ein, wodurch die zurückhaltenden noch mehr abgedrängt werden. **Schwächeren Beachtung schenken**
- Ein Kind braucht einen festen Platz zum Spielen. Eltern schaffen Spielmöglichkeiten durch einen entsprechenden „Schonraum" in der Wohnung, durch Anregungen, Material und Spielfläche im Freien.
- Das eingangs erwähnte Vorbild des Spielleiters ist Ansporn für die Beteiligung am Spiel. Er ist geduldig und achtet darauf, daß freiwillig und fair gespielt wird.
- Das spielende Kind braucht Eltern, von denen es sich geliebt fühlt und verständnisvolle Erzieher, die es leiten und nicht gängeln.
- Kontakte sind wichtig. Kinder sollten ausdrücklich Spielkameraden nach Hause einladen dürfen. **Kontakte herstellen**
- Einseitiges Spiel des Kindes sollte für den Erwachsenen Aufforderung sein, sich näher mit dem Kind zu beschäftigen. Eltern sollten sich täglich genügend Zeit für das Spiel mit ihrem Kind nehmen.
- Gesellschaftsspiele gewinnen noch mehr an Reiz, wenn man Variationen entwickelt oder sich neue Regeln ausdenkt. Gemeinsam werden neue Spiele erfunden. **Variationen entwickeln**
- Bei Gruppenspielen rechtzeitig abbrechen und nicht „totspielen"! Alternativen bereithalten.

Kreativität und Spiel

schöpferisches
Denken, Handeln
und Produzieren

Unter Kreativität wird die Fähigkeit zu originellem, schöpferischen Denken und Produzieren verstanden. Die Ansichten, ob Kreativität im Kindes- und Jugendalter als Fähigkeit zur Neuschöpfung anzusehen ist oder als Fähigkeit im Umgang mit vorgefundenen Anreizen und Material, differieren in der theoretischen Diskussion. Im Grundsatz geht es jedoch um die Förderung des Einfallsreichtums und der Produktivität des jungen Menschen. Im Alltag unserer heutigen Welt drohen die kreativen Fähigkeiten immer mehr zu verkümmern. Das Sich-berieseln-lassen und eine passive Konsumhaltung sind zur Zeiterscheinung geworden.

Zu oft sprechen wir von Kindern, die „unfähig" sind zu kreativem Spiel und von Jugendlichen, die sich in Freizeitstätten berieseln lassen. Zu wenig sprechen wir von uns, den Erziehenden, die maßgeblich für diese Situation verantwortlich sind.

Vorbildwirkung des
Erwachsenen

Erwachsene, die den Fernsehapparat zum Mittelpunkt ihrer Freizeitgestaltung gemacht haben und ihn zu Hause als „Ersatzerzieher" einschalten, dürfen sich über ihr nachhaltig wirkendes Vorbild nicht wundern.

Aber auch die Schule muß mehr Raum schaffen, in dem Kreativität gefördert werden kann. Die Förderung der Kreativität kann nicht nur Aufgabe von Kindergarten, Hort, Jugendarbeit und Freizeitpädagogik sein.

Die anfänglich noch planlosen Phantasien des Kleinkindes steigern sich zu kreativen Fähigkeiten zwischen dem 3. und 6. Lebensjahr. Es besteht Interesse an Material zum Gestalten, am Singen und darstellenden Spiel. Oft genug sind wir über die originellen und spontanen Fragen und Aussagen von Kindern erstaunt.

Für die Entwicklung des Kindes sind jetzt alle Erfahrungen wichtig, die es sammeln kann.

Wie kann der Erwachsene kreatives Spielen fördern?

- Ehrliches Interesse zeigen; sich aktiv mit dem Kind auseinandersetzen. Neugier wecken.
- Spiel- und Kommunikationsformen ermöglichen, die Gelegenheit zum Entdecken und Erproben geben.

günstige Umweltbe-
dingungen schaffen

- Günstige Umweltbedingungen schaffen, z.B. durch Bereitstellung von Material, das genügend Spielmöglichkeiten zuläßt. Zuviele Lern- und Spielanreize aber können das Kind verwirren.
- Das Kind mit wenig strukturiertem Material spielen und gestalten lassen. Gestalten kennt keine Leistungsmaßstäbe.

20

- Überprüfen, ob die Spielmaterialien in einem guten Zustand sind.
- Kein Spielzeug kaufen, dem das Kind nur passiv gegenüberstehen kann.
- Anregungen und Hilfen geben, wenn sie vom Kind erbeten werden. Sich nicht aufdrängen, sondern die Eigeninitiative des Kindes entwickeln lassen. Zurückhaltende Kinder durch zusätzliche Impulse motivieren. Wenn das Kind lernt, sein Spiel selbst zu organisieren, wie im Freispiel, beim Gestalten und im darstellenden Spiel, wird es am ehesten zu einer Ausschöpfung seiner Fähigkeiten und Fertigkeiten kommen.
- Wahlmöglichkeiten schaffen und das Kind entscheiden lassen. Zum Denken anregen, z.B. durch Vergleichen beim Spielen mit Formen, Farben, Geräuschen oder beim physikalischen Experimentieren.
- Keine Dressur und Bevormundung. Kreativität entwickelt sich nur ohne Zwänge. Die spontane Ausdrucksfähigkeit des Kindes muß erhalten bleiben. **keine Dressur!**
- Der demokratisch-kooperative Erziehungs- bzw. Führungsstil erweist sich als optimal für die Förderung der Kreativität.
- Selbst bereit sein, mitzuspielen und auch einmal aus der Erwachsenen- oder Elternrolle zu schlüpfen. **aus der Erwachsenenrolle schlüpfen**
- Keine ablehnende Kritik. Sie ist tödlich für die Kreativität und entmutigend.

Kreative Spiele ebnen den Weg zur Selbständigkeit und Selbstbestimmung. Kreatives Spielen bedeutet

- Ideen entwickeln, Spielenlassen der Phantasie
- Entwerfen, Tüfteln, Probieren, Suchen nach Lösungen und Handlungsstrategien
- Originalität
- Spontaneität
- Entwicklung von Ich-Stärke
- ein positives Lebensgefühl fördern
- Entdeckung neuer Verhaltensweisen
- Keine Angst haben, eigene Ideen auszusprechen.

Kreative Spielformen sind z.B. **kreative Spielformen**

- das Freispiel
- Spiele in den Bereichen Musik und Gestalten
- darstellende Spiele (Mitspieltheater)
- Spielaktionen
- Planspiele
- experimentelle Spiele.
- Spiele zur Selbsterfahrung.

Die Spielhandlung wird entscheidend durch die Spielmotivation und das Interesse am Inhalt bestimmt; die Spieldauer hängt von der Freude des Kindes am Spiel ab.

Das Freispiel als Mittel zur Selbstentfaltung

Stärkung der Persönlichkeit

Das Erleben von Aktivität und Passivität, Höhen und Tiefen, Freude und Leid findet am zwanglosesten im Freispiel* statt. Das Kind erhält genügend Gelegenheiten, Selbsterfahrungen zu sammeln, die für die Stärkung seiner Persönlichkeit besonders bedeutungsvoll sind.

Das Freispiel ist bedürfnisorientiert; es erfreut und befriedigt das Kind. Probleme wie z.B. Streit mit Altersgenossen können dabei weitgehend selbst reguliert werden.

Im Freispiel kann das Kind vielseitige Kontakte aufnehmen. Es lernt das Spielgeschehen zu planen und Entscheidungen zu treffen. Im Umgang mit anderen Kindern lernt es Rücksicht zu nehmen (z.B. Spielzeug abzugeben) und sich Spielregeln unterzuordnen.

Das Kind erwirbt in zunehmendem Maße Verantwortung und lernt, seine Fähigkeiten einzuschätzen.

Während früher das Freispiel im Kindergarten eher stiefmütterlich behandelt wurde, hat es seit Mitte der 60er Jahre gleichberechtigt seinen Platz neben gezielten Beschäftigungen.

Verhalten des Erwachsenen beim Freispiel

Wie soll sich der Erwachsene beim Freispiel des Kindes verhalten?

– Ausreichende Spielfläche im Raum und im Freien zur Verfügung stellen.
– Genügend Zeit zum Freispiel geben.

äußerlich passiv, innerlich aktiv

– Ausgewähltes Spielmaterial bereithalten und zu gegebener Zeit auf Spielmöglichkeiten hinweisen. Es gilt für den Erwachsenen die Regel: „Äußerlich passiv und innerlich aktiv".

---

* Unter Freispiel wird das selbständige Spiel des Kindes verstanden. Der Spielraum, der Spielkamerad, die Spielmittel, die Spielinhalte und der Spielverlauf werden vom Kind selbst bestimmt. Der Erwachsene hält sich weitgehend zurück.

- Sich nicht in den Vordergrund drängen. Das Kind spielt von sich heraus, wenn es nicht durch äußere Einflüsse abgelenkt wird.
- Für eine ausgeglichene und heitere Spielatmosphäre sorgen.
- Das Freispiel, wie das Spielen überhaupt, darf nie plötzlich unterbunden werden. **Spiel nie plötzlich unterbrechen**
- Defektes Spielzeug sollte aussortiert werden.
- Spielunlustige, unsichere Kinder werden einfühlsam ermuntert.
- Eltern sollten Unordnung in Kauf nehmen.
- Besonders zwischen dem 5. und 10. Lebensjahr benötigen Kinder für ihre körperliche und geistig-seelische Entwicklung viel Freiraum. Eltern sollten ihrem Kind Mut machen, wenn es etwas tun will. Gebote und Verbote sollten sich auf die wesentlichen Dinge beschränken, z. B. wenn Gefahr besteht, ein anderes Kind unterdrückt oder Spielzeug mutwillig zerstört wird. „Gluckenhaftes" Verhalten (Überbehütung) verhindert die Entwicklung einer selbständigen und selbstbewußten Persönlichkeit. **keine Überbehütung**

Die Funktion des Spielleiters

Spielleiter können Erzieher, Vater, Mutter, ein Jugendlicher oder ein Kind sein.

Um den Anforderungen der unterschiedlichen Altersgruppen, Situationen und Einrichtungen gerecht zu werden, erfordert die sozialpädagogische Praxis besonders vom Erzieher umfassende Fachkenntnisse und eine eigene Spielfähigkeit. Er muß frei von Spielhemmungen sein, andere begeistern und Kontakte herstellen können. **eigene Spielfähigkeit haben**

Der Spielleiter muß wissen, daß Spiele neben ihrem Unterhaltungswert auch Medium des sozialen Lernens und der Persönlichkeitsbildung sind. Auf das jeweilige Alter der Teilnehmer bezogen, muß der Erzieher Spielformen, Spielfunktionen und Materialien kennen, beurteilen und einsetzen.

In der Rolle des Beobachters kann er Spielhemmungen erkennen und überwinden helfen. Die Beobachtung läßt Rückschlüsse zu über Ausdauer, Konzentration, Geduld und individuelle Fähigkeiten eines Kindes. Zudem können soziale Verhaltensweisen, Kommunikation und unterschiedliche Rollen in der Gruppe beobachtet werden. **Beobachterrolle hilft Spielhemmungen zu erkennen**

Der als Spielleiter agierende Erzieher soll Spielbedürfnisse erkennen, zum Spiel motivieren, Spielbedingungen schaffen und Denkanstöße geben. Er plant flexibel, bietet Alternativen, entwickelt Variationen und achtet auf die Einhaltung der Spielregeln. Zu seinen Aufgaben gehört es auch, die Thematik von Spielstunden festzulegen, den Spielrahmen abzugrenzen, den Zeitraum festzulegen und Aufgaben zu verteilen.

Die Planung von Spielstunden

Spielprozesse und Spielstunden müssen geplant werden. Dabei sollte man von folgenden Vorüberlegungen ausgehen:

Teilnehmer

1. Alter und Entwicklungsstand der Teilnehmer

Das Spielverhalten von Kindern ist altersspezifisch.

2. Gruppe (spezifische Voraussetzungen)

- sozialer Hintergrund, Zusammensetzung der Gruppe.
- Welche Altersunterschiede bestehen?
- Sind Gegensätze und Probleme vorhanden?
- Anzahl der Mitspieler.
- Bestehen Vorkenntnisse? Welche Spiele sind bekannt?
- Kommunikation der Spieler untereinander.

Kommunikation der Spieler untereinander

3. Spiele

- Welche Interessen und Spielwünsche bestehen?
- Soll die Spielstunde unter einem bestimmten Motto stehen (z. B. Quiz, Geschicklichkeitsspiel, Stegreifspiel usw.)?
- Welche Spiele sind für diese bestimmte Gruppe geeignet? Welche pädagogischen Absichten habe ich?
- Werden Materialien und Hilfsmittel benötigt?
- Sind bestimmte Materialien erst noch anzufertigen?
- Bieten die ausgesuchten Spiele Variationsmöglichkeiten?

Richtige Spielauswahl

4. Spielsituation

- Zeitpunkt und Dauer der Durchführung.
- Anlaß der Durchführung (z. B. Fest, Beschäftigung usw.).
- Verfassung der Teilnehmer.

5. Spielort / Umgebung

- Wo sollen die Spiele stattfinden? Im Raum oder im Freien? (Alternativen bereithalten, z. B. Angebote für ein „Regenprogramm")
- Ist ausreichend Spielraum vorhanden?
- Einrichtung des Raumes, Ausstattung, Sitzordnung, Lüftung.
- Ist der Raum freundlich oder wirkt er sich nachteilig auf die Atmosphäre aus?

Atmosphäre

Die Reaktionen der Kinder auf eine Spielstunde können Zustimmung, Freude, Heiterkeit oder Glück ausdrücken. Es gibt aber auch Konfliktsituationen, die vom Erzieher aufgefangen werden müssen. Er muß Verständnis und Geduld bei Kindern aufbringen, die lustlos sind, sich weigern mitzuspielen, sich nicht an die Regeln halten wollen, nicht auf ihre Mitspieler eingehen oder immer nur mit demselben Partner spielen.

Ausgehend von den unter „Motivierung zum Spielen" genannten Überlegungen sollte der Erzieher in bestimmten Situationen auch Spiele einsetzen, die es ermöglichen, aggressive Bedürfnisse auszuleben. Er sollte auch Spiele durchführen, die mit großer Wahrscheinlichkeit nicht zu Konflikten zwischen einzelnen Kindern und der Gruppe führen.

Als Spielleiter hat es der Erzieher in der Hand, die Zielsetzungen und Spielformen zu verändern und somit für eine Spielatmosphäre zu sorgen, in der sich alle wohlfühlen und Spielbereitschaft entwickeln.

Die Bedeutung der Beobachtung wurde bereits erwähnt. Sie hilft nicht nur Verhaltensweisen (und -auffälligkeiten) zu erkennen, sondern liefert dem Erzieher Anregungen für die künftige Planung von Spielangeboten. **Anregungen für künftige Planungen**

Durch Befragung der Kinder und Gespräche mit ihren Eltern erhält der Erzieher zusätzliche Informationen über Lieblingsspiele und Aufschluß darüber, warum vom Kind Spiele abgelehnt werden.

Auch Eltern sollten sich unbedingt Zeit nehmen, ihre Kinder beim (ungestörten) Spiel zu beobachten.

Falsches Spielleiterverhalten

Vom Spielleiter hängt es im Wesentlichen ab, ob die Teilnehmer eine bejahende oder ablehnende Einstellung zum Spielverlauf entwickeln.

Falsch sind folgende Verhaltensweisen:

- ermüdendes und unverständliches Erklären; **unverständliches Erklären**
- sich gelangweilt und unbeteiligt geben;
- schimpfen, kommandieren und schikanieren;
- sich auf Kosten der Spieler lustig machen;
- zum Spiel zwingen;
- Kinder länger sitzen lassen, als es ihr Entwicklungsstand zuläßt;
- zu leises/zu lautes Sprechen;
- immer nur dieselben Spiele durchführen.

Es gibt auch Eltern und Erzieher, die ihre Unlust und ihr Desinteresse tarnen, indem sie alles passiv-nachgiebig geschehen lassen. Wenn sie mit diesem „Laissez-faire-Stil" Schiffbruch erleiden und Fritzchen dann mit dem Messer dabei ist, die Möbel zu verzieren, versuchen sie mit autoritären Verhaltensweisen, das Kind oder die Gruppe wieder in den Griff zu bekommen. Auf der Strecke bleiben dabei Glaubwürdigkeit und Vertrauen des Kindes zum Erwachsenen.

25

Spielformen und ihre Funktion

Es gibt zahlreiche Spielformen mit unterschiedlichen Funktionen. Sie lassen sich in drei Hauptgruppen unterteilen:

1. Spiele zur Selbsterfahrung
2. Regelspiele
3. Darstellendes Spiel.

Spiele zur Selbsterfahrung sind Kennenlern- und Interaktionsspiele* aus den Bereichen Kontaktaufnahme, Kommunikation und Gruppenbildung, sprachlicher und körperlicher Ausdruck, Kooperation, Einfühlung und Selbsteinschätzung.

Spiele zur Selbsterfahrung

Die **Funktion** dieser Spiele, die sowohl mit Vorschulkindern, Schulkindern, Jugendlichen als auch Erwachsenen gespielt werden, liegt in erster Linie im sozialen Lernen. Die Spiele wollen das Kennenlernen erleichtern, zum Angstabbau und zur Entspannung beitragen. Die Teilnehmer sollen lernen, ihre Gefühle zu äußern und auf die Gefühle anderer einzugehen. Ein weiteres Ziel ist die Erweiterung der Handlungsfähigkeit und des Durchsetzungsvermögens.

Regelspiele

Regelspiele, die nach vorgegebenen aber auch veränderbaren Regeln gespielt werden, sind:
Kreisspiele, Tanzspiele, Geländespiele, Laufspiele, Ballspiele, Wettspiele, Schreibspiele, Sprachspiele, Geschicklichkeitsspiele, Konzentrationsspiele, Kimspiele (Sinnesübungen), Interaktionsspiele, Ratespiele, Sammlerspiele, Pfänderspiele, Brett- und Kartenspiele, Disco- und Partyspiele.

Die **Funktion** der Regelspiele läßt sich in verschiedene Lernbereiche aufgliedern:

Förderungsbereiche

a) **kognitiver Bereich** (Kenntnis- u. Erkenntnisbereich): z.B. Begriffsbildung, Differenzierung, Sprach- und Sinnesschulung, Übung der Konzentration.

b) **sozialer Bereich** (Entwicklung und Förderung sozialer Verhaltensweisen), z.B. Regelverständnis, Rücksichtnahme, Fairneß, verzichten und abgeben können.

---

* Interaktion = Wechselwirkung. Interaktionsspiele wollen die wechselseitige Beeinflussung von Individuen und / oder Gruppen hinsichtlich ihres Handelns deutlich machen.

c) **emotionaler Bereich** (Gefühlsbereich), z. B. Spielfreude, Erlebnisse, Unterhaltung.

d) **motorischer Bereich** (Bewegung des Körpers), z. B. Geschicklichkeit, Bewegungssicherheit, Entwicklung manueller Fertigkeiten. *mit/durch Hände erworben*

e) **imaginativer Bereich** (Vorstellung und Phantasie), z. B. Ideen und Einfälle verwirklichen durch Gestalten und darstellendes Spiel.

Darstellendes Spiel faßt als Oberbegriff vier unterschiedliche Formen zusammen: Darstellendes Spiel

1. das soziale Rollenspiel (Stegreifspiel) als verbale und pantomimische Darstellung von Tätigkeiten, Handlungen, Märchen, Geschichten, Bildern, Reimen, Liedern und Scharaden;
2. das problemorientierte Rollenspiel als Möglichkeit der Problem- und Konfliktbewältigung in der Familie, im Kindergarten, Hort, in der Schule, bei Freundschaften usw.
3. das Laienspiel mit und ohne Textvorlagen; Gestalten mit (eigenen) Texten, Rollen und Handlungen;
4. das Figurenspiel (Spiele mit selbstgemachten Puppen, Kasperlspiel, Marionetten- und Schattenspiel).

Die **Funktion** des darstellenden Spiels liegt besonders in der Weckung der Spielfreude, im Abbau von Hemmungen, in der Sprachförderung, Anregung der Phantasie und Ausdrucksschulung.

Der überwiegende Teil der in diesem Buch aufgeführten Spiele findet in Gesellschaft mit anderen statt. Der Mensch hat ein elementares Bedürfnis nach Gemeinschaft. **Gesellschaftsspiele** sind gemeinschaftsfördernd. Sie ermöglichen ein freudvolles und ungezwungenes Erleben und Lernen in der Gruppe.

Die eigene Spielesammlung und Spielekartei

Zu groß ist die Zahl der Spiele, um sie alle abrufbereit im Kopf zu haben. Auch geübte Erzieher und Spielleiter greifen deshalb auf (ihre) Unterlagen zurück.

Einordnung von Spielen

Regel- und Gesellschaftsspiele lassen sich nach verschiedenen Gesichtspunkten einteilen und sammeln, z. B. nach

- Alter
- Förderbereich
- Spielort
- Aktionsform

- Anlaß
- Sozialform
- Material
- Alphabet.

Für die Anfertigung einer eigenen Spielekartei unter spielpädagogischen Aspekten, hat sich für die Hand des Erziehers das folgende Schema als besonders geeignet erwiesen. Es sollte auf DIN-A-4-Blätter übertragen werden. Natürlich lassen sich auch kleinere Papierformate verwenden. Der Vorteil des größeren Formats liegt in der Möglichkeit der ausführlichen Beurteilung auf einer Seite.

Karteikarten

Wer häufig Spielprogramme durchführt oder mit Gruppen arbeitet, wird sicherlich (zusätzlich) auf ein kleineres Format (Karteikarten) zurückgreifen und sich hier auf die wesentlichen Angaben beschränken.

28

Beispiel für einen Beurteilungsbogen

Laufende Nr.: Spielform (Art): Titel / Name des Spiels:	
Alter (Anwendungsbereich):	
Spielbeschreibung:	
Material / Hilfsmittel:	
didaktisch-methodische Hinweise*:	
Förderbereich (Spielqualität):	
Spielort:	
Situation:	
Probleme / mögliche Gefahren:	
Variation(en):	

---

* Gemeint sind Aufbau und Gliederung der Durchführung (Was? In welchen Lern-schritten? = Didaktik, und das planende Vorgehen zur Erreichung eines bestimm-ten Ziels [Wie?] = Methodik).

Spielesammlung

Zur Handhabung der Spielesammlung

Die in der Praxis erprobte Spielesammlung dieses Buches wurde in folgende Bereiche eingeteilt:

Die Bereiche dieser Spielesammlung

1. Spiele zum Kennenlernen – Kontaktaufnahme
2. Spiele zur Sozialerziehung
3. Sprachspiele
4. Spiele zur Sinneswahrnehmung
5. Beobachtungsspiele
6. Reaktionsspiele
7. Geschicklichkeitsspiele
8. Musikspiele
9. Bewegungsspiele
10. Spiele zum Gestalten – ästhetische Erziehung
11. Darstellende Spiele
12. Farbenspiele
13. Spiele mit Mengen, Zahlen und Formen
14. Experimentelle Spiele
15. Spiele zur Umwelt-, Sach- und Naturbegegnung.

Hinweise zur Handhabung

Diese Einteilung soll Eltern und Erzieher eine gezielte Förderung ermöglichen.

Neben der Spielbeschreibung und entsprechenden didaktisch-methodischen Hinweisen werden Angaben zum Spielort, Alter, zur Teilnehmerzahl, zu Variationsmöglichkeiten und Materialien gemacht.

Da die einzelnen Bereiche oftmals ineinander übergehen, wird zu Beginn jeder Spieleinheit auf mögliche Querverbindungen hingewiesen.

Die Altersangaben für die jeweiligen Spiele beziehen sich auf das Mindestalter der Teilnehmer. Eine Altersgrenze nach oben gibt es bei vielen Spielen nicht, so daß sie auch von Jugendlichen und Erwachsenen gespielt werden können.

Zum schnellen Auffinden sind die Spiele von 1–317 durchnummeriert. Zusätzlich sind sie noch einmal im Sach- und Spielregister alphabetisch geordnet.

 Spiele im Haus (Zimmer, Gruppenraum, Turnhalle)

 Spiele im Freien (Garten, Spielplatz, Wiese, am Wasser)

 Spiele für unterwegs (beim Spaziergang, auf der Reise, im Auto)

A	
T	

A = Altersangabe (Mindestalter)*

T = Teilnehmerzahl

---

* Die für jedes Spiel aufgeführten Altersangaben beziehen sich auf das Mindestalter der Teilnehmer. Viele Spiele können auch mit Jugendlichen und Erwachsenen gespielt werden. Durch Variationen und Erhöhung des Schwierigkeitsgrades verschiebt sich das Alter der Teilnehmer entsprechend nach oben.

1. Spiele zum Kennenlernen
und zur Kontaktaufnahme

1. Spiele zum Kennenlernen und zur Kontaktaufnahme

Kennenlernen und Kontaktaufnahme

Einstellen auf eine neue Umgebung

Die Aufnahme in den Kindergarten kann anfänglich für das Kind mit großen Belastungen verbunden sein. Es muß sich auf unbekannte Menschen (Erzieherin/Spielkameraden) und eine neue Umgebung einstellen.
Besonders Einzelkindern, die auf gemeinsame Spielstunden und Erlebnisse im Geschwisterkreis verzichten mußten, fehlen wichtige soziale Erfahrungen, die sie nun im Kindergarten erstmals machen können.
Durch Kennenlernspiele wird der Gruppenprozeß in Gang gesetzt. Die einzelnen Gruppenmitglieder nehmen Kontakt miteinander auf; es kommt zur Lockerung und Entspannung. Die anfängliche Scheu und Gehemmtheit, die sich oft in Sprechängsten äußern, werden abgebaut.
Kennenlernspiele lassen sich in allen Altersgruppen, vom Vorschulalter an, spielen.

Gefühl der Sicherheit geben

Um dem Kind die Kontaktaufnahme zu erleichtern, muß der Erwachsene versuchen, dem Kind in allen Situationen ein Gefühl der Sicherheit zu geben.

Querverbindung:

> Spiele zur Sozialerziehung
> Bewegungsspiele

34

Spielvorschläge:

1 Omnibusfahren

Je 4–5 Kinder (entsprechend der Gesamtteilnehmerzahl) bilden eine Riege; sie hängen sich aneinander, indem sie die Schulter oder Taille des Vordermannes fassen. Das vorderste Kind ist der „Omnibusfahrer". Er darf die Geschwindigkeit und Fahrtrichtung bestimmen. Gleich wie schnell die Fahrt, die durch Geräusche (Hupen, Bremsen usw.) begleitet wird, es darf keiner den Vordermann loslassen, sonst muß er ausscheiden. Dem „Busfahrer" kann dies geschehen, wenn er mit einem anderen „Bus" zusammenstößt.

A	ab 3
T	4–20

Variationen:	Zusätzlichen Wert erhält das Spiel durch das Einführen von Verkehrsregeln (Rechtsfahren, Beachten der Vorfahrt) bei Kindern ab 5 Jahren.
Förderungsbereich:	Fähigkeit zum freien Sichäußern und Bewegen, Nachahmen von Bewegungen; Verkehrserziehung.

2 Kettenglieder

Der Spielleiter ernennt ein Kind zum „Fänger". Alle anderen laufen weg, der „Fänger" hinterher. Hat er ein Kind gefangen, dann machen sich beide Hand in Hand weiter auf die Jagd. Berühren sie wieder ein Kind, muß sich auch dieses der Kette anschließen. Jedes „Kettenglied", das gefangen wurde, muß mitjagen.
Neuer „Fänger" wird, wer bis zuletzt übrig bleibt.

A	ab 4
T	6–20

Förderungsbereich:	Geschicklichkeit; soziales Verhalten, Kooperation.

3 Hier bin ich

Wir bilden einen Stuhlkreis. Zwei Kinder bekommen die Augen verbunden und stehen in der Mitte. Jedes der beiden bekommt einen Hut in die Hand und die Aufgabe, diesen dem anderen Kind aufzusetzen. Dabei necken sie sich gegenseitig, indem sie dem anderen „Hier bin ich!" zurufen und ihre Position ständig wechseln. Das Spiel endet, sobald ein Kind die Aufgabe erfüllt hat. Es folgt das nächste Paar.

A	ab 5
T	6–20

Förderungsbereich:	Fähigkeit sich frei zu äußern und zu bewegen; Sinneswahrnehmung Hören; Geschicklichkeit, Reaktionsvermögen.
Material:	2 Hüte und 2 Augenbinden.

| A | ab 3 |
| T | 10–20 |

4 Namenwerfen

Die Kinder bilden einen Kreis. Ein Kind in der Mitte erhält einen Ball. Beim Hochwerfen des Balles ruft es den Namen eines anwesenden Kindes. Ob der Ball von diesem gefangen wird oder nicht, jedes Kind sollte einmal einen Mitspieler aufrufen können. Die Erzieherin lenkt, wenn bestimmte Kinder zu häufig, andere dafür gar nicht aufgerufen werden.

Förderungsbereich: Lernen der Namen; soziale Beziehungen der Kinder untereinander.

Material: 1 Wurfball

5 Wir suchen Freunde

Die Spieler (15–30) laufen im Raum oder auf dem Spielfeld frei durcheinander. Ein Mitspieler – anfangs am besten der Erzieher – ruft eine Zahl zwischen 2 und 8. Daraufhin müssen sich entsprechend viele Spieler zusammentun und sich als Gruppe im Raum bewegen, bis der Erzieher eine neue Zahl ruft.

A	ab 5
T	15–30

Förderungsbereich: Mit Partnern in Beziehung treten; Bewegungshandlungen; Zahlenverständnis; Reaktionsvermögen.

6 Mohrenküsse

Zwei gleichstarke Gruppen werden gebildet. Jedes Kind erhält einen Mohrenkuß. Auf ,,Los" beginnen die beiden ersten Kinder der beiden Gruppen den Mohrenkuß zu essen. Sind sie fertig, pfeifen sie kurz. Dies ist das Startzeichen für die nächsten Spieler. Wer nicht pfeifen kann, ruft kurz ,,aah".
Viel wichtiger als der Sieg ist der Spaß, den dieses Spiel allen Teilnehmern bereitet.

A	ab 5
T	10–20

Förderungsbereich: Gemeinschaftserlebnis; Reaktionsvermögen.

Material: Pro Spieler 1 Mohrenkuß oder Keks o. ä.

7 Sich vorstellen

Die Kinder sitzen im Stuhlkreis. Es ist ein Stuhl weniger vorhanden als Mitspieler. In der Kreismitte steht ein Kind. Es hält einen mit Muggelsteinen gefüllten Beutel in der Hand, geht auf ein Kind zu und stellt sich vor: ,,Guten Morgen (bzw. Guten Tag), ich heiße . . . (nennt seinen Vor- und Nachnamen), und wie heißt Du?" Das angesprochene Kind erwidert: ,,Ich heiße . . .", steht auf und schließt sich seinem Mitspieler mit dem Muggelsteinbeutel an. Beide gehen zu einem anderen Mitspieler. Das erste Kind stellt sich wieder vor und fragt nach dem Namen des anderen. Das angesprochene Kind schließt sich an usw.
Hat sich hinter dem ersten Kind bereits eine kleine Kette gebildet, so läßt es plötzlich den Muggelsteinbeutel fallen. Alle Kinder versuchen nun ganz schnell einen Sitzplatz zu bekommen. Wer übrig bleibt, geht in die Kreismitte und ein neues Spiel beginnt.

A	ab 5
T	10–20

Förderungsbereich: Das Kind nimmt Kontakt zu anderen auf; es kann sich selbst mit Vor- und Nachnamen vorstellen und spricht in zusammenhängenden Sätzen; Kennenlernen; Reaktionsfähigkeit.

Variation:	„Ich wohne . . . (Straße und Hausnummer werden genannt), und wo wohnst Du?" Es lassen sich eine Reihe weiterer Fragen finden, z. B. „Ich spiele gern mit . . . (Lieblingsspielzeug wird genannt), und womit spielst Du?"
Material:	Mit Muggelsteinen o. ä. gefüllter „Geräuschbeutel".

8 Vorstellung

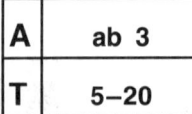

Stehkreis. Jedes Kind nennt seinen Vor- und Nachnamen und macht dazu eine Bewegung oder Geste. Die Gruppe wiederholt jeweils den Namen und die Bewegung.

Förderungsbereich: Freies Sichbewegen vor der Gruppe, Kennenlernen.

9 Faxen-Fritz

Lustig wird es besonders bei Kinderfesten, wenn ein Kind freiwillig oder von der Erzieherin ausgesucht zum „Faxen-Fritz" ernannt wird. Zu einer rhythmisch betonten Musik marschiert er durch den Raum. Alle anderen Kinder dürfen hinterhergehen und seine Faxen nachmachen wie z. B. Trippeln, Hüpfen, lange Schritte, federnder Gang, Stelzen, Flügelschläge beim Laufen, Rückwärtsgehen, Zwergengang usw.

Förderungsbereich: Kommunikations- und Kooperationsfähigkeit; verschiedene Bewegungsarten werden zusammen mit den Spielpartnern ausgeführt; rhythmisch-musikalisches Empfinden.

Material: Kassettenrecorder oder Plattenspieler und rhythmisch betonte Musik.

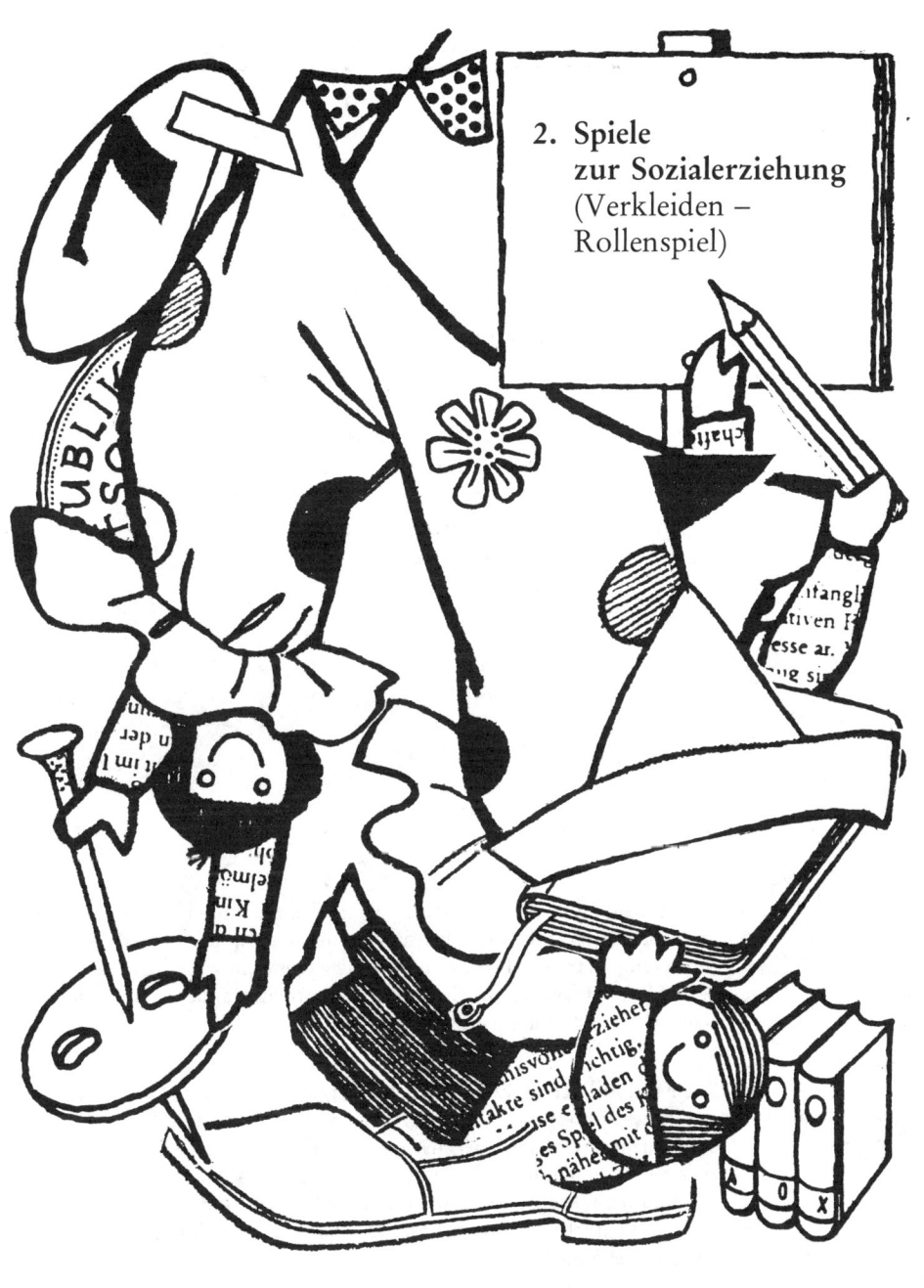

2. Spiele
zur Sozialerziehung
(Verkleiden –
Rollenspiel)

2. Spiele zur Sozialerziehung

Sozialerziehung

Es gilt, dem Kind beim Aufbau einer stabilen Persönlichkeit zu helfen und es zu befähigen, mit Menschen und Menschengruppen seiner Umwelt in Beziehung zu treten. Dabei muß ein Gleichgewicht zwischen sozialer und persönlicher Identität, zwischen den Ansprüchen anderer und denen des eigenen Ich gefunden werden.

Persönlichkeits-entfaltung und -bildung

Das Kind soll sich im Elternhaus, Kindergarten und Hort wohl und geborgen fühlen. Entscheidend für die Persönlichkeitsentfaltung und -bildung ist der Erziehungsstil des Erwachsenen. Von ihm hängt es ab, wie sich das soziale Selbstverständnis des Kindes entwickelt. Er sollte sich partnerschaftlich und demokratisch verhalten, d. h. auf Macht und Überlegenheit verzichten, vielmehr ermutigen und behutsam die Selbständigkeit und Spontaneität des Kindes lenken.

Als Hauptziele der Sozialerziehung lassen sich nennen:

- Selbstbewußtsein (Ich-Stärke)
- Kontaktfähigkeit
- Selbständigkeit, Handlungsfähigkeit
- Selbsteinschätzung
- Kooperationsfähigkeit
- Verantwortungsbewußtsein
- Problembewußtsein (mit Konflikten umgehen)
- Toleranz
- Partnerschaft
- Liebesfähigkeit
- Rollenbewußtsein
- Erkennen und Einhalten von Regeln.

In der Gruppe findet soziales Lernen statt, indem die genannten Fähigkeiten spielerisch und spielend eingeübt werden. Die Kinder lernen, die eigenen Bedürfnisse, Wünsche und Gefühle zu äußern und die anderer zu verstehen und zu akzeptieren. Sie erfahren, daß jedes Kind anders ist, daß gemeinsames Spiel Rücksichtnahme erfordert, daß Meinungsunterschiede nicht Feindschaft bedeuten müssen und daß es darauf ankommt, den anderen zu achten und menschlich mit ihm umzugehen.

Bereits in der Kindheit festigen sich individuelle soziale Verhaltensweisen, die bis in das Erwachsenenalter hinein bestehen und später den Umgang mit anderen beeinflussen.

Querverbindung:

> Spiele zum Kennenlernen
> Sprachspiele
> Darstellende Spiele
> Bewegungsspiele

Spielvorschläge:

10 Personen raten

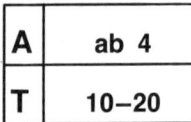

A	ab 6
T	5-10

Ein Stuhlkreis wird gebildet. Die Mitspielerzahl darf nicht zu groß sein (maximal 10 Kinder). Die Mitspieler müssen sich untereinander gut kennen. Ein Freiwilliger oder durch Abzählreim Ermittelter erzählt in der Ich-Form etwas von einer Person aus dem Mitspielerkreis, z. B. über Hobbys, Freunde, Geschwister, Beruf des Vaters, Lieblingsspielzeug usw. Wer errät am schnellsten, wer gemeint ist?

Förderungsbereich: Beschreiben können; persönliche Eindrücke darstellen können; Merkfähigkeit, Aufmerksamkeit und Konzentration; sich in die Rolle des anderen versetzen können.

11 Wer ist verschwunden?

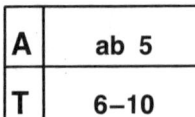

A	ab 4
T	10-20

Die Spieler stehen im Kreis, ihr Gesicht zeigt nach außen und die Augen sind geschlossen. Die Erzieherin schiebt die Spieler durcheinander, so daß niemand mehr weiß, wo der andere steht. Schließlich führt sie einen Spieler in die Mitte, läßt ihn niederhocken und wirft ein Laken (oder eine leichte Decke) über ihn. Auf ein Signal drehen sich alle anderen um. Welches Kind weiß zuerst, wer unter der Decke versteckt ist?

Förderungsbereich: Wahrnehmung des anderen, Aufmerksamkeit, schnelles Erfassen der Lage (Reaktion).

Material: Ein Laken oder eine leichte Decke.

12 Fühlen und Tasten

A	ab 5
T	6-10

Jedes Kind erhält ein Bettlaken, das es sich über den Kopf zieht. Dann gehen alle schweigend (!) im Raum umher und versuchen durch Fühlen und Tasten zu erraten, wer jeweils unter dem Laken steckt.

Variation: Ein Kind verschließt die Augen und wird von einem „Blindenführer" behutsam durch den Raum geführt. Die „Blinden" versuchen, sich gegenseitig durch Befühlen und Tasten zu erraten.

Förderungsbereich: Behutsames Miteinander-Umgehen; Sinnesbereich Tasten.

Material: 1 Bettlaken je Spieler.

13 Durchbruch

Die Kinder bilden einen Kreis und halten sich dabei gut an den Händen fest. Ein Mitspieler steht in der Mitte, geht dreimal auf verschiedene Stellen des Kreises zu, ergreift jeweils die Hände von zwei Kindern und sagt beim ersten Paar: „Hier balk ich", beim zweiten Paar: „Hier bau ich" und beim dritten Paar: „Hier breche ich durch!".
Beim letzten Satz muß das Kind versuchen, den Kreis zu durchbrechen. Gelingt es ihm nicht, muß das Kind, dessen rechte Hand erfaßt wurde, in den Kreis.

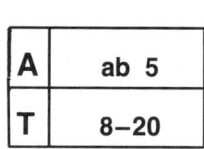

A	ab 5
T	8–20

Förderungsbereich: Durchsetzungsvermögen, Selbstbehauptung.

14 Das Rollenspiel

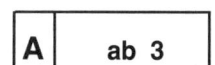

A	ab 3

Führen wir mit Kindern ein Rollenspiel durch, so muß ein bestimmtes Erlebnis vorausgegangen sein. Es wäre aber falsch, ein Rollenspiel zu erzwingen und dem Kind eine bestimmte Rolle aufzudrängen.
Im Freispiel erleben wir das Kind ständig in verschiedenen Rollen (Vater-Mutter-Kind-Spiel, Kinderpost, Kaufmannsladen, Indianerspiel, Situationen des alltäglichen Lebens). Das Rollenspiel kann dem Kind neue Impulse und Anregungen für sein Freispiel bieten. Am Erwachsenen liegt es, dem Kind genügend Material zur Verfügung zu stellen (z. B. alte Kleidungsstücke – Verkleidungskiste –, Stoffreste, Papier, altes Geschirr, Kochtöpfe usw.).
Das Rollenspiel im Kindergarten oder zu Hause, das Kinder sehr oft ohne Anleitung spielen, wird als spontanes Rollenspiel bezeichnet. Dort, wo der Erwachsene einwirkt, um ein bestimmtes Ziel zu erreichen, handelt es sich um das „gelenkte Rollenspiel". In beiden Spielformen setzt sich das Kind mit seiner unmittelbaren Umwelt auseinander.

Worin bestehen die Vorteile des Rollenspiels?
1. Die Wirklichkeit wird simuliert, ohne deren Ernsthaftigkeit fürchten zu müssen.
2. Die Gefühle der Sozialpartner (Spielpartner) werden besser verstanden.
3. Die Teilnehmer am Rollenspiel erhalten eine unmittelbare Rückmeldung durch den Partner oder die Gruppe.
4. Durch Überzeichnung treten bestimmte Verhaltensweisen deutlicher hervor.
5. Neues Verhalten und dessen Wirkung auf andere wird erprobt.
6. Im Rollenspiel werden soziale und persönliche Konsequenzen des Verhaltens deutlich.
(siehe auch Spiele Nr. 16 und 17)

A	ab 4/5
T	8–12

15 Die Schlange

Mehrere Kegel werden mit größerem Abstand in einer Reihe aufgestellt. Alle Mitspieler bilden eine Reihe (Schlange), die im Zickzack zwischen den aufgestellten Kegeln hindurchläuft.

Ziel des Spieles ist es, die Schlange nicht abreißen zu lassen und keine Kegel umzuwerfen. Beim 2. Durchgang schließt sich der vorher erste Spieler hinten an usw. Das Spiel läßt sich auch ohne Anfassen oder mit kleinen Gummireifen (Strandspielzeug) als Bindegliedern durchführen.

Förderungsbereich: Zusammenwirken mit anderen, Rücksichtnahme; unterschiedlicher Laufrhythmus.

Material: Kegel (oder andere Markierungsmöglichkeiten), evtl. kleine Gummireifen.

16 Konfliktlösungsspiel

Das Rollenspiel läßt sich im Kindergarten neben dem Gespräch als Mittel der Konflikt- und Problemlösung sehr gut einsetzen. Ausgegangen wird dabei von einer vom Kind unmittelbar erlebten Situation.

Ein Beispiel:

Problem: Wie verhält sich ein Kind, nachdem es einem anderen Kind im Streit Sand in die Augen geworfen hat?

A	ab 5
T	5–10

Die Geschichte wird von der Erzieherin erzählt:
,,Klaus und Michael spielen im Sandkasten. Sie wollen eine Ritterburg bauen. Zuerst schütten sie einen großen Sandhaufen auf, bauen Türme, Treppen, Fenster und Türen. Klaus will ein zweites Tor bauen, Michael aber ist damit nicht einverstanden. Klaus wird wütend und bewirft Michael mit Sand. Dieser hat nun Sand in den Augen und hält sich weinend die Hände vors Gesicht.''

Frage: ,,Was glaubt ihr wohl, was Klaus jetzt tun wird?'' Die Kinder äußern jetzt verschiedene Vorschläge. Die Erzieherin regt an, die Geschichte einmal zu spielen, wobei die zuschauenden Kinder am Ende des Spiels (ca. 2 Minuten) überlegen sollen, welche Lösung am besten erscheint, den Konflikt beizulegen.

Das problemorientierte (gelenkte) Rollenspiel fördert die Urteilsfähigkeit des Kindes. Es lernt dabei zuzuhören, zu diskutieren und Probleme zu lösen. Neben der Sensibilisierung für die Gefühle anderer und der Stärkung des kindlichen Selbstverständnisses trägt das Rollenspiel zur Spannungsabfuhr bei. Im Spiel werden so z. B. Aggressionen verarbeitet, die das Kind sonst auf andere Weise abreagieren müßte. Das Erlernen sozialer Verhaltensweisen und der Aufbau eines Verständnisses für soziale Unterschiede sind weitere Möglichkeiten des problemorientierten Rollenspiels.

Der Aufbau des problemorientierten Rollenspiels
- Problembestimmung (worum geht es?)
- Hinführung zum Problem durch den Spielleiter
- Diskussion in der Gruppe
- Verteilung der Rollen
- Kurzer Szenenaufbau
- Die Zuschauer werden auf ihre Rolle als kritische Beobachter eingestellt
- Beginn des Spiels
- Diskussion über das Spiel
- Weitere Spiele (Alternativen), falls erwünscht

17 Familien-Rollenspiele

Der Erzieher sorgt für eine gemeinsame und gründliche Planung bzw. gibt vermittelnde Anregungen (Bilder, Geschichten, Kleidung usw.). Er kann auch selbst teilnehmen und eine Rolle übernehmen, was ihm erlaubt, Spielimpulse zu geben.

A	ab 3/4
T	2-5

Beispiel: Großreinemachen
Die Kinder verkleiden sich und ahmen ihnen bekannte Handlungsabläufe nach (Staubsaugen, Aufwischen, Fensterputzen, Teppichklopfen usw.).

Weitere Beispiele:
- Familienalltag
- Wir haben ein Baby
- Ein Wochenendausflug
- Wir machen eine Reise
- Einkaufen und kochen
- Hochzeit
- Streit in der Familie
- Arztbesuch
- Wir kommen in die Schule
- Mutti hat Geburtstag
- Eine Freundin/ein Freund ist krank
- Ich bin krank
- Wir bekommen ein Haustier (Hund/Katze)

Je nach Jahreszeit ergeben sich weitere Möglichkeiten:
- Der Nikolaus kommt
- Wir feiern Weihnachten
- Ostern
- Erntedankfest.

Förderungsbereich: Freies Sichäußern, Sammeln von Informationen; Erleben verschiedener Rollen und Situationen, Selbstentfaltung, Konflikte erleben (Frustrationstoleranz).

Material: Verkleidungskiste (Jacken, Hosen, Blusen, Röcke, Hüte, Schuhe, Nachthemden, Gürtel, Brillengestelle, Federboas, Tücher usw.). Die Kinder suchen sich die für ihr Spiel benötigten Sachen selbst aus.

18 Glücksknöpfe

Jedes Kind erhält 5 Knöpfe. Die Kinder gehen im Raum umher und geben einem anderen Mitspieler so viele Knöpfe, wie sie jeweils abgeben möchten bzw. loswerden wollen. Jedes Kind muß (!) die ihm angebotenen Knöpfe annehmen. Von Zeit zu Zeit ruft der Spielleiter „Halt!" und nennt eine Zahl zwischen 1 und 16. Jeder Spieler, der die genannte Anzahl Knöpfe in der Hand hält, bekommt einen kleinen Preis. Dann werden die Knöpfe neu aufgeteilt, d. h. jeder erhält wieder fünf davon, und ein neues Spiel beginnt. Die Knöpfe werden immer gemeinsam mit der Erzieherin gezählt.

A	ab 5
T	6–16

Förderungsbereich: Sozialverhalten; Zählen.

Material: Pro Kind 5 Knöpfe.

19 Meine Familie und ich

Bei diesem Spiel erfahren die Kinder, daß nicht alle Familien gleich sind.

Die Erzieherin bereitet ein großes Bild vor, das eine vierköpfige Familie darstellt, und überlegt sich, was sie von dieser Familie berichtet. Zusätzlich malt die Erzieherin auf die Rückseite einer Tapetenrolle für jedes Kind der Gruppe (bis zu 10) groß den Umriß eines Hauses.

Die Kinder sitzen im Stuhlkreis, die Erzieherin zeigt das vorbereitete Bild und fragt nach den dargestellten Personen. Fallen die Stichworte „Familie" oder „Vater, Mutter, Kinder", berichtet die Erzieherin von dieser Familie.

A	ab 4
T	5–10

Dann fragt die Erzieherin: „Geht es in eurer Familie anders zu?" Jetzt berichten die Kinder. Nach dem Gespräch gehen sie zur „Tapetenstraße" mit vielen Häusern, die nach Möglichkeit in einem anderen Raum ausgelegt werden sollte. Jedes Kind darf seine eigene Familie in eines der Häuser malen. Sind alle Kinder mit dem Malen fertig, werden gemeinsam die Familien der „Tapetenstraße" betrachtet. Die Kinder können etwas zu ihren Bildern erzählen; evtl. kann noch einmal auf Unterschiede zwischen den Familien hingewiesen werden.

Förderungsbereich: Die unterschiedliche Zusammensetzung von Familien wird erfahren; die Kinder erkennen, daß die Aufgaben in der Familie unterschiedlich verteilt werden; Spracherziehung (im Gespräch und bei der Beschreibung des Dargestellten); manuelle Geschicklichkeit; Interaktion mit der Gruppe.

Material: Tapetenrolle, Wachsmalstifte, Klebeband (zum Befestigen der Tapete auf dem Fußboden und an der Wand), evtl. Turnmatten als Sitzgelegenheit.

20 Fingerkontakt

Ein blinder Mensch ist in vielen Situationen (z. B. im Straßenverkehr) auf die Hilfe seiner Mitmenschen angewiesen: er muß sich auf sie verlassen können. „Fingerkontakt" ist ein Spiel, um solches Vertrauen zu erfahren.

Bis zu 20 Kinder befinden sich in einem Raum. Sie bilden Paare. Die Paare stehen sich gegenüber, und jedes Kind streckt seine Arme schräg nach oben. Die Hände berühren sich an den Fingerspitzen. Ein Kind schließt die Augen, das andere führt den Partner durch den Raum. Nach ein bis zwei Minuten wird gewechselt. Die Kinder berichten, was sie dabei erlebt haben.

A	ab 5
T	8–20

Förderungsbereich: Körperbewußtsein (Erleben eines ungewohnten Zustandes); Konzentration auf den Partner, Vertrauensübung.

21 Wir malen uns

Es werden Paare gebildet. Jeweils ein Kind legt sich auf einen großen Papierbogen, das andere zeichnet die Körperumrisse mit Wachskreide. Die Fläche wird vom abgezeichneten Kind mit Wasserfarben ausgemalt. Zum Schluß werden die fertigen Bilder gemeinsam betrachtet.

Förderungsbereich:	Sensibilisierung (beim Abzeichnen der Körperumrisse), Kontakt zum anderen Kind; Konzentration (beim Stillliegen); Feinmotorik (beim Malen); Phantasie (bei der Ausgestaltung); Verbalisierung (beim Gespräch über das Bild).
Material:	Für jedes Kind einen großen Papierbogen (Zeitungsrolle), Wachsmalkreiden, Wasserfarben, Pinsel.

A	ab 4
T	6–8

22 Freude und Traurigkeit

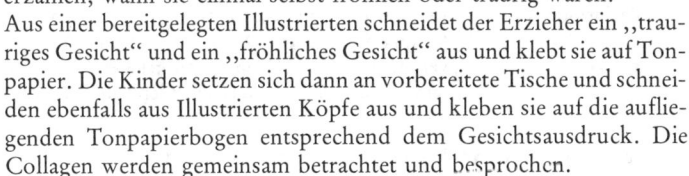

Freude und Traurigkeit drückt der Mensch durch Gestik und Mimik aus. Warum aber ist man fröhlich oder traurig?

Der Erzieher zeigt den Kindern verschiedene Bilder von lachenden, weinenden oder traurigen Personen. Die Kinder werden gefragt, warum wohl der eine traurig oder der andere fröhlich ist. Es wird dabei zu den Begriffen ,,Freude" und ,,Traurigkeit" hingeführt. Die Kinder erzählen, wann sie einmal selbst fröhlich oder traurig waren.

Aus einer bereitgelegten Illustrierten schneidet der Erzieher ein ,,trauriges Gesicht" und ein ,,fröhliches Gesicht" aus und klebt sie auf Tonpapier. Die Kinder setzen sich dann an vorbereitete Tische und schneiden ebenfalls aus Illustrierten Köpfe aus und kleben sie auf die aufliegenden Tonpapierbogen entsprechend dem Gesichtsausdruck. Die Collagen werden gemeinsam betrachtet und besprochen.

A	ab 4
T	6–10

Förderungsbereich:	Das Kind lernt Gesichtsausdrücke, in diesem Fall zwei Extreme, erkennen und sich darauf einzustellen (Sensibilisierung); im Gespräch erfährt es, daß es nicht nur glückliche Menschen gibt und wie man ihnen evtl. helfen kann; manuelle Geschicklichkeit (beim Ausschneiden und Aufkleben); Verbalisierung.
Material:	Illustrierte, 2 große Bogen Tonpapier, Scheren, Klebstoff.

A	ab 3
T	10–20

23 Sonne und Wolkenbruch

Die Erzieherin erzählt eine Geschichte von Kindern, die einen Ausflug machen. (Es geht über Wege und eine grüne Wiese, auf der gehüpft, gelaufen, auf Händen und Füßen gekrochen wird oder „Fassenkrieger" gespielt wird.) Dabei führen die Kinder die von der Erzieherin angegebenen Bewegungen aus. Fällt in der Geschichte aber das Wort „Sonne", so setzen sich alle Kinder auf den Fußboden. Taucht in der Geschichte dagegen das Wort „Wolkenbruch" auf, so versuchen alle Spieler ganz schnell in einer Ecke, unter einem Tisch u. ä. Unterschlupf zu finden.

Förderungsbereich: Kommunikation mit anderen Kindern, Gruppenbildung; Reaktionsvermögen.

Material: Unterschlupfmöglichkeiten wie Tisch, große Pappkartons, Decken, Spielhaus usw.

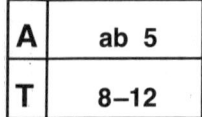

A	ab 5
T	8–12

24 Kartoffelpuzzle

Zwei oder mehr gleichstarke kleine Gruppen sitzen an Tischen. Sie erhalten vom Spielleiter jeweils eine große (rohe), zerschnittene Kartoffel, die mit Hilfe von Zahnstochern wieder zusammengesteckt werden soll.
Welche Gruppe löst die Aufgabe zuerst?

Variationen: Es werden mehrere zerschnittene Kartoffeln pro Gruppe ausgegeben. Oder: Die Kartoffelstücke werden vertauscht an die Gruppen ausgegeben. Jede Gruppe wird so gezwungen, mit einer anderen in Kontakt zu treten.

Förderungsbereich: Kommunikationsfähigkeit und soziale Sensibilität; zuordnen, erkennen, vergleichen und kombinieren.

Material: große zerschnittene Kartoffeln, ausreichend Zahnstocher.

A	ab 3
T	2–8

25 Hände stapeln

Die Kinder sitzen am Tisch. Ein Kind legt seine rechte Hand auf die Tischplatte, ein anderes legt seine darauf usw. Das erste Kind zieht seine zuunterst liegende Hand heraus und legt sie obenauf. So machen es auch die anderen Kinder der Reihe nach, immer schneller, bis der Turm zusammenbricht.

Förderungsbereich: Kontakt- und Kooperationsfähigkeit; Reaktionsvermögen.

3. Sprachspiele

3. Sprachspiele

Sprache

Beziehungen zur Umwelt

Die Sprache ist für die menschliche Entwicklung von grundlegender Bedeutung. Durch sie nimmt der Mensch Beziehungen zur Umwelt auf. Sprache, Denken und soziales Verhalten stehen in einem engen Zusammenhang. Es gibt nahezu keinen Lebensbereich, in dem auf Sprache verzichtet werden kann.

Die ersten „sprachlichen" Äußerungen nehmen wir beim Säugling als Schreien und Lallen wahr. Später reagiert er z. B. auf das gesprochene Wort der Mutter und nimmt ihre Mimik und Gestik auf. Die erste Sprachleistung des Kindes ist der Einwortsatz, ihm folgen Zwei- und Mehrwortsätze. Das Erlernen der Sprache beginnt in der Regel kurz vor dem 2. Lebensjahr. Wörter werden wiederholt und das Kind fängt an zu fragen. Etwa im

„Fragealter"

4. Lebensjahr erreicht das „Fragealter" seinen Höhepunkt. Vom schulreifen Kind wird erwartet, daß es grammatikalisch richtig spricht und lautrein artikulieren kann. Es soll sich zudem in zusammenhängenden, vollständigen Sätzen ausdrücken können.

Das Vorschulalter ist die Idealzeit des Sprechenlernens. Besonders in diesem Lebensabschnitt wird schnell und leicht gelernt und in großem Umfang Wissen erworben.

Das Kind lernt im Spiel und Gespräch: **Ziele**

- Die Sprache ist ein Mittel des Ausdrucks, der Verständigung, der Informationsaufnahme und Weitergabe.
- Beobachtungen und Wahrnehmungen werden beschrieben.
- Das Kind erklärt und deutet Sachverhalte; es äußert Vermutungen und stellt gedankliche Zusammenhänge sprachlich dar.
- Laute werden beim Hören und Sprechen unterschieden.
- Das Kind lernt zuhören.
- Die Sprache wird als Medium erfahren (Reime, Lieder, Verse, Geschichten).

Die Sprachförderung im Kindergarten richtet sich nach der kindlichen Sprachentwicklung. Neben der Erweiterung des sprachlichen Handelns und des Erwerbs neuer Begriffe, lernt das Kind in ganzen Sätzen zu sprechen, richtig zu artikulieren und mit der Stimme umzugehen. Dies geschieht besonders in der Begegnung mit kindgemäßer Literatur (Reime, Rätsel, Geschichten).

Bekundet ein Kind besonderes Interesse an Bilderbüchern, so sollte man dafür sorgen, daß immer wieder neue Titel angeschafft werden. Bilderbücher und Comics (z. B. ,,Micky Maus", ,,Tim und Struppi", ,,Fix und Foxi") können Spiel- und Betätigungsobjekte sein. Sie ermuntern nach dem inhaltlichen Erfassen zum Rollen- und Stegreifspiel, zum Gespräch und Malen.

Der Erwachsene sollte jede sich bietende Gelegenheit ergreifen, um mit dem Kind zu sprechen. Möglichkeiten dazu gibt es überall. Im Haus, beim gemeinsamen Spiel und Musizieren, vor und nach dem Essen, beim Spazierengehen oder beim Zu-Bett-Gehen. Dabei ist das sprachliche Vorbild von **Vorbildwirkung** Eltern und Erziehern sehr wichtig.

Querverbindung:

> Darstellende Spiele
> Musikspiele
> Beobachtungsspiele
> Spiele zum Gestalten
> Farbenspiele

Informationen über geeignete Kinder- und Jugendliteratur geben:

- Arbeitskreis für Jugendliteratur e. V., Elisabethstr. 15, 8000 München 40
- Deutsches Jugendschriftwerk, Kurt-Schumacher-Str. 1, 6000 Frankfurt a. M.

Spielvorschläge:

A	ab 3
T	1–10

26 Bilder-Sprech-Spiele

Bilderbücher und Bildvorlagen dienen in besonderem Maße der Sprachbildung. Dazu gehören Wahrnehmung, Gedächtnis, sprachliches Verständnis und Schnelligkeit der Wortfindung.
Das Kind lernt, sich ein Bild genau anzuschauen, die dargestellten Sachverhalte zu erkennen und zu beschreiben.

1. Der Erwachsene blättert gemeinsam mit dem Kind ein Bilderbuch durch. Das Kind stellt Fragen, der Erwachsene antwortet.
2. Der Erwachsene erzählt beim nächstenmal die Geschichte in Kurzform. Die dargestellten Bilder werden auf Fragen des Kindes hin erklärt.
3. Einige Tage später erzählt der Erwachsene die Geschichte wieder und läßt sich vom Kind die dargestellten Situationen beschreiben.
4. Der Text wird vorgelesen. Der Sachverhalt wird vom Kind anhand der Bilder erkannt.
5. Das Kind erzählt die Geschichte anhand der Bilder.
6. Tiere und Personen der Handlung werden im Stuhlkreis von mehreren Kindern pantomimisch und akustisch wiedergegeben (z. B. Hüpfen wie ein Frosch, Bellen wie ein Hund usw.).
7. Die in den Bilderbüchern und auf den Bildvorlagen dargestellten Personen, Tiere, Häuser und Situationen werden gemalt.

Förderungsbereich: Genaues Beobachten; Wahrgenommenes wird mit eigenen Worten ausgedrückt und wiedergegeben; Sprechen in ganzen, vollständigen Sätzen.

Material: Bilderbücher und Bildvorlagen, Malpapier, Wachsmalkreiden.

A	ab 3
T	1–10

27 Bildbetrachtungen

Bilder sprechen das Kind ganzheitlich an. Dies um so mehr, wenn die Bilder eine Beziehung oder Tätigkeit zwischen Menschen, Tieren und Dingen ausdrücken. Die Themenbilder sollten deshalb aus dem sozialen Umfeld und der Vorstellungswelt der Kinder stammen. Bei der Auswahl der Bilder sollte der Erzieher nicht nur von seinem persönlichen Geschmack ausgehen, sondern darauf achten, daß sie in Form, Farbe und Inhalt das Kind ansprechen.

Neben Kunstdrucken und Kunstbildern aus Kalendern sind auch Dias besonders geeignet, bei denen Einzelheiten und Zusammenhänge von den Kindern erkannt werden können.

Geeignete Kunstbilder sind z. B.:

Dürer: Hase
             Eichhörnchen
Dix: Der Hahn
Kollwitz: Mutter mit Kind
Klee: Schiff
Macke: Im Zoo
Rousseau: Kinderstubenbild
van Delft: Die Frau in der Küche
van Gogh: Die Lerche
             Der blühende Apfelbaum
             Der Sämann
             Die Schiffe
             Der Briefträger

Ausleihmöglichkeit besteht bei den öffentlichen Büchereien, Informationsmaterial gibt es bei den Buch- und Kunsthandlungen. Kunstdruckkalender sind in der Mitte des Jahres ganz besonders günstig zu erwerben.

Förderungsbereich: Gesehenes sprachlich ausdrücken, Personen und Gegenstände werden richtig benannt (Erweiterung des Wortschatzes), Sätze werden zu Satzgefügen.

Material: Kunstkalender, Dias, Illustriertenbilder.

28 Schnellsprechsätze („Zungenbrecher")

Wer schafft es, einen der nachfolgenden Sätze dreimal fehlerlos aufzusagen?

1. Ein krummer Krebs kroch über eine krumme Schraube.
2. Esel essen Nesseln gern, Nesseln essen Esel gern.
3. Fischer's Fritz fischt frische Fische. Frische Fische fischt Fischer's Fritz.
4. Ein fließender Fluß voller Flöße mit flößenden Schiffern.
5. Zwei zischende Schlangen saßen zwischen zwei zwitschernden Vögeln.
6. Sieben Schneeschipper schippen sieben Schippen Schnee.
7. In Ulm und um Ulm und um Ulm herum.
8. Die Katze tritt die Treppe krumm, die Katze tritt die Treppe krumm.

A	ab 4
T	1–6

Förderungsbereich: Artikulation; Konzentration und Merkfähigkeit.

29 Bilderbuch-Spiele

A	ab 2
T	1–6

Für diese Spiele sucht der Erwachsene geeignete Bilderbücher aus. Die Kinder beschreiben, was sie sehen.

Variationen: Bestimmte Abbildungen im Buch werden gesucht („Kannst Du mir zeigen, wo die Puppe ist?"). Oder: Die Abbildungen werden benannt: „Das ist ein Auto." Oder: Im Buch abgebildete Gegenstände werden im Raum gesucht.

Förderungsbereich: Freies Sprechen, richtiges Benennen von Gegenständen, Zuordnen von Namen zu den betreffenden Abbildungen, Wortschatzerweiterung.

Material: Bilderbücher und Bildtafeln.

30 Märchenwelt

A	ab 3
T	6–20

Die Erzieherin beginnt ein Gespräch, in dem sich die Kinder frei äußern und ihrer Phantasie freien Lauf lassen können.

Sie beginnt etwa: „Stellt euch einmal vor, es ginge auf unserer Welt anders zu als wir es gewohnt sind. Was wäre z. B., wenn

die Blumen auf den Wiesen aus Schokolade wären . . .
die Gehwege und Straßen aus Gummi . . .
die Autos fliegen könnten . . .
die Äpfel aus Plastik . . .
die Gurken aus Holz . . .
die Wolken aus Watte . . .
die Hausdächer aus Zuckerguß . . .
das Gras aus Kaugummi . . .
die Fenster und Türen aus Papier . . .
das Wasser aus Sand . . .
die Bäume aus Glas . . .?"

Die Kinder entwickeln neue Fragen.
(Im Stuhlkreis oder im Einzelgespräch durchzuführen.)

Förderungsbereich: Sprachlicher Ausdruck; Phantasie; Denken.

31 Reime und Gedichte

Mit der Erweiterung des Wortschatzes wächst auch die Freude an Reimen und Gedichten.

Reime lassen sich nach bestimmten Gesichtspunkten ordnen:
- Reime vom Wetter (Sonne, Mond, Himmel, Regen)
- Tierreime
- Zungenbrecher oder Schnellsprechverse
- Abzählverse
- Scherz- und Neckreime
- Kniereiterverse
- Reime aus der Umwelt des Kindes.

A	ab 2
T	1–20

Für jedes Vortragen und Spiel mit Reimen gilt:

Es ist falsch, von den Kindern eine Einübung des Reimes zu verlangen. Das Kind nimmt den Reim ganzheitlich und bildhaft auf. Das zeilenweise Lernen ist somit ein sinnloses Unterfangen.

Besonders geeignet für die Arbeit im Kindergarten sind erzählende Gedichte von Erika Engel, Paula Dehmel, Friedrich Güll, James Krüss, Viktor Blüthgen, Gustav Falke, Christian Morgenstern, Eduard Mörike, Friedrich Rückert und Heinrich Hoffmann v. Fallersleben.

32 Kniereiterverse

Im Kindergarten werden Kniereiter- und Koseverse gelegentlich mit der jüngeren Kindergruppe gestaltet. Eigentlich aber sind dies Reime, die vor allem in der Mutter-Kind-Beziehung ihren Platz haben.

A	ab 1

Beispiele:

Hopp, hopp, hopp!
Pferdchen lauf galopp!
Über Stock und über Steine,
aber brich Dir nicht die Beine.
Hopp, hopp, hopp!
Pferdchen lauf galopp!

Hoppe, hoppe, Reiter,
wenn er fällt, dann schreit er.
Fällt er in den Graben,
fressen ihn die Raben,
fällt er in den Sumpf,
macht der Reiter plumps.

A	ab 2
T	2–5

33 Fingerspiele

Fingerspiele betonen die charakteristischen Hand- und Fingerbewegungen. Die Reime werden deutlich gesprochen und wiederholt.

Beispiele:

Zehn kleine Zappelmänner

Bei diesem bekannten Fingerspiel geht es recht schnell zu. Die Kinder sitzen um den Tisch, und ihre Finger zappeln den Worten entsprechend über die Tischplatte. Beim Verstecken werden Fäuste geballt, und zum Schluß verschwinden die Finger unter dem Tisch oder hinter dem Rücken.

10 kleine Zappelmänner
zappeln hin und her.
10 kleinen Zappelmännern
fällt das gar nicht schwer.

10 kleine Zappelmänner
zappeln auf und nieder,
10 kleine Zappelmänner
tun das immer wieder.

10 kleine Zappelmänner
zappeln rings herum,
10 kleine Zappelmänner
die sind gar nicht dumm.

10 kleine Zappelmänner
kriechen ins Versteck.
10 kleine Zappelmänner
sind auf einmal weg.

Zwei Tauben

Es sitzen zwei Tauben auf
einem Dach.
Die eine flog weg,
die andere flog weg –
die eine kam wieder,
die andere kam wieder;
da sitzen sie alle beide
wieder.

Das ist der Daumen

Das ist der Daumen,
der schüttelt die Pflaumen,
der liest sie alle auf,
der trägt sie nach Haus
und der Kleine,
der ißt sie ganz alleine.

Die Maus

Da kommt die Maus,
da kommt die Maus,
klingelingeling!
Ist der Herr im Haus?

Die Kinder lieben den Gleichklang der Verse. Beim Sprechen und beim Singen passen sie sich dem vorgegebenen Rhythmus an.

34 Abzählverse

1, 2, 3 – und du bist frei.

Ine, mine, minke, tinke,
Vater, rude, rolke, tolke,
wucker, wacker, weg.

1, 2, 3, 4, 5, 6, 7
eine alte Frau kocht Rüben,
eine alte Frau kocht Speck
und du bist weg.

Eins, zwei drei,
die anderen sind vorbei.
Schnips, schnaps, schnaus,
du bist raus.

Eins, zwei, drei vier, fünf –
mach dich auf die Strümpf,
mach dich auf die Schuh,
sonst bist's du.

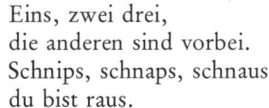

A	ab 3
T	3–8

Es läuft eine Maus
durch unser Haus.
Treppauf, treppab
tippeldip, tippeldap
und du bist ab.

Ene, mene, mu
und ab bist du,
ab bist du noch lange nicht,
mußt erst sagen, wie alt du bist.

(Das angesprochene Kind nennt
sein Alter, z.B. 5 Jahre. Es
wird weiter bis 5 abgezählt,
das 5. Kind scheidet aus usw.)

Zippe, zapp,
Knopf ist ab.
So ein Dreck –
du bist weg.

Ene, mene, Winzen,
wer backt Plinzen,
wer backt Kuchen,
der muß suchen.

Ene, mene, mink mank,
micke, dicke, ding dang,
eia, weia, weg!

Ich und du,
Müllers Kuh,
Müllers Esel, der bist du!

A	ab 5
T	1–20

35 Rätsel

Beim fünfjährigen Kind ist die differenzierte Wahrnehmung fortge-
schritten. Es kann Einzelheiten erfassen und auf ein Ganzes beziehen.
Jetzt gewinnt auch das Rätsel zunehmend an Bedeutung.

Ob mit einem Kind allein oder mit der ganzen Gruppe, Rätsel sind zur
Überbrückung von Pausen im Kindergarten, auf Reisen und als „Regenprogramm" besonders gut geeignet. Die Fragestellung muß aber
dem Alter der Kinder und deren Lebensbereich entsprechen.

Beispiele:
- Welche Schuhe zieht man nicht auf die Füße? (Handschuhe)
- Welcher Vogel legt seine Eier in fremde Nester? (Kuckuck)
- Es ist kein Tier und frißt Papier? (Briefkasten)
- Es hängt an der Wand und macht tick-tack? (Uhr)
- Was hat keine Hände und kann doch schlagen? (Uhr)
- Mal ist es kalt, mal ist es heiß, mal ist es Eis? (Wasser)
- Es hat eine Schale, ist innen weich, weiß und gelb? (Ei)
- Es ist am Himmel, leuchtet hell und wärmt? (Sonne)
- Es ist weiß und die Kinder trinken es gerne? (Milch)
- Sagt mir Kinder, ob ihr's wißt, welches die kleinste Mühle ist?
  (Pfeffermühle)

- Welcher Hahn hat keine Federn? (Wasserhahn)
- Was hängt an der Wand und gibt jedem die Hand? (Handtuch)
- Sitzt auf dem Dach und raucht? (Schornstein)
- Es ist gemacht aus Holz und Glas. Das Licht scheint hindurch, was ist das? (Fenster)
- Es hat Federn und kann nicht fliegen. Vier Beine hat's und kann nicht laufen? (Bett)

Es lassen sich zahlreiche Rätsel erfinden, z.B. durch Vergleich oder Umschreibung. Gegenstände im Haus werden gesucht, Tiere umschrieben, Spielzeug des Kindes usw.

Förderungsbereich: Sprache; Denken.

36 Links und rechts

Für ein dreijähriges Kind sind links und rechts noch keine Begriffe, die es auf seine Umgebung beziehen kann. Bei einem Sechsjährigen aber geht man davon aus, daß ihm diese Bezeichnungen geläufig sind.

Eine Möglichkeit, dem Kind diese Begriffe deutlich zu machen, sind kleine Bewegungsspiele. Das Kind erhält auf den rechten Arm einen roten und auf den linken Arm einen grünen Punkt. Im Kindergarten bilden wir einen Halbkreis. Bei den ersten Übungen spielt die Erzieherin mit.

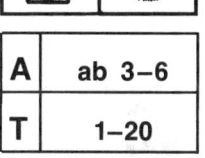

A	ab 3–6
T	1–20

- „Wir stehen auf dem rechten Bein."
- „Wir stehen auf dem linken Bein."
- „Alle Kinder hüpfen auf dem linken Bein."
- „Wir fassen mit der rechten Hand an das linke Bein."
- „Jetzt fassen wir mit der linken Hand an das rechte Bein."
- „Wo sitzt das rechte (linke) Auge?"
- „Alle fassen mit der linken Hand an das rechte Ohr."
- „Wir knien mit dem rechten Bein auf dem Boden."

Es lassen sich zahlreiche weitere Spiele dieser Art entwickeln. Im Haushalt, im Garten, beim Tischdecken können solche kleinen Spiele durchgeführt werden, z.B. „Der Handfeger liegt rechts hinter der Tür. Ob du ihn findest?" – „Wir legen rechts neben den Teller das Messer und links die Gabel."

Förderungsbereich: Erweiterung des Wortschatzes (semantischer Aspekt), Begriffe erkennen und zuordnen.

Material: Fingerfarben (rot/grün) oder Buntpapier (rot/grün) und Klebeband bzw. Tesafilm.

37 Kleine Gärtner

Die Kinder sitzen im Kreis. In der Mitte liegen mit der Vorderseite nach unten etwa 50 Bildkärtchen. Die Kinder ziehen der Reihe nach eine Karte und sollen das abgebildete Obst und Gemüse erkennen und gleichzeitig feststellen, auf welche Art es geerntet wird.

A	ab 4
T	5–20

Sie sagen:
,,Ich gehe in den Garten und . . . ziehe eine Wurzel'',
oder: ,,pflücke Kirschen, grabe Kartoffeln aus, steche Spargel, jäte Unkraut'' usw.

Variationen sind möglich.

Förderungsbereich: Erkennen und richtiges Benennen, Wortschatzerweiterung durch Differenzieren (unterschiedliche Arten des Erntens); Konzentration.

Material: Etwa 50 Bildkärtchen mit Obst- und Gemüsemotiven (Wurzel, Rettich, Rotkohl, Gurke, Erbse, Apfel, Erdbeere, Spargel, Birne, Kirsche, Tomate, Salat, Blumenkohl, Rote Rübe, Kartoffel, Kohlrabi, usw.).

38 Allerlei Autos

Die Kinder sitzen am Tisch. Die Erzieherin hat Spielzeugautos und Bildkarten mit verschiedenen Autos (Personenwagen, Lastwagen, Feuerwehr-, Post- und Polizeiauto u. ä.) ausgebreitet. Sie stellt folgende Fragen:

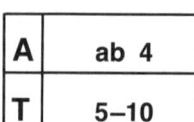

A	ab 4
T	5–10

1. ,,Ihr seht verschiedene Autos. Wer kann mir sagen, was sie alle gemeinsam haben?'' (Räder zum Rollen, ein Lenkrad zum Steuern, Türen zum Einsteigen, eine Motorhaube usw.)

2. ,,Vergleicht einmal das Personenauto mit dem Lastwagen.'' (Gemeinsamkeiten wie z. B. Motor, Räder, Lenkrad und Unterschiede wie Ladefläche, Größe, Funktion werden herausgestellt)

3. ,,Könnt ihr mir sagen, welche Aufgaben das Feuerwehrauto (der Polizeiwagen, der Krankenwagen, das Postauto, der Omnibus usw.) hat?'' Die Kinder konkretisieren, stellen Gemeinsamkeiten und unterschiedliche Funktionen heraus.

Förderungsbereich: Sprachliche Differenzierung, Erkennen und Unterscheiden von Einzelheiten, Vergleichen und Schlußfolgern, Konkretisieren.

Material: Spielzeugautos und Bildkarten.

39 Ich packe einen Koffer

Die Kinder sitzen im Stuhlkreis. Der Spielleiter beginnt: ,,Ich packe einen Koffer. Ich packe ein: eine Hose . . .". Der Satz wird durch die Kinder erweitert, z. B.: ,,eine Zahnbürste . . ." usw. Sieger ist, wer als letzter den ganzen Satz ohne Fehler nachsagen und noch erweitern kann.

A	ab 4
T	6–15

Es sollte bei diesem Spiel darauf geachtet werden, daß nichts Sinnloses ,,in den Koffer gepackt wird". Eine Reflexion am Ende des Spiels über die ,,eingepackten" Gegenstände trägt zur Kritikfähigkeit der Kinder bei.

Variation:	Ich kaufe ein im Supermarkt: ,,Ich lege in den Wagen: ein Brot . . .". oder: ,,Ich gehe in den Zoo. Dort sehe ich: einen Elefanten . . .".
Förderungsbereich:	Satzbildung durch Erweitern der Sätze; Konzentrationsfähigkeit und Gedächtnis.

A	ab 3
T	5–20

40 Vom Gespräch zum Rollenspiel

Gespräche im Stuhlkreis sind außerordentlich bedeutsam. Die Kinder berichten von Erlebtem (Tierpark-, Feuerwehr- oder Postbesuch, Busfahrt, Waldspaziergang usw.). Sie lernen dabei, Gesehenes auszudrücken und zu beschreiben. Der Erwachsene ermuntert zum Gespräch und beantwortet Fragen.

Viele Erlebnisse des täglichen Lebens finden sich so im kindlichen Rollenspiel (Kaufmannsladen, Post, Arzt, Polizei usw.) wieder.

Förderungsbereich: Ausdrücken der eigenen Meinung, freies Sprechen vor der Gruppe, Wiedergeben von Beobachtungen, Wortschatzerweiterung; soziale Sensibilität (Verständnis haben für andere, zuhören und andere aussprechen lassen).

Material: Für das Gespräch: Evtl. Bilderbücher.
Zum Rollenspiel: Je nach Thema verschiedene Utensilien.

A	ab 4/5
T	1–10

41 Dichterspiele

Selbstausgedachte Verse und Geschichten bieten eine gute Möglichkeit zur Entfaltung der Phantasie. Als Anregung für das Reimen dienen Zahlen, die von den Kindern oder der Erzieherin vorgegeben werden.

Zwei Beispiele:

2-3-4
der Elefant,
der ist ein großes Tier.

Oder:
6-4-2
das kleine Kind ißt Brei.

Es macht den Kindern auch Spaß, eine von der Erzieherin begonnene Geschichte fortzusetzen. Die Grenzen zwischen Realität und Phantasie sind dabei nur schwer zu trennen.

Die Erzieherin kann vor Beginn der Phantasiegeschichte Akzente setzen, indem sie z. B. angibt, ob die Geschichte lustig oder traurig enden soll.

Förderungsbereich: Das Kind kann sich sprachlich ausdrücken, Erweiterung des Wortschatzes; Anregung der Phantasie.

42 Spieltelefon

Das Spieltelefon animiert die Kinder, in viele verschiedene Rollen zu schlüpfen. Unermüdlich wird mit Eltern, Freunden, Puppen, Teddys und mit Tieren „telefoniert".

Förderungsbereich: Berichten eigener Erlebnisse; Phantasie.

Material: Kindertelefon

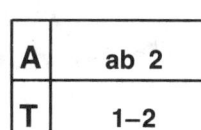

A	ab 2
T	1–2

43 Fische und Vögel

Die Kinder sitzen im Stuhlkreis. Die Erzieherin nennt Dinge, die zusammengehören. Gemeinsam wird über sie gesprochen; die Kinder finden immer wieder neue Sachen, die ebenfalls dazugehören.

Einige Beispiele:

Fische und Vögel, Autos und Schiffe, Straßen und Wege, Bonbons und Schokolade, Käse und Quark, Gabeln und Löffel, Fenster und Türen, Augen und Ohren, Tiger und Löwe, Herz und Leber, Blumen und Bäume.

Es lassen sich auch Gegensätze („oder") herausstellen, z. B. kurz oder lang, rund oder eckig usw.

A	ab 4
T	3–20

Förderungsbereich: Zusammengehörige Dinge werden erkannt und dies begründet, Kenntniserweiterung; Begriffsbildung.

65

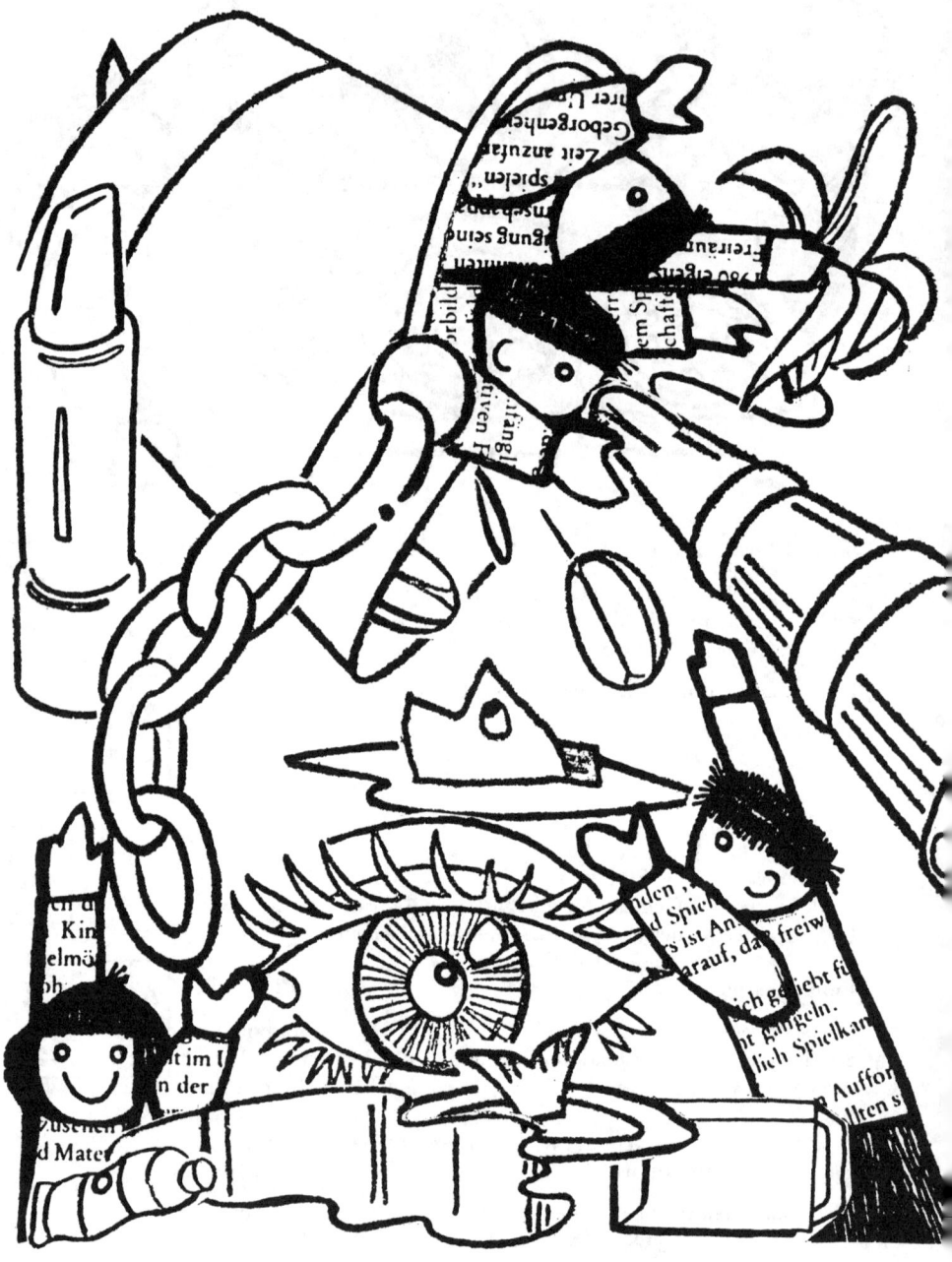

4. Spiele zur
Sinneswahrnehmung

4. Spiele zur Sinneswahrnehmung

Sinneswahrnehmung

Unsere geistige Entwicklung hat ihre Grundlage in der Wahrnehmung. Beim kleinen Kind ist sie noch willkürlich. Förderung im Bereich der Sinneswahrnehmungen hilft dem Kind, sich und seine Umwelt besser kennenzulernen.

Der Mensch verfügt über den Gesichtssinn (Augen), Hörsinn (Ohren), Geschmackssinn (Zunge), Geruchssinn (Nase) und den Tastsinn (Haut). Durch optische, akustische, geschmackliche Reize, durch Geruchs- und haptische Reize (Fühlen) soll der Wahrnehmungsapparat des Kindes differenziert werden.

Spiele zur Sinneswahrnehmung helfen die Wahrnehmungsleistungen zu verbessern. Das Kind lernt, Formen wiederzuerkennen, Töne und Geräusche zu differenzieren und in Bewegungen umzusetzen.

Um die Kinder nicht zu ermüden, sollten Spiele und Übungen zur Sinneswahrnehmung auf 15–25 Minuten begrenzt werden. Da bei diesen Spielen Konzentration notwendig ist, soll für eine entsprechend ruhige Atmosphäre gesorgt werden.

Querverbindung:

| Beobachtungsspiele |
| Musikspiele |
| Farbenspiele |
| Sprachspiele |

Spielvorschläge:

Kimspiele

Sehen – hören – riechen – schmecken – fühlen.

Kimspiele schärfen die Beobachtungsgabe und Geistesgegenwart. Der Name dieser von Pfadfindern gern in vielfacher Form veränderten Spiele geht zurück auf Kim, den Titelhelden eines Romans von Rudyard Kipling.

A	ab 3
T	1–20

44 Augenkim

Auf einem Tablett liegen verschiedene Gegenstände (unterschiedlich nach Größe, Form, Zweck usw.), zunächst mit einem Tuch verdeckt. Auf ein Zeichen hin wird das Tuch entfernt und alle betrachten bei absolutem Schweigen die Dinge. Dann werden sie wieder zugedeckt. Jetzt muß jedes Kind eine möglichst große Anzahl der Gegenstände nennen, die es auf dem Tablett gesehen hat.

Variation: Erschwerte Form: Die Gegenstände müssen genau beschrieben werden. Welche Form, Farbe, usw.?

Förderungsbereich: Beobachtungs- und Merkfähigkeit.

Material: Verschiedene Gegenstände, Tablett und Tuch.

T	3
T	1–20

45 Noch ein Augenkim

Verschiedene Gegenstände, wie z. B. Spielzeug oder Gebäck werden auf ein Tablett gelegt und mit einem Tuch verdeckt. Ein Spielleiter hebt das Tuch für 1–2 Minuten hoch. Alle Teilnehmer prägen sich ein, was sie sehen. Dann werden die Gegenstände wieder verdeckt. Nun nimmt der Spielleiter unter dem Tuch – also verdeckt – einen der Gegenstände weg und hebt das Tuch gleichzeitig wieder hoch. Wer zuerst bemerkt, was fehlt, meldet sich. Wer richtig beobachtet hat, bekommt den Gegenstand.

Förderungsbereich: Beobachtungsfähigkeit, Konzentration und Merkfähigkeit.

Material: Beliebige Gegenstände, Tablett und Tuch.

46 Hörkim

Wir setzen Kassetten oder Schallplatten ein und lassen aufgenommene Geräusche raten (Straßenverkehr, Schreibmaschine, Telefon, Türklingel, Küchenmixer, Tierstimmen, usw.).

Variation: Hinter einem Vorhang erklingen verschiedene Geräusche.

A	ab 3
T	1–20

47 Wache!

Ein Spieler ist der „König". Er bewacht einen „Schatz" und sitzt mit verbundenen Augen in einer Ecke des Raumes, während die anderen Kinder auf der anderen Seite stehen. Nun schleicht einer nach dem anderen zum „Schatz" und versucht ihn zu stehlen. Wenn der „König" den „Dieb" bemerkt, ruft er „Wache! Wache!" und der „Dieb" muß dort sitzen bleiben, wo er ertappt wurde.
Neuer „König" wird der, dem es gelingt, den „Schatz" zu stehlen.

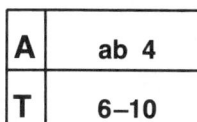

A	ab 4
T	6–10

Förderungsbereich: Gehörsinn und Reaktionsfähigkeit.

Material: Ein beliebiger größerer Gegenstand, der als „Schatz" benutzt wird (z. B. ein Bilderbuch).

48 Liederraten

Die Kinder sitzen im kleinen Kreis. Die Erzieherin klopft ganz leise den Rhythmus eines bekannten Liedes. Jedes Kind, das glaubt, das Lied zu kennen, darf leise mitklatschen.
Wenn alle das Lied erkannt haben, klatscht derjenige den Rhythmus eines neuen Liedes, der das vorherige als erster erkannt hat.

A	ab 5
T	4–20

Förderungsbereich: Gehörsinn; Konzentrationsfähigkeit.

49 Flüsterkreis

Die Kinder sitzen im Kreis. Der Spielleiter flüstert seinem rechten Nachbarn einen kurzen Satz (oder ein Wort) ins Ohr, den dieser ohne Rückfrage so weitersagen muß, wie er ihn verstanden hat. Der Satz wandert nun im Kreis herum, bis er wieder beim Spielleiter angekommen ist, der dann das Ergebnis verkündet. Oft hat das Angekommene mit dem Ausgangssatz nicht mehr viel zu tun.

A	ab 5/6
T	8–10

Förderungsbereich: Gehörsinn; Konzentration; deutliches Sprechen.

50 Romeo und Julia

Die Kinder bilden einen Kreis. Zwei Kinder stehen mit verbundenen Augen in der Mitte. Sie sind „Romeo" und „Julia". Innerhalb des Kreises muß „Romeo" versuchen, seine „Liebste" zu erreichen. Er ruft dabei „Julia", und sie muß immer mit „Romeo" antworten. „Julia" muß bei diesem Spiel darauf achten, daß sie ihren Standort nicht verrät. Sie versucht immer wieder, „Romeo" zu entwischen. Wird „Julia" von „Romeo" gefunden, kommen zwei andere Kinder an die Reihe.

A	ab 4
T	8–20

Förderungsbereich: Gehörsinn, Raumorientierung.

Material: Zwei Tücher.

51 Das versteckte Glöckchen

Ein Kind verläßt den Raum oder stellt sich für einen Augenblick mit geschlossenen Augen zur Wand. Die anderen Kinder stellen sich hintereinander auf und kreuzen dabei die Hände auf dem Rücken. Einer der Spieler erhält ein Glöckchen, das er hinter seinem Rücken versteckt hält. Jetzt wird das Kind dazugerufen, und das Glöckchen ertönt. Es muß raten, wer das Glöckchen hinter seinem Rücken versteckt. Wenn das Kind richtig rät, darf das Kind hinausgehen, das das Glöckchen versteckt hielt.
Die Erzieherin läßt die kleineren Kinder bei diesem Spiel mehrmals raten.

A	ab 4
T	8–20

Förderungsbereich: Gehörsinn und Konzentrationsfähigkeit.

Material: Kleines Glöckchen.

52 Laß das Tellerklappern!

Für dieses Spiel werden 4 Teller benötigt. Die Erzieherin erklärt: „Stellt euch vor, im Nebenzimmer schläft jemand, er darf nicht geweckt werden. Es müssen aber 4 Teller aufeinandergestellt werden."

Die Erzieherin nennt ein Kind aus dem Kreis, das nun ganz leise die Teller stapelt. Hört ein zuschauendes Kind aus dem Kreis etwas, so hebt es die Hand. Ist der Vorgang beendet, kommt ein neues Kind an die Reihe.

A	ab 3
T	3–10

Förderungsbereich: Gehörsinn; Geschicklichkeit und Geduld.

Material: Vier Teller.

53 Ruhestörer

Wir bilden einen Kreis. Ein Kind steht mit verbundenen Augen in der Mitte. Ein anderes Kind erhält eine mit Knöpfen (oder harten Erbsen) gefüllte Dose und muß diese schütteln. Das Kind in der Kreismitte zeigt auf das Kind, von dem es glaubt, daß es der „Ruhestörer" war. Dieser aber hat die Dose längst einem anderen Kind weitergereicht, das sie wiederum schüttelt. So hat es der Sucher schwer, den „Ruhestörer" zu finden. Gelingt es ihm, muß der „Ruhestörer" mit ihm den Platz tauschen.

| A | ab 4 |
| T | 6–20 |

Förderungsbereich: Gehörsinn; Reaktionsvermögen.

Material: Tuch, mit Knöpfen oder Erbsen gefüllte Dose.

54 Der „blinde" Orgelspieler

Ein Spieler ist der „Organist", ihm werden die Augen verbunden. Die Mitspieler übernehmen die Aufgabe von „Orgelpfeifen" und sitzen auf ihren Stühlen.

Der „Organist" geht von einem Mitspieler zum anderen und zupft jeden vorsichtig an der Nase (oder am Ohr).
Daraufhin gibt die entsprechende „Orgelpfeife" dreimal einen Ton von sich. Der „Organist" muß raten, wie die „Orgelpfeife" heißt. Hat er richtig geraten, werden die Rollen getauscht.

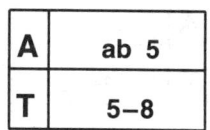

| A | ab 5 |
| T | 5–8 |

Förderungsbereich: Gehörsinn; rücksichtsvolles Umgehen miteinander.

Material: Tuch.

55 Wo ist der Wecker?

Die Erzieherin sagt den Kindern zuerst, daß es bei diesem Spiel mäuschenstill zugehen muß. Es sollte deshalb eine entsprechend günstige Situation im Tagesablauf gewählt werden.

Jeweils ein Kind läßt sich die Augen verbinden. Es kniet sich nieder und versucht einen in etwa 3 m Entfernung stehenden (mechanischen) Wecker zu finden. Die Hände sollen bei der Suche aber nicht benutzt werden.

| A | ab 4 |
| T | 6–10 |

Förderungsbereich: Gehörsinn; Konzentration; Raumorientierung.

Material: 1 Wecker.

56 Geruchs- und Geschmackskim

Kleine Gläser mit verschiedenem Inhalt werden herumgereicht – für die Augen nicht sichtbar (Tuch umbinden oder Augen schließen lassen), der Inhalt wird „errochen". Auf Teelöffeln werden kleine Proben zum „Erschmecken" angeboten.

A	ab 3
T	1–20

Beispiele für ein Geruchskim: Parfüm, Zwiebel, Blumen, Leder, Käse, Honig, gekochtes Ei, Holz, Apfel, Kartoffel, Creme, Senf.

Beispiele für ein Geschmackskim: Apfel, Banane, Haselnuß, Zucker, Gurke, Pfirsich, Möhre, Brot, Kuchen.
Es können auch Getränke probiert werden: Milch, Kakao, Tee, Apfelsaft, Mineralwasser, Kaffee usw.

57 Kräuter und Gewürze riechen

In zwei Gruppen sitzen sich die Kinder gegenüber. Auf einem Tisch werden verschiedene Kräuter und Gewürze mit typischem Geruch ausgebreitet. Zunächst darf sich jeder deren Geruch einprägen. Dann verbindet die Erzieherin dem ersten Kind aus jeder Gruppe die Augen und gibt ihm zwei Kräuter bzw. Gewürze zum Riechen. Bei jeder richtig gelösten Aufgabe bekommt die Gruppe einen Punkt.

A	ab 5
T	1–10

Förderungsbereich: Geruchssinn; Konzentrationsfähigkeit.

Material: Tücher, verschiedene Gewürze und Kräuter.

Tastkim

Mit geschlossenen oder verbundenen Augen werden verschiedene auf dem Tisch aufgebaute Dinge ertastet.

58 Fühlen im Beutel

Die Erzieherin steckt verschiedene Gegenstände in einen Beutel. Jedes Kind darf in den Beutel greifen und die Dinge abtasten. Nach einer bestimmten Zeit geht der Beutel an den nächsten Mitspieler weiter. Wer hat alle Gegenstände richtig ertastet? Wie viele Gegenstände waren es?

A	ab 3
T	1–20

Förderungsbereich: Tastsinn; Merkfähigkeit; Zählen.

Material: Ein Beutel und fünf verschiedene Gegenstände (z. B. Spielsteine, Spielautos, Bauklötze usw.).

59 Blindes Tastkim

Einem Mitspieler werden die Augen verbunden. Dann legt ihm der Spielleiter der Reihe nach 2 bis 5 Gegenstände auf die ausgestreckte offene Hand. Der Spieler muß raten, um welche Gegenstände es sich handelt. Er darf dabei weder die andere Hand zu Hilfe nehmen, noch die Fühlhand bewegen.

Förderungsbereich: Sinneswahrnehmung; Denkfähigkeit.

Material: z.B. Ei, Kartoffel, Stein, Ball, Würfelzucker, Watte, Kamm, Bürste, Schwamm.

A	ab 4/5
T	6–15

60 Blinder Bote

Alle Mitspieler bis auf einen sitzen im Kreis. In der Mitte des Kreises befindet sich ein „Bote", dem die Augen verbunden sind. Jeder Mitspieler bekommt den Namen einer Stadt (z.B. Hamburg, Lübeck, Kiel, München, Berlin, Frankfurt, Flensburg, Köln). Der „Bote" kündigt nun einen Brief an: „Ein Brief von Lübeck nach München!" Die Spieler, die diese Städtenamen haben, müssen nun möglichst schnell die Plätze tauschen. Während sie an dem „Boten" vorbeigehen, müssen sie ihn kurz berühren, ohne aber von ihm dabei geschnappt zu werden. Wer erwischt wird, löst den „Boten" ab.

Förderungsbereich: Tastsinn; Reaktionsfähigkeit, Konzentration.

Material: Tuch oder Augenbinde.

A	ab 5
T	6–12

61 Grabbelkiste

Viele Gegenstände liegen in einer Kiste (Pappkarton) oder in einem Schuhkarton, der verschlossen ist und nur zwei Handlöcher hat. Durch Tasten soll erraten werden, welche Gegenstände sich in der Kiste oder im Karton befinden.

Förderungsbereich: Haptische Wahrnehmung (Tastsinn), Fühlen und Unterscheiden; Verbalisierung.

Material: Kiste (Karton) mit einer oder zwei Handöffnungen, verschiedene Gegenstände.

A	ab 4
T	1–8

62 Schnurtasten

Die Erzieherin spannt kreuz und quer durch den Raum eine Schnur. Den Spielern werden die Augen verbunden. Sie müssen an der Schnur entlanggehen und daran befestigte Gegenstände (z. B. Schlüssel, Luftballon, Handschuh, Puppe usw.) ertasten. Es empfiehlt sich, eine etwa 8 Meter lange Schnur mit 5–7 Gegenständen zu behängen. Für neue Mitspieler werden die Gegenstände evtl. ausgetauscht oder in eine andere Reihenfolge gebracht.

A	ab 5
T	5–10

Förderungsbereich: Tastsinn, Unterscheidung verschiedener Formen; Erkennen und Beschreiben der ertasteten Gegenstände.

Material: Eine ca. 8–10 m lange Schnur, verschiedene Gegenstände (Bürste, Schlüssel, Tuch, Spielfigur usw.).

63 Rauh und glatt

Das Kind tastet über unterschiedlich strukturierte Oberflächen (z. B. glatte Pappe und Sandpapier).

Es können auch verschiedene Formen aus verschiedenen Materialien auf ein großes Stück Pappe geklebt werden: rund, eckig, schmal, breit, kurz, lang. Das Kind befühlt, der Erzieher hilft beim Klären der Begriffe.

Förderungsbereich: Tastsinn; Beschreibung der Gegenstände.

Material: Sandpapier, glatte Pappe, Stäbchen, Ringe etc.

A	ab 3
T	4–8

64 Zahlenkim

Die Erzieherin schneidet aus starkem Pappkarton Zahlen aus und gibt sie in einen „Ratebeutel" (Turnbeutel). Ein Kind greift hinein und versucht durch Befühlen herauszubekommen, um welche Zahl es sich jeweils handelt.

Förderungsbereich: Unterscheiden von Formen; Erkennen und Benennen des Ertasteten.

Material: 1 Turnbeutel, Zahlen aus Pappe.

A	ab 5
T	5–10

65 Wir entspannen

Spannung und Entspannung sollen sich auch im Kindergartenalltag abwechseln. Es kommt nicht darauf an, viele originelle Einfälle zu haben oder Beiträge zu liefern.
Alle liegen z. B. ausgestreckt auf den Turnmatten, schließen für ca. 3 Min. die Augen und hören nur auf die Geräusche, die von außen kommen.

Förderungsbereich: Entspannung, Sammlung.

Material: Matten oder Decken.

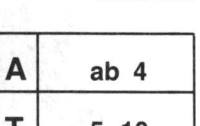

A	ab 4
T	5–10

5. Beobachtungsspiele
(kleiner – großer Karton)

5. Beobachtungsspiele

66. Detektivspiel
67. Lautlose Musiker
68. Schatzsuche
69. Helle und dunkle Autos
70. Spuren im Schnee
71. Adlerauge
72. Bildgedächtnis
73. Kleiderkim
74. Was tue ich, was bin ich?
75. Das Ansichtskartenspiel
76. Gedächtniskünstler
77. Zublinzeln
78. Bei Meier's stimmt was nicht
79. Der Mond ist rund
80. Telegrafieren
81. Wie sehe ich aus?
82. Mäntelraten
83. Verkleiden
84. Hänschen, piep einmal!
85. Schattenraten
86. Wie heißt du?
87. Wer steht hinter dir?
88. Max und Moritz
89. Uhrzeit-Gedächtnis
90. Plätze tauschen
91. Spiegelbild-Porträt
92. Pfennigsuche
93. Was hat sich verändert?
94. Topfschlagen
95. Umgedrehter Heringsschwanz

Beobachtung

Auf die Funktion der Sinneswahrnehmung wurde im Vorhergehenden bereits hingewiesen.

Die Wahrnehmung des kleinen Kindes ist durch einen Mangel an räumlichen, zeitlichen und kausalen Orientierungsmöglichkeiten gekennzeichnet.

Die Beobachtungsspiele wollen die Beobachtungsfähigkeit intensivieren, zu genauem, konzentriertem Beobachten führen, die Merkfähigkeit und das Gedächtnis stärken und das Vorstellungsvermögen vertiefen.

Es gibt Beobachtungsspiele, die bereits mit 3jährigen durchgeführt werden können. Um Kinder in ihrer Beobachtungsfähigkeit zu fördern, können zum optischen Erfassen Puzzle- und Einsatzspiele vorgelegt werden. Der Erlebniskreis wird durch Bilderbuchbetrachtungen, Gespräche und Zeichnungen (,,Spiegelbild"-Porträt) erweitert.

Querverbindung:

Spiele zur Sinneswahrnehmung
Experimentelle Spiele
Spiele zur Umwelt-, Sach- und Naturbegegnung

Spielvorschläge

A	ab 4
T	1–5

66 Detektivspiel

Bei diesem besonders für Spaziergänge und Reisen geeigneten Spiel, nennt der Erwachsene drei Dinge, die unterwegs entdeckt werden müssen, z. B. eine Frau mit Kinderwagen, ein Hund, eine Fahne. Wer als erster einen der Gegenstände sieht, meldet sich. Er darf dann die nächsten drei Objekte benennen, die zu suchen sind.

Förderungsbereich: Beobachtungsfähigkeit; Konzentrations- und Reaktionsvermögen.

A	ab 5
T	6–20

67 Lautlose Musiker

Die Teilnehmer bilden einen Kreis. Ein Mitspieler wird hinausgeschickt. Nun wird ein ,,Musiker'' gewählt, der lautlos ein Instrument spielt, d. h. nur die entsprechenden Bewegungen macht. Alle im Kreis sitzenden Teilnehmer müssen sich nach diesem ,,Musiker'' richten und sein ,,Instrument'' nachspielen. Derjenige, der hinausgeschickt worden ist, wird hereingerufen und muß erraten, wer im Kreis der ,,Musiker'' ist, d. h. den anderen die Bewegungen vormacht.

Förderungsbereich: Beobachtungsfähigkeit; Konzentrations- und Reaktionsvermögen.

A	ab 5
T	8–12

68 Schatzsuche

Zwei gleichstarke Gruppen werden gebildet. Der Erzieher oder ein Kind, das zu keiner der beiden Gruppen gehört, versteckt den ,,Schatz''. Beim Verstecken werden ,,Spuren'' in Form von farbigen Papierstreifen hinterlassen. Die 2 Gruppen (jeweils bis 4 Kinder) müssen den ,,Schatz'' suchen. Die Gruppe, die ihn zuerst gefunden hat, ist Sieger und darf den ,,Schatz'' behalten.

Förderungsbereich: Beobachtungsfähigkeit.

Material: ,,Schätze'' (z. B. kleine Leckereien oder Spielzeug).

69 Helle und dunkle Autos

Auch dieses Spiel eignet sich besonders für Spaziergänge oder Reisen. Eine Partei zählt die Autos mit hellen Farben, die ihnen begegnen, die andere Partei zählt die Autos mit dunklen Farben.

Förderungsbereich: Beobachtungsfähigkeit; Differenzierungsvermögen.

A	ab 4/5
T	2–6

70 Spuren im Schnee

Bei diesem Geländespiel werden die Beteiligten in zwei Gruppen geteilt, in eine kleine (4 Kinder) und eine große (8 Kinder). Die kleine Gruppe geht voraus und hinterläßt Spuren im Schnee (Hakenschlagen, Irrspuren, usw.). Nach einer verabredeten Zeitspanne folgt die große Gruppe, die die Spurenleger suchen muß.
Hinweis: Das Gelände muß allen Spielteilnehmern bekannt sein.

Förderungsbereich: Beobachtungsfähigkeit.

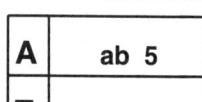

A	ab 5
T	ca. 12

71 Adlerauge

Vor Beginn eines Spaziergangs oder einer Reise werden bekannte Motive aus Illustrierten geschnitten und auf Karten geklebt (z. B. Hund, Katze, Regenschirm, Haus usw.). Jeder Teilnehmer bekommt etwa 8–10 Karten. Wer nun während der Fahrt oder während des Spaziergangs einen Gegenstand sieht, der auf einer seiner Karten abgebildet ist, meldet sich und gibt die Karte dem Spielleiter ab. Wer am Schluß die wenigsten Karten besitzt, ist Sieger.

Förderungsbereich: Beobachtungsfähigkeit; Reaktionsvermögen.

Material: Ausreichend viele Bildkarten.

A	ab 4
T	4–10

72 Bildgedächtnis

Zwei Gruppen werden gebildet. Der Spielleiter zeigt den Mitspielern ein Bild, ein Foto oder eine Illustrierte für etwa 2 Minuten. Danach wird das Bild umgedreht und weggelegt. Nun müssen die Mitspieler beider Gruppen nacheinander innerhalb einer festgelegten Zeit von ca. 3 bis 10 Sekunden (je nach Alter) einen Gegenstand nennen, der auf der Vorlage zu sehen war. Kann ein Mitspieler einer Gruppe keinen Gegenstand nennen, kommt ein Mitspieler der anderen Gruppe an die Reihe. Die Gruppe, die am Ende des Spiels die meisten Gegenstände genannt hat, ist Sieger.

Förderungsbereich: Beobachtungsfähigkeit; Merkfähigkeit; Konzentration und Reaktionsvermögen.

Material: Fotos oder Bilder aus Illustrierten.

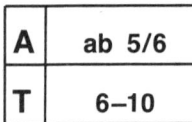

A	ab 5/6
T	6–10

73 Kleiderkim

Alle Mitspieler sitzen im Kreis und schauen sich gegenseitig genau an. Einer der Mitspieler wird dann hinausgeschickt. In der Zwischenzeit verändern eine oder mehrere der im Kreis verbliebenen Personen etwas an sich: eine Brille wird aufgesetzt oder abgelegt, ein Kleidungsstück wird getauscht. Danach kommt der Hinausgeschickte wieder herein und muß erraten, an welchen Personen sich etwas verändert hat. Als Hilfe kann ihm das Klatschen der übrigen Mitspieler dienen, das leise oder laut ist, je nachdem wie nahe er seinem Ziel ist.

Förderungsbereich: Beobachtungsfähigkeit; Merk- und Konzentrationsfähigkeit.

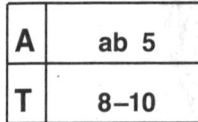

A	ab 5
T	8–10

74 Was tue ich, was bin ich?

Wir bilden einen Sitzkreis. Einer der Mitspieler denkt sich eine Tätigkeit oder einen Beruf aus (z. B. Autofahren, Maler), die bzw. den er dann mit den entsprechenden Bewegungen – ohne Sprache – pantomimisch darstellen soll. Die übrigen Mitspieler müssen erraten, um welche Tätigkeit bzw. um welchen Beruf es sich handelt.

A	ab 5
T	6–10

Förderungsbereich: Beobachtungsfähigkeit.

75 Das Ansichtskartenspiel

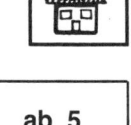

Je nach Teilnehmerzahl werden 15 bis 30 Ansichtskarten diagonal oder in der Mitte durchgeschnitten. Linke und rechte Kartenhälften werden sorgfältig auf zwei Haufen gelegt. Nun verteilt der Spielleiter die linken Hälften überall im Raum (verstecken!), während die Mitspieler draußen warten. Sind alle Kartenhälften versteckt, werden die Mitspieler hereingerufen und bekommen die rechten Kartenhälften. Sie müssen nun die dazugehörenden Kartenhälften suchen. Jeder darf sich eine neue rechte Kartenhälfte holen, wenn er ein Paar vervollständigt hat.

A	ab 5
T	8–10

Förderungsbereich: Beobachtungsfähigkeit; Erkennen von Zusammengehörendem.

Material: ca. 15–30 Ansichtskarten.

76 Gedächtniskünstler

Auf einem Tablett liegen etwa 12 Gegenstände. Ein Spieler schaut sich diese Gegenstände genau an. Dann verläßt er den Raum. Der Spielleiter nimmt nun einen oder mehrere Gegenstände weg. Wieder hereingerufen soll sich das betreffende Kind beim erneuten Anschauen erinnern, was auf dem Tablett fehlt.

A	ab 4
T	5–20

Variationen: Die Gegenstände können auch auf einem Tisch in der Mitte des Spielkreises ausgebreitet und nach kurzer Beobachtungszeit mit einem Tuch bedeckt werden. Der Tisch kann aber auch an einer Wandseite stehen. Die Teilnehmer gehen dann nacheinander daran vorbei.

Förderungsbereich: Beobachtungsfähigkeit, Konzentration, Gedächtnis.

Material: Tablett mit etwa 12 verschiedenen Gegenständen, Tuch zum Abdecken.

A	ab 5
T	12–30

77 Zublinzeln

Ein altes, bei Kindern sehr beliebtes Spiel ist das „Zublinzeln". Alle Mitspieler – außer einem – finden sich zu Paaren zusammen. Nun wird ein Stuhlkreis gebildet, d. h. jedes Paar erhält einen Stuhl, auch der „alleinstehende" Mitspieler. Einer der Partner setzt sich auf den Stuhl, der andere Stellt sich dahinter. Nun muß der „alleinstehende" Mitspieler durch Zublinzeln versuchen, die Aufmerksamkeit eines der Mitspieler zu erregen, die auf den Stühlen sitzen, und der dann, wenn er es bemerkt hat, rasch aufspringt, um sich auf den leeren Stuhl zu setzen. Währenddessen müssen die hinter den Stühlen stehenden Mitspieler den „Blinzler" genau beobachten, ob er vielleicht ihrem Partner zublinzelt, um diesen dann gegebenenfalls durch Festhalten an den Schultern an der Flucht zu hindern. Der dennoch Verlassene blinzelt dann weiter. Der Spielleiter sollte darauf achten, daß alle – auch „Mauerblümchen" – einmal angeblinzelt werden.

Förderungsbereich: Beobachtungsfähigkeit; Reaktionsvermögen. (Der Erzieher kann soziale Verhaltensweisen, Sympathie und Antipathie der Kinder untereinander beobachten).

A	ab 5
T	15–20

78 Bei Meier's stimmt was nicht

Alle Spieler bis auf einen verlassen den Raum, nachdem sie sich in diesem gründlich umgesehen haben. Der zurückbleibende Spieler (oder Spielleiter) ändert nun allerlei Dinge im Raum. Er nimmt z. B. ein Bild von der Wand, vertauscht Stühle, hängt eine Uhr um, stellt eine Vase auf einen anderen Platz. Danach werden die Spieler zurückgerufen und müssen erraten, was sich im Raum verändert hat.

Förderungsbereich: Beobachtungs- und Merkfähigkeit.

A	ab 6
T	8–20

79 Der Mond ist rund

Alle Kinder sitzen im Kreis. Der Spielleiter beginnt, mit dem Stock ein „Mondgesicht" auf den Boden vor seinen Füßen zu malen. Dabei spricht er als begleitenden Text „Der Mond ist rund, der Mond ist rund, er hat zwei Augen, Nas und Mund." Das „Malen" des Mondgesichtes geschieht mit der rechten Hand. Danach wird der Stock mit der linken Hand an den rechten Nachbarn weitergegeben.
Und nun geht es reihum in der gleichen Weise. Weder Text noch Gemälde sind dafür ausschlaggebend, ob es einer richtig nachmacht, son-

dern lediglich die Tatsache, daß mit der rechten Hand gemalt und mit der linken Hand der Stock weitergegeben wird. Der Spielleiter erklärt jedesmal, ob es richtig oder falsch gemacht wurde, verrät aber natürlich nicht den Grund dafür. Wer es nicht gleich beim erstenmal begreift, schafft es vielleicht bei der 2. oder 3. Wiederholung.

Förderungsbereich: Beobachtungsfähigkeit; Grobmotorik.

Material: Ein Stock oder Holzlöffel.

80 Telegrafieren

Alle Kinder bis auf eines, das in der Kreismitte steht, sitzen im Kreis. Sie fassen sich an den Händen. Nun beginnt eines: „Ich schicke ein Telegramm an . . .“ Es nennt ein im Kreis sitzendes Kind und „schickt“ das Telegramm, indem es seinem rechten oder linken Nachbarn möglichst unauffällig die Hand drückt. Dabei sagt es: „Abgegangen.“ Der Nachbar gibt den Druck an seinen Nachbarn weiter, und so fort, bis der Händedruck – das „Telegramm“ – den vorhergenannten Empfänger erreicht hat. Dieser sagt: „Angekommen“. Das in der Mitte stehende Kind hat dabei die Aufgabe, zu beobachten, wer das Telegramm gerade weitergibt. Ertappt es einen dabei, muß dieser in die Kreismitte. Wenn ihm das nicht gelingt, kann derjenige, an den das Telegramm gerichtet war, ein neues abschicken.

A	ab 6
T	8–15

Förderungsbereich: Beobachtungsfähigkeit; Geschicklichkeit, Reaktionsfähigkeit.

81 Wie sehe ich aus?

Die Kinder bilden einen Kreis. Der Erzieher bittet die Kinder, sich einmal selbst zu betrachten. Dann ruft er: „Alle Kinder mit braunen Hosen kommen in den Kreis.“ Nach kurzer Kontrolle, ob die Aufgabe von allen richtig verstanden wurde, laufen die Kinder auf ihre Plätze zurück. Der Erzieher – später auch ein Kind – stellt die nächste Aufgabe: „Alle Kinder mit schwarzen Schuhen . . ., mit hellem Haar . . .“ usw. Es kann auch ein Scherz eingefügt werden: „Alle Kinder, die zehn Finger (zehn Zehen, zwei Hände usw.) haben . . .“. Das Spiel muß zügig gespielt werden.

A	ab 3
T	8–20

Förderungsbereich: Beobachtungsfähigkeit; Differenzierung, Kenntniserweiterung.

A	ab 5
T	8–12

82 Mäntelraten

Uwe geht hinaus und zieht sich den Mantel von Jens an. Er kommt wieder herein. Jens, der seinen Mantel erkennt, darf weder sprechen noch lachen. Die anderen Kinder müssen den Besitzer des Mantels erraten. Wer den Mantel zuerst erkennt, darf beim nächsten Spiel hinausgehen und einen anderen Mantel anziehen.

Variation: Statt Mäntel kann man die Frühstückstaschen verwenden.

Förderungsbereich: Unterscheiden, Erkennen; sich Beherrschen.

Material: Kleidungsstücke.

83 Verkleiden

Ein Kind wird aus dem Zimmer geschickt, die anderen verkleiden sich. Sie nehmen lange Schals, Mützen, Decken, Tücher usw. und verkleiden sich so sehr, daß nur noch die Augen zu sehen sind. Sind alle verhüllt, wird das Kind wieder hereingerufen. Die Vermummten dürfen nicht lachen und nicht reden. Wer erkannt wird, gibt ein Pfand.

A	ab 5
T	5–10

Förderungsbereich: Phantasievolles Verkleiden; Erkennen und Wahrnehmen des anderen; Vorstellungsvermögen.

Material: Kleidungsstücke und Tücher.

84 Hänschen, piep einmal!

Ein Stuhlkreis wird gebildet. Ein Kind mit verbundenen Augen darf herumgehen und sich einem Kind auf den Schoß setzen und sagen: „Hänschen, piep einmal!" Der angesprochene Mitspieler muß nun „piep" sagen. Erkennt das erste Kind die Stimme, darf es noch einmal raten. Sollte das „Hänschen" nur sehr schwer zu erraten sein, kann die Erzieherin auch kleine Hilfestellungen geben; z. B. „Das Hänschen trägt rote Strümpfe."

A	ab 3
T	8–15

Förderungsbereich: Gehörsinn; Differenzierung.

Material: 1 Tuch.

85 Schattenraten

Für dieses Spiel spannen wir ein Bettlaken auf (z. B. mit Reißzwecken in einem Türrahmen befestigt). Der Raum wird abgedunkelt. Etwa 2 Meter vom Laken entfernt steht eine Lampe. Mehrere Kinder verlassen nun den „Zuschauerraum". Sie kommen einzeln zurück und stellen sich zwischen Lampe und gespanntes Bettlaken. Jedes darf beliebige Verrenkungen machen, kriechen, hüpfen, tanzen und lustige Laute ausstoßen. Die hinter dem Laken sitzenden Mitspieler (in der Rolle der Zuschauer) versuchen zu erraten, wer sich hinter dem Schatten verbirgt. Schattenspieler und Zuschauer wechseln nach einem Durchgang die Rollen.

A	ab 6
T	10–12

Förderungsbereich: Konzentriertes Sehen, Wahrnehmung von Gruppenmitgliedern; Phantasie.

Material: Bettlaken, Lampe, Befestigungsvorrichtung für das Laken.

A	ab 4
T	6–10

86 Wie heißt du?

Ein Kind steht mit verbundenen Augen in der Mitte des Kreises. Die übrigen Kinder tanzen (mit oder ohne Musik) im Kreis herum. Auf ein Zeichen des in der Mitte stehenden Kindes (klatschen, rufen, stampfen, klingeln) bleiben alle stehen und verhalten sich still. Das Kind in der Mitte zeigt auf einen Mitspieler und fragt: „Wie heißt du?" Das angesprochene Kind nennt einen beliebigen, lustigen Namen. Wird es erkannt, geht es als nächstes in die Kreismitte.

Förderungsbereich: Unterscheidung von Stimmen, konzentriertes Hören.

Material: 1 Augenbinde (Tuch), evtl. eine Glocke oder Handtrommel, Kassettenrekorder, Schallplatten.

A	ab 3
T	10–20

87 Wer steht hinter dir?

Die Kinder sitzen im Kreis. Die Erzieherin winkt ein Kind zu sich. Es legt den Kopf auf ihren Schoß, so daß es nichts mehr sehen kann. Nun wird ein Mitspieler ausgesucht, der hinter das Kind tritt und sagt: „Eins, zwei, drei, vier, wer steht hinter dir?"
Fällt das Erkennen zu schwer, gibt die Erzieherin kleine Hilfestellungen.
Jedes Kind sollte einmal an die Reihe kommen.

Förderungsbereich: Erkennen und Zuordnen von Stimmen; Konzentration; Differenzierung.

A	ab 6
T	10–12

88 Max und Moritz

Die Kinder setzen sich in Paaren (maximal 6 Paare) zusammen. Ein Kind ist jeweils der „Max", das andere der „Moritz". Ein Mitspieler erhält die Aufgabe, sich die Paare genau zu merken. Dann wird er vor die Tür oder hinter eine Stellwand geschickt, während in der Zwischenzeit alle Kinder die Plätze tauschen. Das wartende Kind wird jetzt hereingeholt. Gelingt es ihm, die richtigen Paare wieder zusammenzusetzen? Die Aufgabe ist gelöst, wenn die Hälfte der Paare richtig erinnert wird.

Förderungsbereich: Erkennen und unterscheiden, Konzentration.

89 Uhrzeit-Gedächtnis

Die Kinder sitzen im Halbkreis. Die Erzieherin hält für alle gut sichtbar eine Uhr hoch mit der Aufgabe, sich diese genau anzusehen. Nach etwa einer Minute wird die Uhr beiseite gelegt, und die Erzieherin fragt:

- Wer weiß, wie spät es war?
- Sind Zahlen oder Striche auf dem Zifferblatt?
- Wieviel Zeiger hat die Uhr?
- Welche Farbe hat sie?
- Welche Form hat die Uhr?

A	ab 5
T	8–20

Variation: Es können beliebige andere Gegenstände gezeigt und erfragt werden.

Förderungsbereich: Beobachtungsfähigkeit; Gedächtnis, Merkfähigkeit; Wissenserweiterung.

A	ab 5
T	8–20

90 Plätze tauschen

Die Kinder sitzen im Stuhlkreis. Ein Kind verläßt den Raum. Zwei Kinder tauschen jetzt ihre Plätze. Das hereingerufene Kind hat die Aufgabe, zu sehen, wer die Plätze getauscht hat.

Förderungsbereich: Beobachtungsfähigkeit, Merkfähigkeit.

A	ab 5
T	5–6

91 Spiegelbild-Porträt

Bei diesem Spiel befassen sich die Kinder ausschließlich mit sich selbst. Sie betrachten ihr Gesicht, ihre Körperproportionen und ihre Kleidung. Der Schwerpunkt des Spiels aber liegt bei der genauen Betrachtung und Wiedergabe des Gesichts.

Die Kinder sitzen an einem langen Tisch, auf dem für jedes Kind ein Spiegel steht und ein Papierbogen bereitliegt. Die Erzieherin macht die Kinder auf ihre unterschiedliche Haarfarbe aufmerksam, auf die Augen, die Nase und den Mund.

Anschließend erhält jedes Kind genügend Wachsmalstifte. Alle malen sich nun unter Zuhilfenahme des Spiegels. Am Schluß schauen sich die Kinder die Bilder gemeinsam an und vergleichen sie miteinander, um so die typischen Merkmale eines jeden herauszufinden.

Förderungsbereich: Wahrnehmungsfähigkeit; Konzentration; Feinmotorik.

Material: Je Kind ein Spiegel, Zeichenpapier (DIN A 2), Wachsmalkreiden (möglichst alle Farben).

A	ab 5
T	10–20

92 Pfennigsuche

Die Kinder sitzen in zwei Gruppen einander gegenüber. Es wird ausgelost, welche Gruppe zuerst den Pfennig suchen soll. Die andere Gruppe bekommt dann den Pfennig und läßt ihn unauffällig unter dem Tisch von einer Hand zur anderen wandern. Ruft ein Kind aus der suchenden Gruppe „Hände auf den Tisch!", machen die Kinder der anderen Gruppe Fäuste und legen sie auf den Tisch. Jetzt darf ein aus der suchenden Gruppe gewählter Spieler zweimal raten, wo der Pfennig ist und auf eine Faust zeigen. Hat er richtig geraten, bekommt diese Gruppe einen Pluspunkt. Nach fünfmaligem Raten der suchenden Gruppe wird gewechselt.

Wer hat am Schluß die meisten Punkte?

Förderungsbereich: Beobachtungsfähigkeit; manuelle Geschicklichkeit.

Material: 1 Pfennig.

93 Was hat sich verändert?

Die Kinder stehen sich in zwei Reihen gegenüber. Eine Minute lang versuchen die Kinder, sich das Aussehen des jeweils gegenüberstehenden Partners einzuprägen. Dann drehen sich die Kinder um, damit sie einander nicht mehr sehen können. Jedes Kind verändert zwei äußere Merkmale an sich selbst (Hosenbein hochkrempeln, Schuhband öffnen, Ärmel hochziehen usw.). Dann wenden sich alle wieder einander zu und versuchen, die Veränderung an ihrem Partner festzustellen.

A	ab 5
T	12–20

Förderungsbereich: Beobachtungsfähigkeit, Konzentration.

94 Topfschlagen

Einem Kind werden die Augen verbunden und es bekommt einen Kochlöffel in die Hand. Ein Topf wird mit einem kleinen Geschenk darunter irgendwo versteckt. Das Kind wird nun einmal um sich selbst gedreht. Jetzt darf es auf dem Fußboden herumkrabbeln. Hat es den Topf gefunden, so schlägt es darauf und darf sich zur Belohnung das Geschenk unter dem Topf nehmen. Dieses besonders auf Kindergeburtstagen beliebte Spiel wird so lange durchgeführt, bis alle einmal an der Reihe waren.

A	ab 3
T	6–20

Förderungsbereich: Wahrnehmung, räumliche Orientierung.

Material: 1 Topf, 1 Kochlöffel, kleine Geschenke.

95 Umgedrehter Heringsschwanz

Alle Kinder stehen in einer Linie. Ein Spieler steht in 10 Metern Entfernung. Beim Aufsagen der Worte „umgedrehter Heringsschwanz" dreht er sich einmal um die eigene Achse. Die anderen sind währenddessen auf ihn zugeschlichen. Wer sich noch bewegt, wenn der „Heringsschwanz" sich voll umgedreht hat, muß zum Ausgangspunkt zurück. Wer den „Heringsschwanz" zuerst erreicht, löst ihn ab.

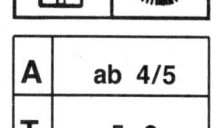

A	ab 4/5
T	5–8

Förderungsbereich: Reaktionsvermögen; Beobachtungsfähigkeit; Körperbeherrschung.

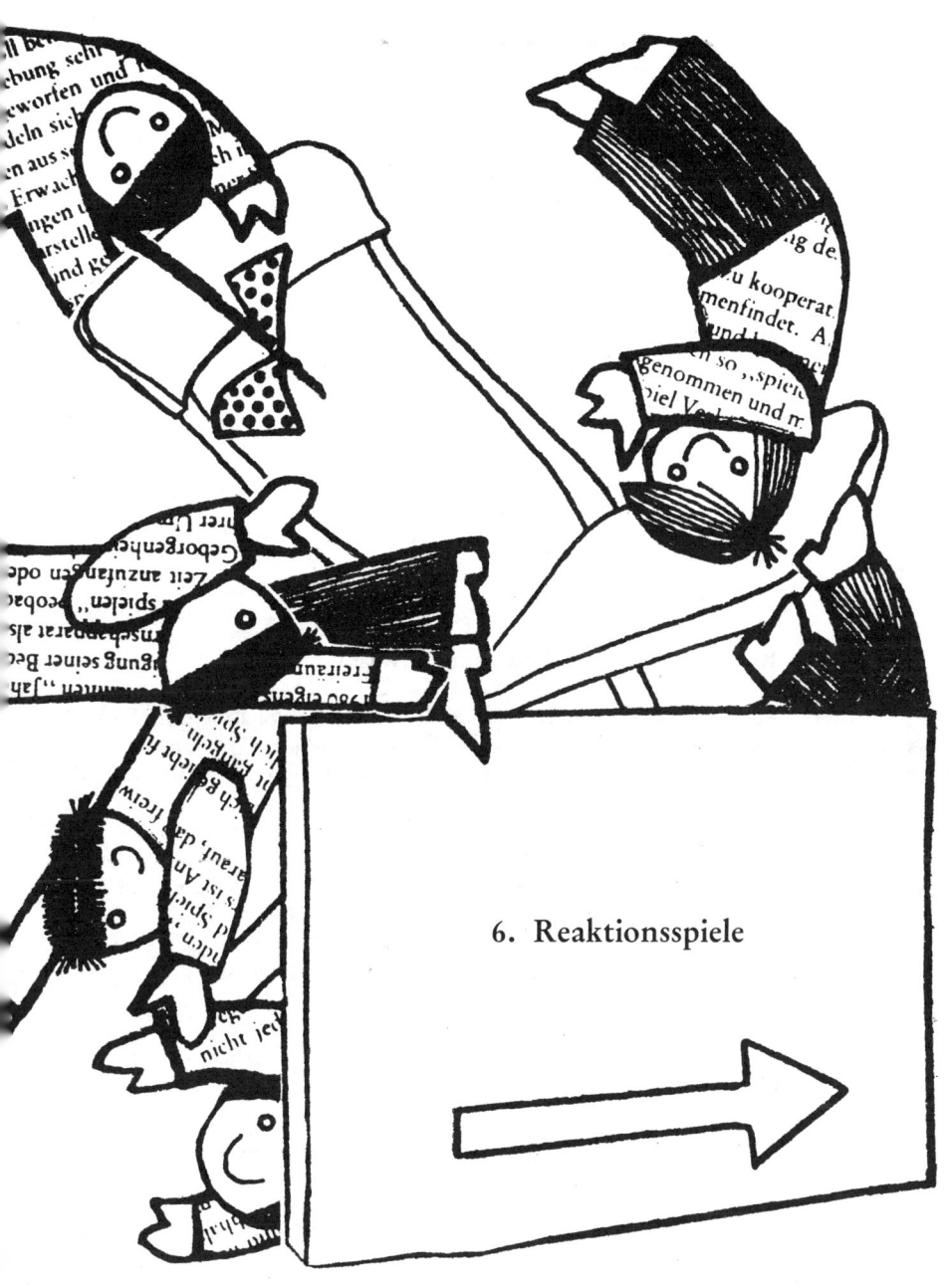

6. Reaktionsspiele

6. Reaktionsspiele

Reaktionsfähigkeit und Konzentration

Reize besser aufnehmen und verarbeiten

Mit dem Begriff „Reaktion" bezeichnet die Psychologie die „Antwort" eines Organismus auf einen vorhergegangenen inneren oder äußeren Reiz. „Konzentration" ist eine besondere Anspannung oder Ausrichtung des Organismus mit dem Ziel, Reize besser aufzunehmen und zu verarbeiten. Kinder sind heute einer Reizüberflutung ausgesetzt und von daher gezwungen, abzuschalten, da sie unmöglich alle Eindrücke aufnehmen und verarbeiten können. Die Folge ist bei vielen Kindern eine ungenügende Entwicklung des Reaktions- und Konzentrationsvermögens. Für den Lernprozeß in der Schule und im späteren Leben sind beide jedoch unerläßlich. Die Kinder benötigen deshalb Anreize, auf die sie sich konzentrieren und auf die sie spontan reagieren können.
Reaktionsspiele wollen das Reaktionsvermögen und die Konzentrationsfähigkeit des Kindes stärken und seine geistige und körperliche Beweglichkeit fördern.

Querverbindung:

> Beobachtungsspiele
> Bewegungsspiele
> Geschicklichkeitsspiele

Spielvorschläge:

96 Luft, Wasser, Erde

Der in der Kreismitte stehende Spielleiter zeigt mit dem Finger auf einen Mitspieler und nennt eines der Elemente ,,Luft'', ,,Wasser'', ,,Erde'' und beginnt dann sofort halblaut bis 7 zu zählen. Bevor er bis 7 gezählt hat, muß der Angesprochene ein Tier nennen, das in dem genannten Element lebt, also bei ,,Luft'' etwa Spatz, Amsel, Drossel usw. Gelingt ihm das, muß der Spielleiter sein Glück bei einem anderen Mitspieler versuchen.

A	ab 6
T	10–15

Es sollte darauf geachtet werden, daß Tiere nicht (bzw. nicht zu oft) wiederholt genannt werden.

Schafft das angesprochene Kind es nicht, rechtzeitig ein Tier im richtigen Element zu nennen, klatscht der Spielleiter in die Hände. Alle müssen dann die Plätze tauschen. Dabei wird der Spielleiter versuchen, einen freien Stuhl zu erwischen. Wer keinen Platz erwischt, darf es jetzt als Spielleiter in der Mitte versuchen.

Förderungsbereich: Reaktionsvermögen; die Kinder lernen, Tiere den Elementen zuzuordnen.

97 Das Handabklatschspiel

Bei diesem Spiel unserer Großeltern stehen sich jeweils zwei Spieler mit erhobenen Händen gegenüber. Sie beginnen langsam mit den unten beschriebenen Bewegungen und werden nach jedem Spieldurchgang schneller. Wer verhaspelt sich zuerst?

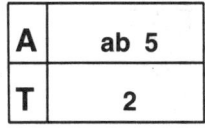

1. Die eigenen Hände werden zusammengeschlagen.
2. Linke und rechte Handflächen gegen rechte und linke Handflächen des Partners schlagen.
3. Die eigenen Hände wieder zusammenschlagen.
4. Die rechte Handfläche schlägt gegen die linke Handfläche des Partners.
5. Wieder werden die eigenen Hände zusammengeschlagen.
6. Die linke Handfläche schlägt gegen die rechte Handfläche des Partners.
7. Der Vorgang beginnt von neuem.

A	ab 5
T	2

Förderungsbereich: Reaktionsvermögen, manuelle Geschicklichkeit.

98 Blumenspiel

Die Kinder bilden einen Stehkreis. Jedes Kind bekommt einen Blumennamen (z. B. Rose, Nelke, Tulpe, Veilchen usw.). Ein in der Mitte des Kreises stehendes Kind hält einen Stock oder Stab senkrecht, so daß er die Erde berührt. Dieses Kind nennt nun Blumennamen und sobald es eine Blume nennt, läßt es den Stock los. Der mit diesem Blumennamen Gerufene muß versuchen, den Stock zu fangen, bevor dieser die Erde berührt. Schafft er das, darf er als nächster einen Blumennamen rufen. Gelingt es ihm nicht, geht er auf seinen Platz zurück.

A	ab 5
T	10–12

Variation: Es werden Tiernamen genannt.

Förderungsbereich: Reaktionsvermögen; Wissenserweiterung im Naturbereich.

Material: Ein längerer Stock.

99 Rippel-Tippel

Die Spieler sitzen im Stuhlkreis und zählen von 1 bis . . . (je nach Teilnehmerzahl) ab. Der Spielleiter, er hat z. B. die Nr. 6, beginnt: „Ich bin der Rippel Nr. 6 ohne Tippel. Rippel Nr. 9, wieviel Tippel hast Du?" Der Angesprochene setzt fort: „Ich bin der Rippel Nr. 9 und habe keinen Tippel. Rippel Nr. 2, wieviel Tippel hast Du?" usw. Wer sich verspricht, erhält einen kleinen Strich auf die Wange, einen Tippel. Bei den nächsten Durchgängen muß jeder seine Tippel angeben, z. B.: „Ich bin der Rippel Nr. 4 mit einem Tippel . . .".
Wer am Ende des Spiels die wenigsten Tippel hat, ist Sieger. (Die Zahlenkenntnisse der Kinder sind zu berücksichtigen.)

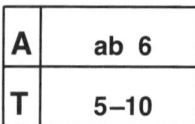

A	ab 6
T	5–10

Förderungsbereich: Konzentration und Reaktionsvermögen; Merkfähigkeit; Kooperationsfähigkeit; Satzbildung.

Material: Kreide, Schminke oder ein angekohlter Korken.

100 Zugefaßt!

Die Gruppe kniet im Kreis nieder und verschränkt die Hände auf dem Rücken. In der Mitte liegen beliebige Gegenstände kreisförmig angeordnet (Buntstifte, leere Joghurtbecher, Papiertaschentücher, Korken o. ä.). Die Anzahl der Gegenstände ist im Vergleich zur Teilnehmerzahl um einen verringert. Der Spielleiter erzählt nun eine (improvisierte) Geschichte, in der von Zeit zu Zeit der eine oder andere Gegenstand auftaucht. Fällt ein solches Stichwort (z. B. „Buntstifte"), muß jeder

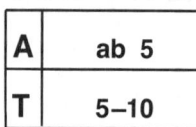

A	ab 5
T	5–10

Mitspieler versuchen, einen der mehrfach vorhandenen Gegenstände zu schnappen.

Zu Beginn des Spiels weist der Spielleiter darauf hin, vorsichtig zu sein, damit es zu keinen Zusammenstößen kommt!

Förderungsbereich: Reaktionsvermögen; vorsichtiges Umgehen der Kinder miteinander.

Material: Je nach Teilnehmerzahl ausreichend Buntstifte, leere Joghurtbecher, Papiertaschentücher, Korken.

101 Kleine Steine, große Steine

Hinter einem Tisch steht ein „Baumeister". Die Kinder sitzen um ihn im Halbkreis herum. Sie sind die Gesellen des „Baumeisters" und erhalten eine Nummer. Der Spielleiter erklärt die Regeln: Kleine Steine werden mit dem kleinen Finger, mittelgroße mit dem Mittelfinger und große mit der Faust dargestellt. Wenn der „Baumeister" ruft: „Alle Gesellen mauern kleine Steine!", müssen die Kinder sofort mit dem kleinen Finger auf der Tischkante hin- und herstreichen. Wenn er mittelgroße oder große Steine mauern läßt, dann muß der Mittelfinger oder die Faust zur Darstellung genommen werden. Der „Baumeister" kann auch anordnen: „Geselle drei mauert große Steine, alle anderen kleine."

Zu Beginn des Spiels erfragt und erklärt die Erzieherin die Begriffe „mauern", „Maurer" und „Baumeister".

Förderungsbereich: Konzentration, Reaktionsvermögen; Feinmotorik; Wissenserweiterung; Begriffsdifferenzierung.

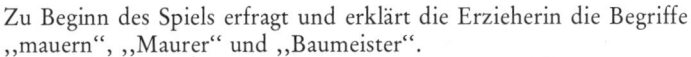

A	ab 5
T	5–10

102 Stuhljagd

Ein Stuhlkreis wird so gestellt, daß die Sitzfläche der Stühle nach außen zeigt. Es sind 2 Stühle weniger vorhanden als Kinder. Zur Musik gehen nun Paare im Uhrzeigersinn um den Kreis herum, dabei darf der Partner nicht losgelassen werden. Setzt die Musik aus, suchen sich die Paare zwei Plätze nebeneinander. Das übriggebliebene Paar scheidet aus. Dann geht das Spiel weiter. Zum Schluß bleibt ein Paar als Gewinner übrig.

Förderungsbereich: Reaktionsvermögen, Bewegungssicherheit; Kooperation mit dem Partner, Rücksichtnahme.

Material: Stühle, Schallplatten, Kassetten.

A	ab 6
T	8–30

103 Reaktionslaufspiel

Die Kinder laufen leise im Raum umher ohne anzustoßen. Auf ein Handklatschen bleiben alle Kinder stehen; zweimal klatschen bedeutet „hinsetzen", dreimal klatschen bedeutet „hüpfen" usw.

A	ab 4
T	10–20

Förderungsbereich: Reaktionsfähigkeit, Bewegungssicherheit; Zählen.

104 Fröhliche Futtersuche

Es werden Bohnenkerne im Raum verstreut. Zwei Gruppen werden gebildet. Jede wählt einen „Bauern", der sich mit seinen Spielern mit einem bestimmten Tierlaut verständigt. Nun gehen die Spieler auf „Futtersuche". Wenn sie Bohnenkerne gefunden haben, rufen sie den „Bauern" mit dem abgesprochenen Tierlaut herbei. Der „Bauer" kommt sofort gelaufen und sammelt die Bohnenkerne ein.

A	ab 6
T	10–20

Die Erzieherin ermittelt, wer das meiste Futter gesammelt hat und stellt den 1. und den 2. Sieger fest.

Förderungsbereich: Schnelligkeit, Reaktionsvermögen.

Material: Bohnenkerne.

105 Alle Möwen fliegen hoch

Bei diesem beliebten Spiel geht es um das Reaktionsvermögen. Die Kinder sitzen am Tisch und trommeln mit ihren Zeigefingern auf die Tischplatte. Dann sagt die Erzieherin: „Alle Möwen fliegen hoch!", und die Kinder werfen ihre Arme in die Luft. Dann wird weiter getrommelt. Die Erzieherin ruft: „Alle Bienen fliegen hoch!" Oder: „Alle Flugzeuge fliegen hoch!" Jedesmal werfen die Kinder ihre Arme in die Luft.

A	ab 3
T	10–20

Schwieriger wird es, wenn die Erzieherin ruft: „Alle Katzen fliegen hoch (oder Pferde, Ziegen, Autos, Schiffe usw.)!" Denn immer, wenn etwas genannt wird, was nicht fliegen kann, muß weitergetrommelt werden. Die Arme dürfen hier nicht in die Luft geworfen werden.

Förderungsbereich: Reaktions- und Konzentrationsfähigkeit.

106 Reise nach Jerusalem

Im Wechsel – Stuhllehne rechts, Stuhllehne links – werden Stühle in einer Reihe aufgestellt (1 Stuhl weniger als Teilnehmer vorhanden sind). Jetzt wird Musik gespielt und die Kinder gehen um die Stuhlreihe herum. Wird die Musik abgebrochen, versucht jeder Spieler so schnell wie möglich einen Stuhl zu erwischen. Wer keinen Sitzplatz bekommt, scheidet aus. Bevor ein neuer Rundgang beginnt, wird zuvor wieder ein Stuhl weggenommen. Wer bis zum Schluß übrig bleibt, ist Sieger.

A	ab 4
T	10–20

Förderungsbereich: Reaktionsfähigkeit, Bewegungssicherheit; Orientierungsfähigkeit; Kooperationsfähigkeit.

107 Oberaffe

Wir bilden einen Stuhlkreis. Ein Spieler beginnt mit einer Bewegung (z. B. mit der rechten Hand hinter dem Ohr kratzen, mit beiden Händen auf die Schenkel klopfen usw.). Alle anderen Mitspieler machen die Bewegungen des „Oberaffen" genau nach.

Variation: Jeweils ein Spieler bekommt den Auftrag zu erraten, wer der (vorher von der Gruppe festgelegte) „Oberaffe" ist. Er muß seine Mitspieler genau beobachten.

A	ab 6
T	8–20

Förderungsbereich: Bewegungs-, Reaktions- und Beobachtungsfähigkeit.

108 Die Tuka-Tuka-Begrüßung

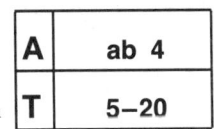

Auf den Phantasieinseln „Tuka-Tuka" begrüßt man sich anders als bei uns. Wie? Der Spielleiter macht es vor:
Er zählt: eins, zwei, drei.
Bei 1 wird 3mal mit den Händen auf die Oberschenkel,
bei 2 wird 3mal in die Hände geklatscht,
bei 3 wird 3mal tuk, tuk, tuk gerufen!

Die „Begrüßungen" können beliebig schnell oder langsam gerufen werden.

A	ab 4
T	5–20

Förderungsbereich: Reaktionsfähigkeit, Konzentration, Merkfähigkeit.

109 Achtung, Hände!

Wir bilden einen Stuhlkreis. Jedes Kind legt seine Hände auf die Knie. Sagt die Erzieherin: „Achtung, Hände!", machen alle Fäuste und stellen den Daumen hoch. Ruft sie: „Hände, ruht euch aus!" legen alle die Handflächen auf die Knie. Wenn sie ruft: „Hände, geht weg!", müssen alle Hände hinter dem Rücken verschwinden. Die Anweisungen sollten schnell und richtig ausgeführt werden. Wer einen Fehler macht, gibt ein Pfand ab.

A	ab 4
T	5–20

Förderungsbereich: Reaktionsfähigkeit.

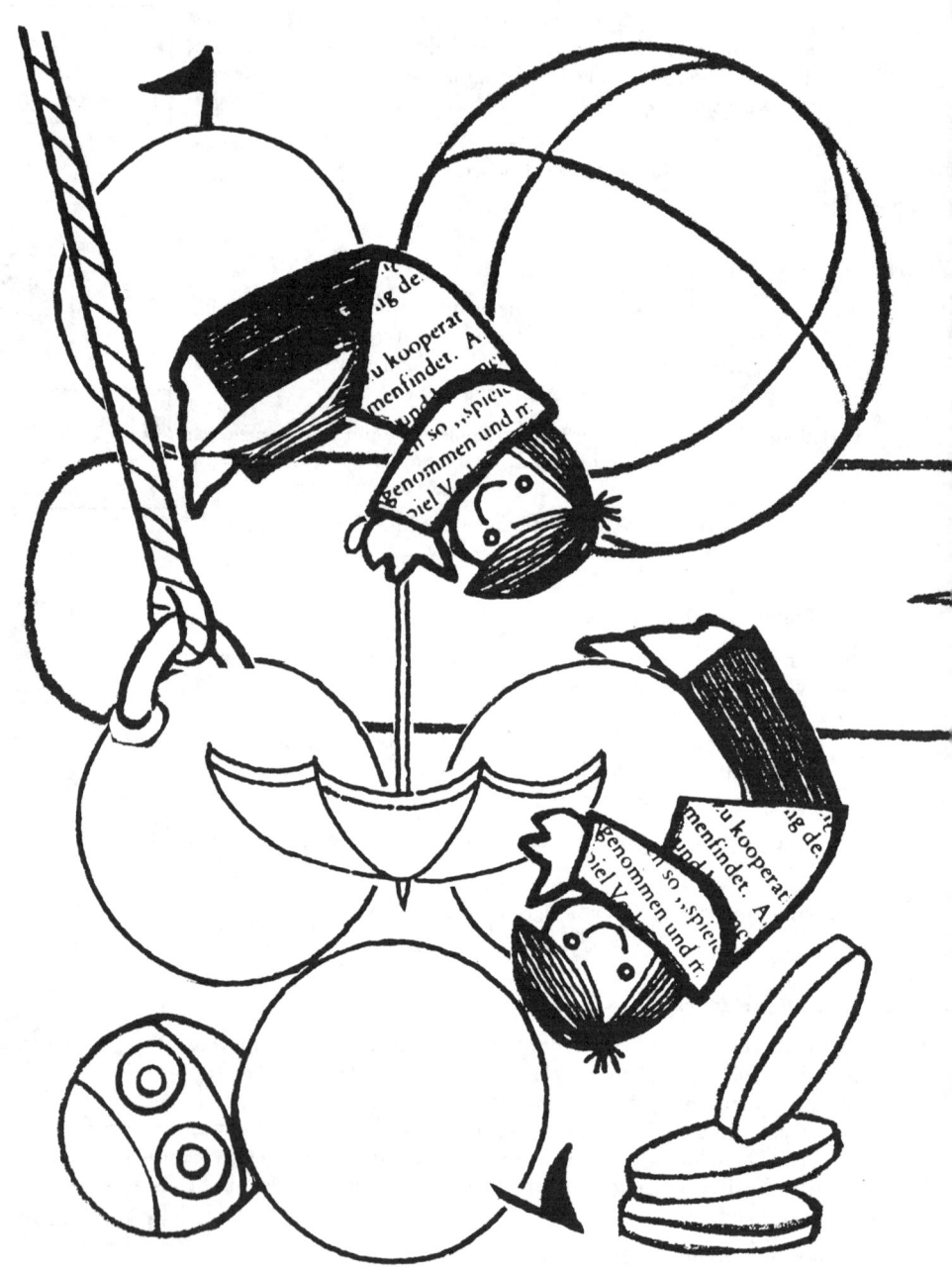

7. Geschicklichkeitsspiele

7. Geschicklichkeitsspiele

110. Löffel-Lauf
111. Klappermünze
112. Fischen
113. Erdnuß-Staffel
114. Der wandernde Schlüssel
115. Schnelle Kette
116. Sackhüpfen
117. Aggressionsspiel
118. Wer ist Herr im Haus?
119. Kleiderstaffel
120. Hinkespiel
121. Festung
122. Hindernislauf
123. Schleppenlauf
124. Ringlein, Ringlein . . .
125. Angeln
126. Hinkstafette
127. Ringlein einmal anders . . .
128. Erbsenspiel
129. Korbwurf
130. Wandernder Groschen
131. Murmeln
132. Wer wickelt am schnellsten?
133. Ringwerfen
134. Bauklötze stapeln
135. Mikado

Geschicklichkeit

Eine ganzheitliche Förderung des Kindes beschränkt sich nicht nur auf die Intelligenz; sie erfaßt alle Bereiche wie z. B. auch die manuelle Geschicklichkeit. Ihre Förderung verhilft dem Kind zu mehr Selbständigkeit, die für die Entwicklung seiner Persönlichkeit unerläßlich ist.

Der pragmatische Lernbereich (Entwicklung praktischer Fähigkeiten) will im Kindergarten und später in der Schule durch das Erlernen von Bastel- und Werktechniken, aber auch durch Spiele, die manuelle Geschicklichkeit (Fingerfertigkeit/Feinmotorik) fördern. **Entwicklung praktischer Fähigkeiten**

Für 3–6jährige entwarf Maria Montessori (1870–1952) Übungsrahmen aus Holz, in denen Bänder, Schnallen, Stoffteile mit Knöpfen, Haken und Ösen, Druckknöpfe und Reißverschluß befestigt sind. Die Kinder können die verschiedenen Handgriffe probieren und üben und entwickeln allmählich entsprechende Fertigkeiten.

Durch Geschicklichkeitsspiele erprobt und schärft das Kind seine Sinnesorgane. Für die körperliche Schulreife muß eine gewisse Geschicklichkeit vorhanden sein.

Querverbindung:

Reaktionsspiele
Bewegungsspiele
Beobachtungsspiele

Spielvorschläge:

110 Löffel-Lauf

A	ab 5
T	8–12

Die Spieler teilen sich in zwei Gruppen und stellen sich hintereinander in zwei Reihen auf. Vor dem ersten Spieler jeder Reihe liegen ein Eßlöffel und ein Tischtennisball. Bei „Los!" müssen die Spieler den Ball mit dem Löffel aufheben, ohne die zweite Hand zu benutzen. Dann müssen sie nach rechts einmal ganz um die Mannschaft herumlaufen. Wer den Ball fallenläßt, beginnt wieder von vorn. Gelingt es ihm, an die Spitze seiner Reihe zurückzukehren, ohne den Ball zu verlieren, so darf er dem nächsten Spieler den Löffel in die Hand geben. Dieser muß nun dasselbe versuchen, während der erste Spieler sich hinten an seiner Reihe anschließt. Die Gruppe, die zuerst fertig ist, hat gewonnen. Variationen sind möglich.

Förderungsbereich: Manuelle Geschicklichkeit, Schnelligkeit.

Material: 2 Eßlöffel und zwei kleine Tennisbälle (Tischtennisbälle). Es können auch Porzellaneier oder Kartoffeln benutzt werden.

111 Klappermünze

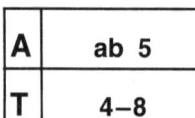

A	ab 5
T	4–8

Für dieses Spiel benötigen wir ein Geldstück. Zwei Parteien sitzen einander am Tisch gegenüber. Ein Spieler aus der einen Partei erhält ein Geldstück und gibt es unter dem Tisch einem der Mitspieler weiter. Die Gegenpartei ernennt ein Kind zum Wortführer. Dieses sagt: „Hände flach!" Alle Kinder legen dann die Hände mit eingekniffenem Daumen – unter einem ist ja das Geldstück eingeklemmt – flach auf den Tisch. Dann: „Hände hoch!" Jetzt müssen die Hände hochgestellt sein, die Handrücken zur gegnerischen Partei gewandt, die Fingerspitzen auf dem Tisch. „Hände zur Faust!" Nun sind die Hände zu Fäusten geballt. In möglichst schnell folgendem Wechsel werden die drei Anordnungen gegeben. Dabei versucht derjenige, der kommandiert, ein Klappern zu hören oder das Geldstück zu sehen; vielleicht fällt es gar herunter. Dreimal darf er auf eine der Hände tippen. Ist die Hand jedesmal münzenlos, so hat die „Münzengruppe" gewonnen. Rollenwechsel.

Förderungsbereich: Manuelle Geschicklichkeit; schnelles Reagieren und gutes Beobachten.

Material: Eine Geldmünze.

112 Fischen

Die Gruppe sitzt im Kreis und wird in zwei zahlenmäßig gleichstarke Halbkreise geteilt. Am Anfang und am Ende der Halbkreise sollte ein kleiner Zwischenraum sein. In die Mitte werden nun ca. 20–30 leere Toilettenpapierrollen geschüttet. Die Kinder, die am Anfang der Halbkreise sitzen, bekommen von der Erzieherin einen Stab. Auf „Los!" versuchen sie, von ihrem Platz aus eine Rolle zu fischen. Sobald sie eine haben, geben sie den Stab ihrem Nachbarn weiter. Der Halbkreis, der zuerst „durch" ist, hat gewonnen.

A	ab 5
T	10–20

Förderungsbereich: Manuelle Geschicklichkeit.

Material: Leere Toilettenpapierrollen und zwei gleichlange Stäbe (ca. 75–100 cm).

113 Erdnußstaffel

Die Spieler werden mit stumpfen (!) Tafelmessern ausgerüstet und in zwei bis vier gleichgroße Gruppen eingeteilt. In der Mitte des Raumes steht ein Tisch mit je einer kleinen Schüssel pro Gruppe. Rings um den Tisch liegen in gleichmäßiger Entfernung (2–3 Meter) gleichgroße Erdnußhäufchen auf dem Fußboden. Die ersten Spieler jeder Gruppe beginnen nun auf ein Zeichen hin, möglichst viele Erdnüsse auf ihr Messer zu bringen und diese in die jeweilige Schüssel zu leeren. Die Finger dürfen nicht zu Hilfe genommen werden. Das Spiel wird so lange durchgeführt, bis jedes Kind einmal an der Reihe war.

A	ab 4
T	2–10

Förderungsbereich: Feinmotorik, Fingerfertigkeit.

Material: Stumpfe (!) Messer, Schüsseln, Erdnüsse.

114 Der wandernde Schlüssel

Alle Spieler sitzen im Kreis dicht aneinander. Jeder hält die Hände auf dem Rücken. Von Hand zu Hand geht ein nicht zu großer Schlüssel, mit dem der Spieler, der ihn gerade in die Hand bekommt, an die Stuhllehne pocht. In der Mitte des Kreises steht der „Sucher", dem das Finden erschwert wird, indem man den Schlüssel einmal rechts und einmal links herumwandern läßt. Hat der „Sucher" den Schlüssel entdeckt, so muß der Spieler, der sich erwischen ließ, an seine Stelle in den Kreis treten.

A	ab 5
T	10–20

Förderungsbereich: Konzentration; Geschicklichkeit und Reaktionsvermögen; genaues Beobachten.

Material: Ein nicht zu großer Schlüssel.

115 Schnelle Kette

A	ab 4
T	2–10

Jedes Kind erhält ein Schälchen mit der gleichen Anzahl von Perlen und eine Schnur. Auf ein Zeichen der Erzieherin versuchen die Kinder nun die Perlen so schnell wie möglich aufzufädeln. Sie brauchen dabei nicht auf die Farbzusammenstellung zu achten. Perlen, die herunterfallen, müssen aufgehoben und dann aufgefädelt werden.

Man kann das Spiel erschweren, indem man die Perlen nach Farben auffädeln läßt.

Wer hat seine Perlen zuerst aufgefädelt?

Förderungsbereich: Manuelle Geschicklichkeit, Schulung der Feinmotorik, Schnelligkeit.

Material: Schnur und ca. 15 Holzperlen je Kind.

116 Sackhüpfen

Ein sehr altes, doch stets beliebtes Spiel bei Kindern (wie Erwachsenen) ist das Sackhüpfen.

Die Wetthüpfer klettern in die Säcke hinein, ziehen sie bis zur Brust und halten sie mit beiden Händen fest. Nach dem Start versucht jeder, das 10 bis 15 Meter entfernte Ziel zu erreichen. Wer stolpert oder hinfällt, muß ausscheiden oder neu beginnen. Das Spiel läßt sich als Zweier- und als Mannschaftswettkampf durchführen.

A	ab 3
T	10–30

Förderungsbereich: Geschicklichkeit im gesamtmotorischen Bereich.

Material: Zwei Jutesäcke.

117 Aggressionsspiel

Alle Kinder sitzen im Stuhlkreis, in dessen Mitte ein Eimer oder ein Papierkorb steht. Ein Kind steht ebenfalls in der Mitte. Es hält eine Papierrolle in der Hand. Damit soll es einen Sitzenden „schlagen", dann wieder zur Mitte laufen, die Rolle auf den Eimer legen und zu seinem Platz im Stuhlkreis laufen. Dies darf es jedoch erst, wenn die Rolle richtig liegt. Der „Geschlagene" muß nun so schnell wie möglich die Rolle greifen, um zurückzuschlagen. Schafft er es nicht, bevor sich der andere setzt, muß er weitermachen, andernfalls muß das erste Kind noch einmal jemanden „schlagen".

A	ab 6
T	12–20

Förderungsbereich: Reaktionsvermögen, Geschicklichkeit.

Material: Eimer oder Korb, leichte Papierrolle.

118 Wer ist Herr im Haus?

Wir zeichnen einen Kreidekreis auf den Boden, in dem alle Spielteilnehmer Platz finden. Auf „Los!" versuchen alle, sich gegenseitig hinauszudrängen. Wer mit beiden Beinen draußen ist, bleibt außerhalb des Kreises. Der Hinausgeworfene kann aber nun seinerseits versuchen, von außen bei der Zwangsräumung zu helfen, indem er die Spieler aus dem Kreis herauszuziehen versucht, wobei er aber den Kreis nicht mehr betreten darf. Das letzte Kind im Kreis ist der „Herr im Haus".
Der Umgang der Kinder untereinander kann bei diesem Spiel sehr gut beobachtet werden.

A	ab 6
T	6–10

Förderungsbereich: Geschicklichkeit im gesamtmotorischen Bereich; Sozialverhalten.

119 Kleiderstaffel

A	ab 5
T	8–12

Es werden zwei Gruppen mit gleicher Anzahl von Mitspielern gebildet. Am Ende einer abgesteckten Strecke stehen zwei Koffer mit Kleidungsstücken. Auf ein Startzeichen laufen die beiden ersten Kinder der Gruppen möglichst schnell zu den Koffern und ziehen die Kleidungsstücke in richtiger Reihenfolge an. Danach laufen sie mit dem Koffer zu ihren Gruppen zurück und müssen sich dort so schnell wie möglich wieder ausziehen. Die anderen Spieler dürfen dabei keine Hilfestellung leisten. Der nächste Spieler ergreift dann den wiedergefüllten Koffer und läuft zum Endpunkt der Strecke. Dort wiederholt sich der Vorgang. Die schnellste Gruppe wird Sieger.

Förderungsbereich: Geschicklichkeit im gesamtmotorischen Bereich.

Material: Koffer, Kleidungsstücke (Hemd, Hose, Mütze, Schal).

120 Hinkespiel

A	ab 5
T	8–12

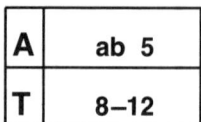

Die Erzieherin markiert eine Strecke mit Start und Ziel. Bei Spielbeginn liegen zwei 50 x 50 cm große Pappen auf dem Boden. Jeweils zwei Kinder gehen an den Start. Der eine Spieler hat die Aufgabe, auf einem Bein von der einen Pappe zur nächsten zu hüpfen und solange auf einem Bein stehen zu bleiben, bis der andere Spieler die hintere Pappe wieder nach vorn bringt und der nächste Sprung erfolgen kann. Der Vorgang wiederholt sich, bis das Ziel (nach etwa 8 Metern) erreicht ist.

Förderungsbereich: Gleichgewichtsübung, Geschicklichkeit im gesamtmotorischen Bereich; Reaktion und Konzentration.

Material: Zwei 50 x 50 cm große Pappen.

121 Festung

A	ab 5
T	10–15

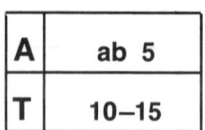

Die Kinder bilden einen Kreis mit dem Gesicht zur Kreismitte, die Beine sind gespreizt. Ein Kind versucht von außerhalb des Kreises einen Wurfball durch die gespreizten Beine der „Verteidiger" in den Kreis zu werfen. Diese dürfen aber die Beine nicht bewegen. Die Spieler verteidigen ihre Festung nur mit den Händen. Wer den Ball durchläßt, scheidet aus.

Variation: Der Werfende steht im Kreis. Die „Verteidiger" dürfen die Beine schließen, aber die Hände nicht benutzen.

Material: Ein Wurfball.

122 Hindernislauf

Auf einer Laufstrecke von etwa 15 Metern werden beliebige Hindernisse errichtet, die überwunden werden müssen, z. B. Stühle, Bänke oder Kisten.
Wie die Hindernisse zu überwinden sind, wird vor Spielbeginn festgelegt. Nachdem der erste einer jeden Mannschaft die Strecke durchlaufen hat, schlägt er den nächsten Spieler an, der dann an die Reihe kommt.

A	ab 5
T	10–12

Förderungsbereich:	Geschicklichkeit im gesamtmotorischen Bereich; Ausdauer.
Material:	Verschiedene Hindernisse: Stühle, Bänke und Kisten.

123 Schleppenlauf

Jeder Spieler bekommt eine Schnur, an deren Ende ein ca. 15 x 15 cm großes Pappstück befestigt wurde. Beim Laufen versucht nun jeder den anderen zu behindern, indem er ihm auf die „Schleppe" tritt, die er hinter sich herzieht. Wer sein Anhängsel verliert, scheidet aus. Wer seine Schleppe bis zum Schluß behält, ist Sieger.

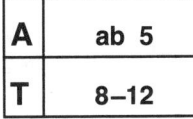

A	ab 5
T	8–12

Variation:	Statt des Pappstückes kann auch ein kleiner Luftballon befestigt werden.
Förderungsbereich:	Reaktionsfähigkeit, Gesamtmotorik.
Material:	Schnüre und 15 x 15 cm große Pappstücke.

124 Ringlein, Ringlein . . .

Auf einem großen zugeknoteten Band hängt ein Ring. Alle Mitspieler stehen oder sitzen um das Band herum und halten es mit beiden Händen fest. Einer hat den Ring in der Hand. Er darf nicht gesehen werden, denn in der Mitte steht ein Mitspieler, der ihn finden soll.
Die Gruppe singt: „Ringlein, Ringlein, du mußt wandern, von dem einen Ort zum andern; oh, wie schön, oh, wie schön, ist's wenn Ringlein wandern geh'n."
Die Spieler schieben dabei ihre Hände so weiter, als ob alle den Ring besäßen und ihn weitergäben.
Wenn der in der Mitte stehende Spieler den Ring gefunden hat, muß derjenige seinen Platz einnehmen, bei dem er gefunden wurde.

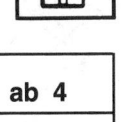

A	ab 4
T	10–20

Förderungsbereich:	Geschicklichkeit, Interaktion und Kooperation mit den anderen; Konzentriertes Beobachten.
Material:	1 Ring, 1 Band, evtl. Stühle.

| A | ab 3 |
| T | 2–10 |

125 Angeln

Kleine, mit einer Büroklammer versehene Gegenstände, liegen in einem Karton. Der bzw. die „Angler" erhalten eine Schnur mit einem Drahthaken. Es gilt, mit dem Haken eine Büroklammer zu erwischen und die Beute aus dem Karton zu ziehen.

Förderungsbereich: Manuelle Geschicklichkeit; Konzentration.

Material: Büroklammern, Drahthaken, Schnüre, kleine Gegenstände (Figuren, Nopper usw.).

126 Hinkstafette

Die Erzieherin bildet zwei Mannschaften, die sich in zwei Reihen hintereinander aufstellen. Bei ,,Los!" hüpfen die ersten jeder Mannschaft auf einem Bein bis zu einer vorher angebrachten Wendemarke und laufen von dort aus normal zurück, um den nächsten Spieler anzuschlagen.

Förderungsbereich: Grobmotorik.

A	ab 4
T	8–12

127 Ringlein einmal anders

Zwei gleichstarke Gruppen werden gebildet. Sie spielen gegeneinander, indem sie einen Ring weitertransportieren. Dazu hat jeder Mitspieler einen Strohhalm im Mund, mit dem der Ring aufgenommen und weitergegeben wird; die Hände werden dabei nicht benutzt.

Förderungsbereich: Geschicklichkeit, Konzentration.

Material: 1 Ring, Strohhalme.

A	ab 5
T	6–10

128 Erbsenspiel

Es werden zwei Riegen gebildet. Die Kinder sitzen, haben einen Teller vor sich und einen Strohhalm im Mund. Das erste Kind bekommt jeweils eine Erbse auf den Teller. Das zweite muß sie aufsaugen und auf seinen eigenen Teller legen usw. Ist die Erbse beim letzten Kind angekommen, holt das erste sie wieder nach vorne, indem es sie ansaugt, dann auf seinen Teller fallen läßt und zurück läuft. Erst wenn dieses Kind sitzt, hat die Gruppe gewonnen.

Förderungsbereich: Geschicklichkeit; Sammeln neuer Erfahrungen (Probieren); Kooperation, Interaktion.

Material: Erbsen, Teller.

A	ab 5
T	10–12

129 Korbwurf

Die Kinder werfen aus kurzer Entfernung drei kleine Bälle in einen Korb (oder Topf).

Förderungsbereich: Manuelle Geschicklichkeit, Bewegungssicherheit im Werfen.

Material: Tennisbälle, ein Korb oder Topf.

A	ab 4
T	–20

130 Wandernder Groschen

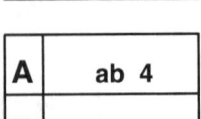

Zwei gleichstarke Mannschaften sitzen sich gegenüber. Die ersten beiden Spieler legen sich einen Groschen auf ihren Handrücken. Der zweite Spieler legt seinen Handrücken auf die Hand des ersten. Nun werden die Hände so gedreht, daß der zweite Spieler den Groschen auf seinem Handrücken hat. Der Groschen wandert auf diese Weise von Spieler zu Spieler. Welche Mannschaft hat den ,,schnellsten Groschen''?

Förderungsbereich: Manuelle Geschicklichkeit; Kooperation, Konzentration und Rücksichtnahme beim Kontakt mit dem unmittelbaren Nachbarn.

Material: 2 Groschen.

131 Murmeln

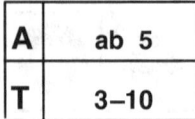

Bereits unsere Ur-Ur-Großeltern haben als Kinder gerne mit Murmeln gespielt. Alles, was für dieses Spiel benötigt wird, sind Murmeln aus Ton oder Glas. Von einer Markierungslinie aus soll eine Murmel in ein Loch geworfen werden. Trifft sie ins Loch, darf erneut geworfen werden. Bleibt sie davor liegen, darf ein anderer Spieler sie ins Loch schupsen. Sieger ist, wer die meisten Kugeln ins Loch befördert.
Die Spielregeln sind beliebig variierbar.

Förderungsbereich: Geschicklichkeit und Bewegungssicherheit (Zielen, Werfen, Schupsen).

Material: Ton- oder Glasmurmeln.

132 Wer wickelt am schnellsten?

Jeweils 3–5 Spieler erhalten je eine leere Garnrolle. Auf ,,Los!'' beginnen alle einen langen Faden aufzuwickeln. Am Fadenende hängt ein kleines Geschenk. Wer wickelt am schnellsten?

Förderungsbereich: Manuelle Geschicklichkeit, Schnelligkeit.

Material: Leere Garnrollen oder Hölzchen, Zwirn oder Wollfäden, kleine Geschenke (Bonbons, Schokolade, kleine Spielsachen).

133 Ringwerfen

Aus etwa zwei Meter Entfernung versucht jeder Spieler jeweils drei Ringe um einen im Boden steckenden Stab zu werfen. Es werden mehrere Runden gespielt. Der Spielleiter zählt am Schluß die Punkte zusammen.

A	ab 4
T	2–10

Variation: Weckringe werden aus etwa einem Meter Entfernung um aufgestellte Flaschen geworfen.

Förderungsbereich: Geschicklichkeit, Konzentration, Bewegungssicherheit im Werfen.

Material: Wurfringe, Stäbe, Flaschen, Weckringe.

134 Bauklötze stapeln

Wir bilden einen Stuhlkreis. Aus ihm treten jeweils zwei Spieler gegeneinander an. Jeder erhält dabei eine bestimmte Anzahl von Bauklötzen verschiedener Größe. Sieger ist, wer seinen Turm zuerst gestapelt hat, ohne daß ein Klotz herunterfiel.

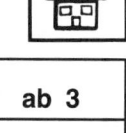

A	ab 3
T	2–10

Förderungsbereich: Manuelle Geschicklichkeit, Konzentration.

Material: Bauklötze.

135 Mikado

Wir lassen die Mikado-Stäbchen quer durcheinander auf den Tisch (oder Fußboden) fallen. Ein Spieler nach dem anderen versucht nun so viele Stäbchen wie möglich herauszuziehen. Dabei darf sich kein anderes bewegen. Wer am Ende die meisten Stäbchen gezogen hat, ist Sieger.

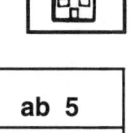

A	ab 5
T	2–6

Variation: Es können auch zwei Gruppen gebildet werden, die gegeneinander antreten. Jede Gruppe erhält dann einen Schiedsrichter.

Förderungsbereich: Manuelle Geschicklichkeit (Feinmotorik), Konzentration und Beobachtungsfähigkeit.

Material: Mikado-Stäbchen oder Strohhalme.

8. Musikspiele

8. Musikspiele

136. „Hausmusik"
137. Lieder raten
138. Watteblasen
139. Signal-Spiel
140. Thementänze
141. Hohe und tiefe Töne
142. Große Schritte, kleine Schritte
143. Rasseln, Knattern, Trommeln, Rascheln
144. Tast-Hör-Kim
145. Zeitungsmusik
146. Schneller Teller
147. Spiegel-Spiel
148. Pulsschlag-Musik
149. Wo steckt die Pfeife?
150. Kleistermalerei
151. Suchen mit Musik
152. Trampeltanz
153. Minutenlauf
154. Hänsel und Gretel
155. Zehn kleine Negerlein
156. Eine kleine Dickmadam
157. Grün sind alle meine Kleider
158. Suse, liebe Suse
159. Spannenlanger Hansl
160. Die fleißigen Waschfrauen
161. Morgens früh um sechs . . .
162. Laurentia
163. Singen

Musikerziehung

Ohne Musik ist unser Leben gar nicht vorstellbar. Sie übte schon immer **Musik als**
eine besondere Anziehung auf den Menschen aus. Musik ist ein Aus- **Ausdrucksmittel**
drucksmittel, z. B. der Lebensfreude. Sie stimuliert den einzelnen und kann
Menschenmassen zu gleichen Reaktionen veranlassen. Musik kann anregen
und entspannen; sie ist eine wichtige Grundlage für schöpferisches Handeln, weckt die Experimentierfreude und Phantasie.

Musikspiele und Spiele mit Musik wollen folgende Lernziele erreichen:

- akustische Wahrnehmung verschiedenartiger Signale und Geräusche **Zielsetzung**
- Erfahren akustischer Veränderungen
- bewußtes Hören von Musik
- Neugier auf musikalische Vorgänge
- Singen
- Herstellen und Erproben von Geräuschen und Klangquellen
- Spielen einfacher Lieder auf Orff-Instrumenten
- Gestalten mit Musik (graphische Darstellung von Rhythmen und Me-
  lodiebögen oder das Untermalen einer Geschichte mit Instrumenten)
- Verbalisieren des Gehörten.

Musik wird als reine Bewegung erfaßt und vom gesamten Körper aufgenommen; Musik und Bewegung sind nicht voneinander zu trennen. Durch
anspruchsvolle Schallplatten und Kassetten, die sich an das Gehör und die
Phantasie der Kinder wenden, werden sie besonders für musikalisches Erleben sensibilisiert.

Querverbindung:

> Spiele zur Sinneswahrnehmung
> Sprachspiele
> Darstellende Spiele
> Bewegungsspiele

Spielvorschläge:

A	ab 2
T	1–10

136 „Hausmusik"

Wenn es darum geht, beliebige Gegenstände – z. B. aus dem Haushalt – als Musikinstrumente zu verwenden, sind Kinder besonders phantasievoll.

Der erste Lärm, der dann mit Kochlöffeln, Töpfen und Plastikschüsseln erzeugt wird, sollte im Elternhaus – Geduld und strapazierfähige Nerven werden vorausgesetzt – aufgefangen werden.

Der Erwachsene füllt Pappschachteln (z. B. leere Milchtüten), Joghurtbecher und Dosen mit Erbsen, Bohnen, Linsen, kleinen Steinen, harten Bonbons, Holzstückchen, Reis usw.

Allein oder in der Gruppe geschüttelt, entstehen eindrucksvolle Geräusche.

Variation: Streichholzschachteln mit unterschiedlicher Füllung ergeben völlig unterschiedliche Klangkörper.

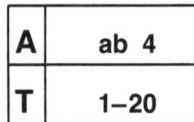

137 Lieder raten

Die Erzieherin summt und/oder klopft ein den Kindern bekanntes Lied. Um welches handelt es sich?

„Kennst Du auch ein Lied?" Ein Kind summt eine Melodie und die anderen raten.

Förderungsbereich: Das Kind erfährt akustische Reize und kann darauf reagieren, Tontreffübung.

A	ab 4
T	5–10

138 Watteblasen

Die Kinder sitzen um den Tisch herum. In der Mitte liegt ein kleiner Wattebausch. Der Reihe nach wird geblasen, wobei jeder versucht, den Wattebausch einem Mitspieler zuzublasen. Der andere muß darauf achten, daß die Watte nicht über den Tisch geblasen wird.

Förderungsbereich: Richtiges Ein- und Ausatmen; Geschicklichkeit, Reaktionsvermögen.

Material: 1 Wattebausch.

139 Signal-Spiel

Die Kinder laufen, hüpfen oder springen auf einen gegebenen Rhythmus (Klatschen oder Handtrommel) frei im Raum umher. Auf ein Signal der Erzieherin (z.B. durch Trillerpfeife) bilden die Kinder blitzschnell einen Kreis.
Zu Beginn des Spiels können bestimmte Signale ausgemacht werden, z.B.: Kette bilden = 2mal pfeifen, Schlange = 3mal pfeifen, Reihe = 4mal pfeifen usw.
Gemeinsam kann mit den Kindern überlegt werden, welche Gruppierungsformen sich bilden lassen.

A	ab 5
T	8–12

Variation: Statt des Händeklatschens und der Handtrommel wird die Stimme eingesetzt.

Förderungsbereich: Ausführen elementarer Grundbewegungen zusammen mit anderen; das Kind setzt elementare Bewegungen gestaltend ein; akustische Wahrnehmung.

Material: Evtl. Handtrommel.

140 Thementänze

Die Erzieherin sucht Schallplatten mit Tanzmusik aus. Die Kinder stehen frei im Raum, hören die Musik und bewegen sich dazu. In spielender Weise entstehen einfache Tanzformen. Gemeinsam mit den Kindern lassen sich tänzerische Themen gestalten, z.B. Maskentanz, Tanz der Tiere, Ballontanz, Gefriertanz, Hexentanz usw.

A	ab 4
T	10–20

Förderungsbereich: Anhören der Musik; Ausprobieren und Gestalten einfacher Tanzformen.

Material: Plattenspieler mit Schallplatten.

141 Hohe und tiefe Töne

Die Kinder gehen frei im Raum umher. Der Erwachsene spielt auf der Flöte verschieden hohe und tiefe Töne. Die Höhe der Töne soll von den Kindern durch Bewegungen dargestellt werden, indem sie sich bei hohen Tönen sehr hoch recken und bei tiefen Tönen in die Hocke gehen und sich zusammenkauern.

A	ab 4
T	10–20

Variation: Alle Kinder „wachsen" mit der Tonleiter.

Förderungsbereich: Genaues Zuhören; Übertragung der Töne auf Bewegungsabläufe; Differenzierung hoher und tiefer Töne.

Material: Flöte bzw. Xylophon (oder auch Kassettenrecorder).

A	ab 4
T	10-20

142 Große Schritte, kleine Schritte

Auch bei diesem Spiel werden die Hände als Klatschinstrument eingesetzt. Kinder gehen frei durch den Raum. Der Erwachsene klatscht einen beliebigen Rhythmus. Zum lauten Klatschen machen alle Kinder große, zum leisen Klatschen kleine Schritte. Wird langsam geklatscht, gehen die Kinder langsam, ist die Klatschfolge schnell, wird entsprechend schnell gegangen.

Variation:	Bei lautem Klatschen gehen die Kinder laut aufstampfend durch den Raum, bei leisem Klatschen wird ganz leise (auf Zehenspitzen) gegangen. Für das Klatschen wird die Stimme oder die Handtrommel eingesetzt.
Förderungsbereich:	Genaues Zuhören; Koordination von gehörtem Ton und passendem Schritt.
Material:	Evtl. Handtrommel.

A	ab 4
T	5-10

143 Rasseln, Knattern, Trommeln, Rascheln

Für dieses Spiel legt die Erzieherin im Gruppenraum verschiedene Gegenstände aus: Blechdosen, Pappkartons, Joghurtbecher, Topfdeckel, Kochlöffel, Zeitungen, Plastikeimer usw.
Auf einem Tisch liegen Muggelsteine, Erbsen, Plastiktüten, Blumendraht, Pfeifenreiniger, Tesafilm, Klebstoff und Band. Die Kinder können die einzelnen Gegenstände ausprobieren. Dann sucht sich jedes Kind einen Gegenstand. Welche Geräusche lassen sich mit ihm erzeugen? Es können zwei Gegenstände zu einem Instrument zusammengebaut werden: neue Klangmöglichkeiten entstehen. Die Kinder können ihre Klangerzeuger untereinander tauschen. Der Experimentierfreudigkeit sind keine Grenzen gesetzt.

Förderungsbereich:	Die Kinder erfahren akustische Reize; selbstgebastelte Instrumente werden improvisierend eingesetzt; Experimentierfreude; Kommunikationsfähigkeit; befreiendes Lärmen; Phantasie und Kreativität.

144 Tast-Hör-Kim

Die Kinder sitzen im Kreis und haben die Augen geschlossen. Ein Kind betastet und befühlt mit geschlossenen Augen einen Gegenstand (z. B. einen Baustein), den es von der Erzieherin erhalten hat.
Die Oberfläche, Form und Klang- bzw. Geräuschmöglichkeiten des Gegenstandes werden vom Kind untersucht und den anderen Kindern beschrieben.

Wie fühlt sich der Gegenstand an? Was für eine Form hat er? Wie klingt er, wenn man auf ihn schlägt? Die anderen Kinder – ebenfalls mit geschlossenen Augen – versuchen auf Grund der Beschreibung den Gegenstand zu erraten.

| A | ab 5 |
| T | 8–12 |

Förderungsbereich: Vorstellungsvermögen; verschiedene Gegenstände werden durch Tasten und Hören erkannt und benannt.

Material: Runde, eckige, harte, weiche, glatte, rauhe, stumpfe und spitze Gegenstände, z. B. Bälle, Würfel, Bausteine, Schachteln, Holz, Glas, Stäbe, Wecker, Musikinstrumente.

145 Zeitungsmusik

Stuhlkreis. Jedes Kind erhält von der Erzieherin eine Zeitung.
1. Alle Kinder rascheln mit ihrer Zeitung.
2. Eine Zeitung wird zusammengeknüllt ans Ohr gehalten, hin und her bewegt, gedrückt, gerieben.
3. Die wahrgenommenen Geräusche werden mit der Stimme nachgeahmt.
4. Die Erzieherin gibt einen Rhythmus vor, nach dem die Kinder ihre Zeitungen bewegen.
5. Ein Lied wird gesungen (z. B. ,,Mein Hut der hat drei Ecken'') und durch die Zeitungsgeräusche begleitet.

| A | ab 4 |
| T | 8–12 |

Förderungsbereich: Experimentieren; Reaktion auf akustische Reize; Improvisation.

Material: Zeitungen.

146 Schneller Teller

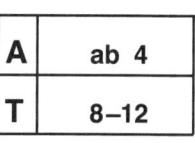

Die Kinder sitzen im Stuhlkreis. Sie beobachten einen von der Erzieherin gedrehten Teller. Zuerst beginnt er sich leise zu drehen, wird dann beim Fallen immer schneller und lauter.
Der dynamische Ablauf wird von den Kindern klatschend begleitet. Eine Trommel kann eingesetzt werden. Der Reihe nach darf jedes Kind den Teller einmal drehen.

| A | ab 5 |
| T | 8–12 |

Variationen: Die Bewegungen des Tellers werden durch Klopfen oder Trampeln oder mit Hilfe der Trommel begleitet. Statt eines Tellers kann ein Reifen gedreht werden.

Förderungsbereich: Das Kind nimmt Zeitordnungen wahr (langsam – schnell – langsam – kurz – lang).

Material: 1 Plastikteller, evtl. 1 Trommel (Klangholz).

147 Spiegel-Spiel

Die Kinder stehen sich paarweise gegenüber. Sie haben die Aufgabe, eine Bewegungsfolge genauso wie ein Spiegel wiederzugeben. Man einigt sich untereinander, wer zuerst „Spiegel" ist und die Bewegungen nachmacht. Dann wird gewechselt.

Förderungsbereich: Vorgegebene Bewegungsabläufe werden beobachtet und nachvollzogen.

148 Pulsschlag-Musik

Stuhlkreis. Alle Kinder sind leise, sie fühlen ihren eigenen Pulsschlag.
Jetzt stellt die Erzieherin einen Wecker in die Kreismitte. Die Kinder
klopfen die wahrgenommenen Impulse leicht auf den Boden.
In einer weiteren Spielphase kann ein Kassettenrecorder eingesetzt
werden. Musik mit verschiedenen Rhythmen wird von den Kindern
durch Klopfen des gefundenen gleichen Grundschlags begleitet.

A	ab 5
T	6–10

Förderungsbereich: Erfassen und Begleiten des Grundschlags.

Material: Wecker, Kassettenrecorder.

149 Wo steckt die Pfeife?

Die Kinder gehen frei im Raum umher. Ein Mitspieler bekommt – unauffällig für die anderen – eine Trillerpfeife zugesteckt. Ein Kind hat
nun die Aufgabe, die Pfeife zu entdecken. Der Spieler mit der Pfeife
gibt immer wieder kurze Signale, bemüht sich jedoch, nicht entdeckt
zu werden.

A	ab 5
T	15–30

Förderungsbereich: Reagieren auf akustische Reize (genaues Beobachten
und schnelles Reagieren); Wahrnehmung (Gehörsinn).

Material: Trillerpfeife.

150 Kleistermalerei

Dieses Spiel mit Musik, Erdfarben und Tapetenkleister vermittelt den
Kindern neue Erlebnisse. Sie haben die Gelegenheit, Musik wahrzu-
nehmen und durch ihre Hände wiederzugeben. Die Kinder stehen um
vier zu einem Quadrat zusammengestellte Tische herum. Die Erzieherin hat vorher Schürzen ausgegeben, die Tische abgedeckt, große Ta-
petenbögen darauf festgeklebt und einen Schallplattenspieler (oder
Kassettenrecorder) aufgestellt. Die Kinder dürfen in den vorbereiteten
Tapetenkleister fassen. Wie fühlt er sich an?

A	ab 5
T	6–8

Der Plattenspieler wird eingeschaltet. Die Kinder hören der Musik zu.
Nach einer gewissen Einhörzeit wird das Gehörte durch Bewegung
auf den trockenen Blättern nachvollzogen. Dann wählen die Kinder
eine ihrer Lieblingsfarben. Die Farb- und Kleisterverteilung wird von
der Erzieherin vorgenommen.
Die Musik wird wieder angestellt. Die Kinder beginnen zu malen („Ihr
könnt die Finger oder die beiden Hände benutzen.").

Es kann eine Weile dauern, bis die Kinder gelöst sind und sich dem Rhythmus der Musik überlassen.

Bei einem zweiten Durchgang soll versucht werden, die Tonlängen und Melodiebögen deutlich zu unterscheiden.

Variationen:	Kleistermalerei nach hohen und tiefen Tönen. Die Kinder malen bei hohen Tönen mit hellen, bei tiefen Tönen mit dunklen Farben. Oder: Geräusche aufmalen, die von einer Kassette abgespielt werden: Sturm, brausende Wellen, Regen usw. Beide Variationen verstehen sich als Steigerungen.
Förderungsbereich:	Konzentration und Wahrnehmungsfähigkeit; Differenzieren von Tonlängen und Melodiebögen; Fein- und Grobmotorik (Ganzkörperlockerung); Vorstellungskraft, Neugierde im akustisch-musikalischen Bereich, Kreativität.
Material:	Tapetenkleister (Glutofix) Erdfarben (rot, gelb, grün), Tapetenreste, Tesafilm, Wachsdecken, Schallplattenspieler oder Kassettenrecorder und rhythmusbetonte Musik.

A	ab 4
T	15–20

151 Suchen mit Musik

Der Spielleiter versteckt im Raum einen Gegenstand. Die Kinder suchen ihn. Als Suchhilfe dient dabei die Begleitung auf einem Musikinstrument (Xylophon, Blockflöte, Mundharmonika). Durch An- und Abschwellen des Tones von piano zu forte, erfährt das Kind, wie weit es noch vom Versteck entfernt ist.

Förderungsbereich:	Reagieren auf verschiedene Tonstärken.
Material:	Kleine Geschenke zum Verstecken (Obst, Schokolade, Spielzeug), Flöte (oder: Xylophon, Mundharmonika).

A	ab 4
T	10–20

152 Trampeltanz

Eine rhythmusbetonte Musik wird gespielt. Jeweils zwei Kinder fassen sich an den Händen und versuchen sich beim „Tanzen" gegenseitig auf die Füße zu treten. Wer den anderen dreimal trifft, ist Sieger. Die Kinder tragen dabei Turnschuhe.

Förderungsbereich:	Geschicklichkeit im grobmotorischen Bereich; rhythmisch-musikalische Improvisation.

153 Minutenlauf

Wie lange dauert eine Minute? Was kann ich in einer Minute alles machen?

Zwei Kinder stellen sich an einer Seite des Raumes (Turnraum) auf. Sie sollen genau nach einer Minute die gegenüberliegende Raumseite erreicht haben. Der Spielleiter schaut auf die Uhr. Wer kommt zum richtigen Zeitpunkt zum Ziel?

A	ab 6
T	8–12

Wichtig: Während des Spieldurchgangs müssen die beiden Kinder ständig in Bewegung sein. Sie dürfen nicht stehenbleiben! Die Spieler tragen keine Uhr.

Variation: Der Spielleiter fragt: „Was können wir wohl alles in einer Minute tun?". Die Kinder äußern Vorschläge, und einige davon werden durchgespielt.

Förderungsbereich: Erfassen von zeitlichen Ordnungen, Zeitgefühl.

Material: Uhr (evtl. Stoppuhr), Markierungsmaterial (Kreide, Kreppband, Stuhl).

Liederspiele und gespielte Lieder im Kreis

Die meisten unserer Kreisspiele wurden von Generation zu Generation vererbt, abgeleitet und weiterentwickelt. Ihr Vorteil liegt im einfachen Aufbau und der Möglichkeit des schnellen selbständigen Nachspielens.

Kinder haben einen besonderen Spaß daran, Lieder nicht nur zu singen, sondern auch zu spielen. Die in einem Lied vorkommenden Rollen werden vom Erzieher auf einem Zettel vor Spielbeginn notiert, dann verteilt. Die Spielform ist der Kreis. Eine besondere Atmosphäre erhält das Spiel, wenn der Erwachsene Kleidungsstücke und einige Requisiten zur Verfügung stellt.

Requisiten

Hier einige Beispiele:

A	ab 3
T	8–20

154 Hänsel und Gretel

,,Hänsel und Gretel verliefen sich im Wald.
Es war so finster und auch so bitter kalt.
Sie kamen an ein Häuschen von Pfefferkuchen fein.
Wer mag der Herr wohl in diesem Hause sein?

Hu, hu, da schaut eine alte Hex' heraus!
Sie lockt die Kinder ins Pfefferkuchenhaus.
Sie stellt sich gar freundlich –
O, Hänsel, welche Not:
Ihn will sie braten und backt dazu schon Brot.

Doch wie die Hexe zum Ofen schaut hinein.
ward sie gestoßen von Hans und Gretelein.
Die Hexe mußte braten,
die Kinder gehn nach Haus:
Nun ist das Märchen von Hänsel und Gretel aus.''

Die Kinder bilden einen großen Kreis und fassen sich an den Händen. Sie stellen das Hexenhaus dar. In der Mitte wartet die Hexe. Ein kleiner Kreis daneben symbolisiert den Backofen. Hänsel und Gretel stehen außerhalb.
Die Kinder spielen die Geschichte jetzt dem Text entsprechend. Zum Schluß tanzen alle um den Backofen, in dem die Hexe steckt.

155 Zehn kleine Negerlein

10 kleine Negerlein, die schliefen in der Scheun. Das eine ging im Heu verlorn. Da waren's nur noch neun.

9 kleine Negerlein, die gingen auf die Jagd. Das eine wurde totgeschossen. Da waren's nur noch acht.

8 kleine Negerlein, die gingen Kegel schieben. Das eine hat sich totgeschoben. Da waren's nur noch sieben.

A	ab 3
T	10–20

7 kleine Negerlein, die gingen mal zur Hex. Das eine hat sie weggehext. Da waren's nur noch sechs.

6 kleine Negerlein gerieten in die Sümpf. Das eine ist drin stecken blieben. Da waren's nur noch fünf.

5 kleine Negerlein, die tranken gerne Bier. Das eine hat zu viel getrunken. Da waren's nur noch vier.

4 kleine Negerlein, die kochten einen Brei. Das eine hat zu viel gegessen. Da waren's nur noch drei.

3 kleine Negerlein, die machten groß Geschrei. Das eine hat sich totgeschrien. Da waren's nur noch zwei.

2 kleine Negerlein, die fuhren mal nach Mainz. Das eine ist in 'n Rhein gefallen. Da war es nur noch eins.

1 kleines Negerlein, das war besonders schlau. Es ging zurück nach Kamerun und nahm sich eine Frau.

Die Reime lassen sich mit verteilten Rollen sprechen. Beim Lied werden zu jeder einzelnen Strophe passende Instrumente eingesetzt.

Material: Verschiedene Rhythmus- und Melodieinstrumente (Klanghölzer, Triangel, Zimbel, Trommel, Glockenspiel, Xylophon, klingende Stäbe usw.).

156 Eine kleine Dickmadam

A	ab 3
T	6–20

„Eine kleine Dickmadam
fuhr mal mit der Eisenbahn.
Dickmadam, die lachte
und Eisenbahn, die krachte.

Liebe kleine Dickmadam,
fährst du mit der Eisenbahn,
darfst du nicht mehr lachen,
dann kann die Bahn nicht krachen."

Zur Begleitung eignen sich: Klanghölzer, Rahmentrommel, Holzblocktrommel, Röhrentrommel, Triangel und Zimbel.

157 Grün sind alle meine Kleider

A	ab 3
T	10–20

„Grün, grün, grün
sind alle meine Kleider,
grün, grün, grün
ist alles, was ich hab'!
Darum lieb ich alles, was so grün ist,
weil mein Schatz ein Jäger ist."

Weitere Strophen:
„Blau, blau, blau . . .
weil mein Schatz ein Matrose ist."

„Weiß, weiß, weiß . . .
weil mein Schatz ein Bäcker ist."

„Schwarz, schwarz, schwarz . . .
weil mein Schatz ein Schornsteinfeger ist."

„Bunt, bunt, bunt . . .
weil mein Schatz ein Maler ist."

Es wird ein Kreis gebildet. In der Mitte steht das Kind, dessen Kleiderfarbe in der Strophe genannt wird. Kinder, die den Text erstmals hören, können die verschiedenen Berufe erraten („. . . weil mein Schatz ein . . .? ist").

Material: Bunte Kleidungsstücke, Tücher, Hüte, etc.

158 Suse, liebe Suse

„Suse, liebe Suse, was raschelt im Stroh?
Das sind die lieben Gänschen,
die haben keine Schuh.

Der Schuster hat's Leder,
kein Leisten dazu.
Drum gehn die lieben Gänschen
und haben keine Schuh."

A	ab 3
T	2–20

159 Spannenlanger Hansel

„Spannenlanger Hansel!
Nudeldicke Dirn!
Geh'n wir in den Garten,
schütteln wir die Birn!
Schüttel ich die großen,
schüttelst du die klein'!
Wenn das Säckchen voll ist,
geh'n wir wieder heim.

A	ab 3
T	10–20

Lauf doch nicht so närrisch,
Spannenlanger Hans!
Ich verlier die Birnen
und die Schuh noch ganz.

Trägst ja nur die kleinen,
nudeldicke Dirn,
und ich schlepp den schweren Sack
mit den großen Birn".

Zwei Kinder – die „nudeldicke Dirn" ist mit Kopftuch und Kissen ausstaffiert – ziehen mit zwei Säckchen auf dem Rücken im Kreis umher. Die anderen Kinder begleiten mit Klangstäben und einer Trommel das „Schütteln" und „Tragen".

160 Die fleißigen Waschfrauen

„Zeigt her eure Füße, zeigt her eure Schuh,
und sehet den fleißigen Waschfrauen zu.
Sie waschen, sie waschen, sie waschen den ganzen Tag,
sie waschen, sie waschen, sie waschen den ganzen Tag."

A	**ab 3**
T	**10–20**

Die Kinder stehen im Kreis, strecken abwechselnd den rechten und linken Fuß vor und machen die im folgenden Text beschriebenen Bewegungen nach:

- sie spülen,
- sie wringen,
- sie hängen,
- sie legen,
- sie mangeln,
- sie bügeln,
- sie schwatzen,
- sie ruhen,
- sie tanzen den ganzen Tag.

161 Morgens früh um sechs . . .

A	**ab 3**
T	**8–12**

,,Morgens früh um sechs, kommt die kleine Hex'.
Morgens früh um sieben, schabt sie gelbe Rüben.
Morgens früh um acht, wird Kaffee gemacht.
Morgens früh um neun, geht sie in die Scheun'.
Morgens früh um zehn, holt sie Holz und Spän',
feuert an bis elf,
kocht dann bis um zwölf
Fröschebein und Krebs und Fisch.
Hurtig Kinder kommt zu Tisch!''

Der Sprechreim ,,Morgens früh um sechs . . .'' ist besonders geeignet, durch den Einsatz verschiedener einfacher Instrumente Klangerfahrungen zu vermitteln, indem die Kinder ihn gemeinsam mit der Erzieherin vertonen.

Vorschlag für die Verteilung der Instrumente auf die Textstellen:

6 Cymbelschläge: ,,Morgens früh um sechs, kommt die kleine Hex'.''
(Klanghölzer)

7 Cymbelschläge: ,,Morgens früh um sieben, schabt sie gelbe Rüben.''
(Waschbrett oder Tambourin)

8 Cymbelschläge: ,,Morgens früh um acht, wird Kaffee gemacht.''
(Pfeife, Kesselpfeife)

9 Cymbelschläge: ,,Morgens früh um neun, geht sie in die Scheun'.''
(Klanghölzer)

10 Cymbelschläge:	„Morgens früh um zehn, holt sie Holz und Spän'."
	(Rassel/Tambourin)
11 Cymbelschläge:	„feuert an bis elf," (alle pusten das „Feuer" an)
12 Cymbelschläge:	„kocht dann bis um zwölf
	(Topf mit Muggelsteinen u. Holzlöffel)
	Fröschebein und Krebs und Fisch."
Glöckchen:	„Hurtig Kinder, kommt zu Tisch!"

Die Kinder lernen den Sprechreim gemeinsam, indem die Erzieherin **Spiel mit** vor- und die Kinder nachsprechen. Dann zeigt die Erzieherin die ver- **Instrumenten** schiedenen Instrumente, läßt sie von den Kindern benennen und verteilt die Instrumente. Die Kinder erfahren, an welcher Stelle sie mit ihrem Instrument einsetzen müssen (z. B. „Morgens früh um sechs, kommt die kleine Hex'": Vorspiel: 6 Cymbelschläge, dann wird der Text aufgesagt, und die Klanghölzer, die das Kommen der Hexe andeuten, ertönen).

Förderungsbereich: Gedächtnis; Unterscheiden verschiedenartiger Klänge; Gefühl für Rhythmus und Harmonie; Konzentration und Reaktion; Einprägen der Zahlen 6–12; Sprache.

Material: Cymbel mit Klangstab, 2 Paar Klanghölzer, Tambourin, Kesselpfeife (oder andere), Rassel, Topf, Muggelsteine (oder Erbsen/Linsen/Reis), Holzlöffel, Glocke (oder Klingel/Wecker).

162 Laurentia

Bei diesem alten Tanzspiel stellen sich die Kinder im Kreis auf und fassen sich an den Händen.
Das Laurentia-Lied wird gesungen. An zwei Textstellen werden Kniebeugen gemacht, und zwar jedesmal beim Wort „Laurentia" und bei jedem Wochentag, der genannt wird.

| A | ab 4 |
| T | 4–20 |

Der Text lautet:

„Laurentia (Kniebeuge), liebe Laurentia (Kniebeuge) mein, wann werden wir wieder beisammen sein?
Am Montag (Kniebeuge).
Ach, wenn es doch erst wieder Montag (Kniebeuge) wär und ich bei meiner Laurentia (Kniebeuge) wär . . ."

Das Lied wird so oft wiederholt, bis jeder Wochentag einmal an der Reihe war. Alle Kinder singen mit.

Variation: Statt der Kniebeugen wird in die Hände geklatscht.

Förderungsbereich: Herstellung rhythmisch-musikalischer Abläufe; die Stimme wird reproduktiv eingesetzt (Nachsingen); Konzentrationsfähigkeit, Gedächtnis; Allgmeinkenntnisse (Wochentage), Motorik (Stärkung der Bein- und Bauchmuskulatur).

A	**ab 3**
T	**2–20**

163 Singen

Das Kind erlebt Musik ganzheitlich, d. h. als Bewegungsablauf, als rhythmisch-musikalische und als emotional-affektive (gefühlsbetonte) Wahrnehmung. Singen und Musizieren beeinflussen die Entwicklung des Kindes ganz entscheidend; sie nehmen deshalb einen besonderen Raum im Tageslauf des Kindergartens ein.

Empfehlenswerte Liederbücher für Kinder finden Sie in der Literaturliste!

Beispiele:

Drei Chinesen

Ein recht altes und lustiges Kinderlied ist das von den ,,Drei Chinesen". Nach der ersten Strophe werden die folgenden gebildet, indem man beim Singen bei allen Wörtern wechselnd die Selbstlaute a, e, i, o, u verwendet.

Erste Strophe:

,,Drei Chinesen mit dem Kontrabaß,
saßen auf der Straße und erzählten sich was,
kam die Polizei, fragt,
was ist denn das?
Drei Chinesen mit dem Kontrabaß."

Jetzt mit Selbstlaut ,,i":

,,Dri Chinisin mit dim Kintribiß,
sißin if dir Strißi ind irzihltin sich wis,
kim die Pilizi, frigt,
wis ist dinn dis?
Dri Chinisin mit dim Kintribiß."

134

Oder:

„Dro Chonoson mot dom Kontroboß,
soßon of dor Stroßo ond orzohlton soch wos,
kom do Polozo, frogt,
wos ost donn dos?
Dro Chonoson mot dom Kontroboß."

Förderungsbereich: Kreatives Einsetzen der Sprache, Improvisation mit der
Stimme; das Kind erfährt akustische Reize und reagiert
darauf.

Alle Vögel sind schon da

„Alle Vögel sind schon da,
alle Vögel alle!
Welch ein Singen, Musizier'n,
Pfeifen, Zwitschern, Tirilier'n!
Frühling will nun einmarschier'n,
kommt mit Sang und Schalle.

Wie sie alle lustig sind,
flink und froh sich regen!
Amsel, Drossel, Fink und Star
und die ganze Vogelschar
wünschen uns ein frohes Jahr,
lauter Heil und Segen.

Was sie uns verkündet nun,
nehmen wir zu Herzen:
wir auch wollen lustig sein,
lustig wie die Vögelein,
hier und dort, feldaus, feldein
singen, springen, scherzen!"

(H. v. Fallersleben)

Der Kuckuck und der Esel

„Der Kuckuck und der Esel,
die hatten einen Streit,
wer wohl am schönsten sänge,
wer wohl am schönsten sänge,
zur schönen Maienzeit,
zur schönen Maienzeit.

Der Kuckuck sprach: das kann ich,
und fing gleich an zu schrein,
ich aber kann es besser,
ich aber kann es besser,
fiel gleich der Esel ein,
fiel gleich der Esel ein.

Das klang so schön und lieblich,
so schön von fern und nah,
sie sangen alle beide,
sie sangen alle beide,
kuckuck, kuckuck, i-a,
kuckuck, kuckuck, i-a.''

(H. v. Fallersleben)

Vorschläge zum Musikhören

Schallplatten besitzen eine starke Einprägsamkeit. Zum Musikhören sind für Kinder alle gut gestalteten und anspruchsvollen Platten geeignet. Hier einige Beispiele:

- Bela Bartók: Klavierstücke für Kinder
- Benjamin Britten: Wir machen eine Oper
- Joseph Haydn: Kindersinfonie; Trompetenkonzert Es-Dur
- Wolfgang Amadeus Mozart: Eine kleine Nachtmusik
- Serge Sergejewitsch Prokofjew: Peter und der Wolf
- Maurice Ravel: Ma mère L'Oye – Fünf Stücke für Kinder
- Robert Schumann: Kinderszenen.
- Antonio Vivaldi: Die vier Jahreszeiten

Auskünfte über das Gesamtangebot guter Schallplatten und weiter Auskünfte sind gegen eine geringe Schutzgebühr erhältlich beim ,,Verband für Medien und Texte'', Roßkampstr. 71 e, 3000 Hannover.

Das Medienangebot ist unüberschaubar geworden. Das Angebot an Kinder- und Jugendschallplatten und Musik-Kassetten weist große Qualitätsunterschiede auf. Der Arbeitskreis für Jugendliteratur e. V. in München und die Deutsche Phono-Akademie e. V. in Hamburg haben 1981 erstmals den Deutschen Kinder- und Jugendschallplatten (MusiCassetten)-Preis verliehen, um durch die Prämierung herausragender Produktionen die Qualität zu steigern und Maßstäbe zu setzen.

Eine Liste der prämierten Produktionen ist erhältlich bei der Deutschen Phono-Akademie e. V., Katharinenstr. 11, 2000 Hamburg 11.

Für die Musikerziehung gilt das gleiche wie für die ästhetische Erziehung und den Einsatz von Spielzeug: Die Vorbildwirkung des Erwachsenen.

137

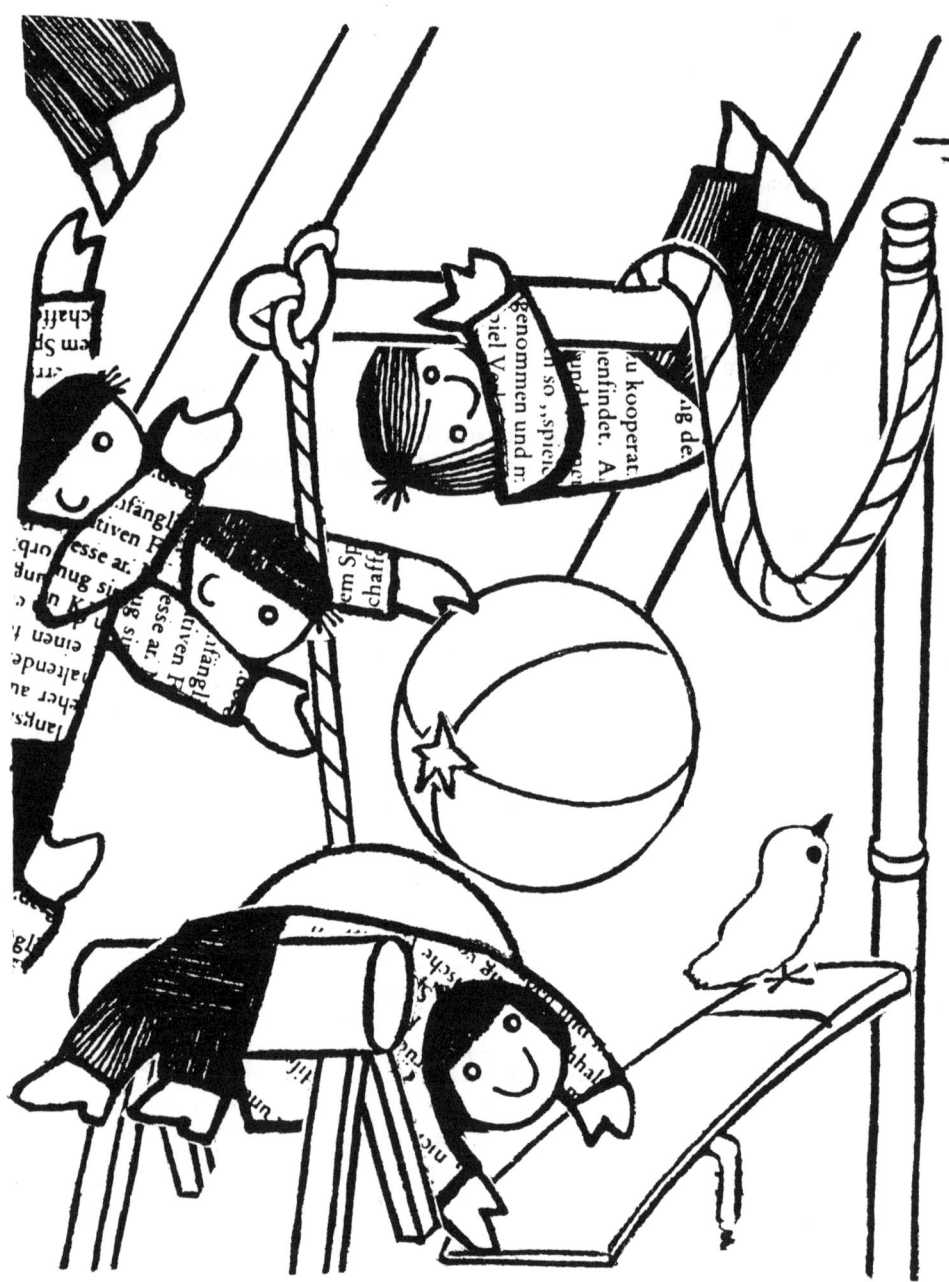

9. Bewegungsspiele

9. Bewegungsspiele

Bewegungserziehung

Der Bewegungsspielraum wird für viele Kinder immer mehr eingeschränkt. Besonders das Großstadtkind wächst in beengten Wohnverhältnissen und in einer Umwelt auf, die seinen Bewegungsdrang unterdrücken (siehe auch: „Der Spielplatz – ein Stiefkind").

Nicht nur der Erwerb und das Training sportlicher Fähigkeiten, wie sie die Vorschulpädagogik der siebziger Jahre propagierte, sollten Bildungsziel sein, sondern eine umfassende Bewegungserziehung, die dem Kind zu einem körperlichen und seelischen Wohlbefinden verhilft. **körperliches und seelisches Wohlbefinden**

Das Kind erwirbt motorische Grundfertigkeiten, lernt sie zu beherrschen und gelangt so zu seiner Bewegungssicherheit. Dies geht über das sportliche Spiel hinaus und kann durch Tanz, Pantomime und vielfältige freie, partner- und gruppengebundene Spielformen geschehen.

Bewegungserziehung und soziales Lernen sind eng miteinander verbunden. Beim Spiel lernt das Kind z. B.

- Fairneß
- Hilfsbereitschaft
- Einordnung in eine Gruppe
- partnerschaftliche Haltung
- Rücksichtnahme
- Selbstbeherrschung

In den letzten Jahren wurde in pädagogischen Kreisen eifrig über die Wett- und Wettkampfspiele diskutiert. Die Praxis zeigt, daß Kinder vom Vorschulalter an geradezu Wettspiele wünschen und sehr enttäuscht sind, wenn man sie ihnen verweigert.

Da auch das Kind dem Konkurrenzprinzip unserer Leistungsgesellschaft ausgesetzt ist, wäre es falsch und völlig unrealistisch, auf den Einsatz von Wettspielen zu verzichten. Bei Spielstunden ist eine Mischung aus Wett- und Kooperationsspielen ideal; sie ermöglichen dem Kind vielfältige Erfahrungen.

Falsch wäre es aber auf jeden Fall, wenn der Erwachsene das Kind zu besonderen Leistungen antreibt, um so seinen eigenen Ehrgeiz zu befriedigen.

Querverbindung:

> Reaktionsspiele
> Spiele zur Sozialerziehung
> Geschicklichkeitsspiele
> Musikspiele

Spielvorschläge:

A	ab 4
T	8–14

164 Ballrollen

Die Kinder stellen sich in zwei gleich starken Riegen auf. Ein Ball wird mit der rechten (oder linken) Hand um einen markierten Wendepunkt gerollt. Einer nach dem anderen kommt an die Reihe.

Variationen:	Zwei Bälle werden gleichzeitig mit beiden Händen gerollt. Oder: Die Ballführung erfolgt mit dem Fuß. Oder: Im „Vierfüßlergang" wird der Ball mit dem Kopf vorangetrieben. Oder: Ein Stab wird zum Vorantreiben des Balles benutzt. Zusätzlich können Hindernisse aufgebaut werden.
Förderungsbereich:	Gesamtmotorischer Bereich; Reaktionsfähigkeit und Konzentration; Koordinationsfähigkeit.
Material:	Zwei Bälle, ein Stab.

A	ab 5
T	5–10

165 Rateball

Die Mitspieler stellen sich im Halbkreis oder in einer Reihe auf und werfen abwechselnd auf einen ca. 6–8 Meter entfernt stehenden Spieler, der ihnen den Rücken zukehrt.
Nach jedem Treffer dreht sich das „Opfer" blitzschnell um und versucht zu raten, wer getroffen hat. Der richtig geratene Spieler muß den Platz des „Opfers" einnehmen.

Förderungsbereich:	Schnelligkeit; Konzentration und Reaktionsvermögen.
Material:	Leichter, weicher Ball.

A	ab 6
T	15–20

166 Neckball

Die Spieler bilden einen Kreis. In der Mitte steht ein freiwilliger oder durch Abzählreim bestimmter Mitspieler, der versucht, den Ball zu fangen, den sich die Spieler im Kreis über seinen Kopf hinweg zuwerfen. Sie necken ihn, indem sie z. B. hinter seinem Rücken vorbeiwerfen. Gelingt es dem Fänger, den Ball zu erwischen, muß derjenige, der zuletzt geworfen hat, ihn ablösen und in die Mitte treten.

Förderungsbereich:	Geschicklichkeit im gesamtmotorischen Bereich; Konzentration, Reaktionsvermögen; Koordination.
Material:	1 Wurfball.

167 Stehball

Die Spieler bilden einen engen Kreis um den Spielleiter, der einen Ball hält. Sobald er ihn in die Luft wirft, müssen alle Mitspieler schnell auseinanderlaufen. Hat der Spielleiter den Ball wieder gefangen, ruft er: „Setzen!" Dann darf sich niemand mehr bewegen. Wer es dennoch tut, scheidet aus. Der Spielleiter wirft seinen Ball nun nach einem Mitspieler. Trifft er ihn, dann löst der Getroffene ihn ab. Trifft er nicht, so wird er von demjenigen abgelöst, der ihm am nächsten steht.

A	ab 5
T	10–20

Förderungsbereich: Geschicklichkeit im gesamtmotorischen Bereich; Reaktionsvermögen, Konzentration.

Material: 1 Ball.

168 Dosenwerfen

Bei diesem alten beliebten Ballspiel stellen wir auf einen Tisch (eine Bank oder Mauer) mehrere leere Konservenbüchsen in einer Reihe oder in Pyramidenform auf. Mit einem kleinen Leder- oder Stoffball wird nun versucht, mit einer bestimmten Anzahl von Würfen, so viele Dosen wie möglich umzuwerfen. Wer erzielt die meisten Treffer?

A	ab 4
T	2–10

Förderungsbereich: Geschicklichkeit, Konzentration.

Material: Leere Dosen, 1 kleiner Leder- oder Stoffball.

169 Königinnenball

Die Kinder stehen in einer Reihe nebeneinander. Davor stellt sich in etwa vier Meter Abstand die vorher ausgeloste „Königin" auf. Sie wirft dem ersten Spieler den Ball zu, erhält ihn sofort von diesem wieder zurück, wirft ihn dann zum zweiten Spieler und so fort, bis alle einmal an der Reihe waren. Wer den Ball fallen läßt, muß sich an den Schluß der Reihe stellen. Dies trifft auch für die „Königin" zu. Verschuldet sie selbst ihre Ablösung, tritt der erste Spieler der Reihe an ihren Platz, und das Spiel geht weiter. Die Wurf- und Fangart werden von der „Königin" bestimmt.

A	ab 4
T	6–12

Förderungsbereich: Konzentration; Reaktion, Geschicklichkeit; Koordination.

Material: 1 Wurfball

170 Ballfangen

Die Kinder bilden einen Kreis und erhalten anstelle ihres Namens einen Blumennamen. Ein Kind bekommt einen Ball und wirft diesen hoch, während es den Blumennamem eines Mitspielers ruft. Dieser muß den Ball auffangen. Der Vorgang setzt sich so lange fort, bis eines der Kinder den Ball verfehlt oder fallenläßt. In diesem Fall gibt das Kind ein Pfand ab und das Spiel beginnt von neuem. Variationen sind möglich (z.B. andere Begriffe, Zahlen, eigener Name).

A	ab 5
T	8–12

Förderungsbereich: Schnelligkeit; Konzentration, Reaktionsvermögen; Bewegungssicherheit.

Material: 1 Wurfball.

171 Zeitungsstaffel

Zwei Mannschaften werden gebildet, die auf Stühlen sitzen. Bei „Los!" geben sie mit den Füßen eine Zeitungsseite weiter.

A	ab 4
T	8–10

Variationen: Die Kinder sitzen auf dem Boden
a) mit abgestützten Händen
b) ohne sich abzustützen.
Verschiedene Gegenstände werden weitergegeben: ein Ball, ein Bauklotz usw.

Förderungsbereich: Bewegungserfahrungen, Bewegungssicherheit.

Material: Stühle, Zeitung, Ball, Bauklotz, beliebige Gegenstände zum Weiterreichen.

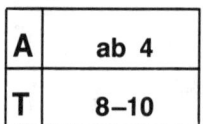

172 Stafettenball

Es werden zwei oder mehrere Staffeln mit mindestens 5 Kindern gebildet. Jede Staffel erhält einen Ball. Auf Kommando geben die ersten Spieler jeder Staffel den Ball über den Kopf an den nächsten Spieler weiter. Dieses geht so lange, bis der Ball beim letzten Spieler der Staffel angekommen ist. Dieser läuft an den Anfang der Staffel und beginnt von neuem. Sieger ist die Staffel, deren ehemals erster Spieler zuerst wieder vorne steht.

A	ab 6
T	10–20

Variationen:	Der Ball wird durch eine Beingasse gerollt, oder im Sitzen über den Kopf weitergegeben.
Förderungsbereich:	Schnelligkeit; Kooperation; Reaktionsvermögen, Geschicklichkeit; Konzentration.
Material:	Je Staffel ein Ball.

173 Drüber und drunter

Für dieses Spiel werden zwei gleichstarke Gruppen gebildet. Zuvor baut der Spielleiter eine Hindernisstrecke auf. Es soll gelaufen, gekrochen (um einen Stuhl, unter einem Tisch), geklettert (auf einen Stuhl, Hocker, eine Kiste) und gesprungen (Stuhl, Hocker, Kiste, Bank) werden.

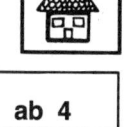

A	ab 4
T	10–20

Förderungsbereich:	Bewegungssicherheit (Laufen, Klettern, Kriechen).
Material:	Stühle, Hocker, Kisten bzw. Kasten in ungleicher Höhe, Bank, Seile, Markierungsmaterial (Kreide).

174 Slalomlauf

Es werden zwei oder mehrere Gruppen mit gleicher Kinderzahl gebildet. Für jede Gruppe werden Hindernisse aufgestellt z.B. Körbe, Stühle, Bänke, Tische, Ständer usw. Eine Ziellinie wird markiert. Alle Spieler jeder Gruppe müssen nun um diese Hindernisse herumlaufen bis zur Ziellinie. Die Hindernisse sollen dabei nicht berührt werden.

A	ab 4
T	10–20

Variationen:	Mit großen oder kleinen Schritten gehen, Rückwärtsgehen, Trippeln, auf allen Vieren gehen.
Förderungsbereich:	Bewegungssicherheit, Erleben verschiedener Bewegungsabläufe, Geschicklichkeit.
Material:	Körbe, Stühle, Tische, Bänke, Ständer u.ä. als Hindernisse.

145

A	ab 6
T	10–20

175 Ball-Hüpfstafette

Zwei oder drei gleichgroße Staffeln werden gebildet, deren Spieler sich jeweils in einer Reihe hintereinander aufstellen. Jede Partei erhält einen Ball. Etwa 15–20 Meter von der Startlinie entfernt wird der Wendepunkt markiert (Eimer, Korb, Fahnenstange, Stuhl). Im Freien benutzen wir z. B. als natürlichen Wendepunkt einen Baum. Die ersten Spieler jeder Staffel klemmen sich einen Ball zwischen die Beine und hüpfen los, sobald das Startzeichen erfolgt.
Die Spieler laufen um den Wendepunkt herum und wieder zurück zur eigenen Staffel. Dort begibt sich der nächste ebenso auf die Strecke. Wer den Ball verliert scheidet aus oder beginnt von vorn. Welche Staffel erfüllt die Aufgabe zuerst?

Förderungsbereich: Bewegungssicherheit, Geschicklichkeit; Kooperation.

Material: Je Staffel ein Ball, als Wendepunkt ein Korb oder Stuhl.

A	ab 6
T	8–10

176 Walfang

Rechts und links einer Linie stehen sich im Abstand von etwa 15 Metern zur Linie die ,,Walfänger" gegenüber, die den ,,Wal" harpunieren und fangen sollen.
Der ,,Wal" läuft auf der Linie entlang, wobei er sich windet und schlängelt wie ein Fisch.
Die ,,Fänger" werfen von der einen Seite mit der ,,Harpune" – einem Ball – auf ihn. Verfehlt der Ball sein Ziel, d. h. den ,,Wal", nehmen die ,,Fänger" auf der anderen Seite den Ball so schnell wie möglich auf und versuchen ebenfalls ihr Glück. Wer den ,,Wal" getroffen hat, übernimmt dessen Rolle und das Spiel beginnt von neuem.

Förderungsbereich: Bewegungssicherheit, Schnelligkeit, Laufsicherheit; Reaktionsvermögen, Geschicklichkeit.

Material: 1 Ball, Bänder, Kreide oder eine 20 m lange Schnur zum Kennzeichnen der Linie.

A	ab 3
T	8–10

177 Tellerlauf

Jedes Kind erhält einen Teller. Auf diesen legt die Erzieherin einen Apfel. Das Kind läuft nun, mit diesem Teller auf einer Kreidelinie am Boden zum Ziel. Ist das Ziel erreicht, ohne daß der Apfel herunterfiel, kann er gegessen werden.

Förderungsbereich: Bewegungssicherheit, Geschicklichkeit.

Material: Teller, Äpfel.

178 Schatzball

Die Erzieherin zieht zwei Kreise mit Kreide oder Steinchen: einen großen Kreis von ca. 7 Metern Durchmesser, der einen kleineren Kreis von ca. 3 Metern Durchmesser einschließt. Der kleine Kreis ist das ,,Schloß", in dessen Mitte der ,,Schatz" ruht, z.B. eine Konservendosenpyramide oder etwas Ähnliches. Am Rande des kleinen Kreises stehen 3–4 ,,Wachen" des ,,Schatzes". Sie dürfen das Innere des kleinen Kreises nicht betreten. Am Rande des größeren Kreises stehen beliebig viele ,,Räuber". Auch sie dürfen ihre Kreislinie nicht nach innen übertreten. Mit drei Bällen wird nun versucht, an den ,,Wachen" vorbei, den ,,Schatz" zu treffen. Die ,,Wachen" können mit allen Körperteilen abwehren. Wer von den ,,Räubern" die meisten Treffer erzielt, ist Punktsieger.

A	ab 6
T	10–20

Förderungsbereich: Kooperation; Geschicklichkeit; Koordination.

Material: 3 Bälle, leere Konservendosen, Markierungsmaterial.

179 Morgens, mittags, abends

Die Kinder stehen oder sitzen auf einer Ablauflinie. Ein Teil der Spieler gehört zur Gruppe ,,Morgen", ein anderer zur Gruppe ,,Mittag" und ein weiterer zur Gruppe ,,Abend". Der Erzieher erzählt eine Geschichte. Sobald in der Erzählung das Wort ,,Morgen" vorkommt, laufen alle ,,Morgenkinder" los bis zu einer Ziellinie. Wer diese zuerst erreicht, bekommt einen Punkt. Kommen die Worte ,,Mittag" oder ,,Abend" in der Geschichte vor, laufen die entsprechenden Gruppenmitglieder los. Es wird hin und her gespielt. Wer die meisten Punkte erhält ist Sieger.

A	ab 4/5
T	10–20

Förderungsbereich: Freies Laufen; Konzentrations- und Reaktionsfähigkeit; Wissenserweiterung (Tageszeiten).

180 Bäumchen wechseln

Dieses Spiel läßt sich am besten im Freien durchführen. Jedes Kind bis auf eines steht an einem Baum oder sitzt in einem Reifen. Sollten weder Bäume noch Reifen vorhanden sein, setzen wir Markierungspunkte. Auf den Ruf: ,,Wechselt das Bäumchen!" sucht sich jedes Kind einen neuen Baum oder Reifen. Wer dieses Mal keinen Platz gefunden hat, darf neu aufrufen.

A	ab 4
T	10–20

Förderungsbereich: Schnelligkeit und Reaktionsvermögen.

Material: Reifen, Markierungsmöglichkeiten wie Kreide oder Kreppbänder.

A	ab 4
T	10–20

181 Elefantenspiel

Ein Kind wird von der Erzieherin zum „Elefanten" bestimmt. Es muß mit der linken Hand an das rechte Ohr fassen, den rechten Arm streckt es durch die linke Armbeuge. Die anderen Kinder verteilen sich im Raum. Auf ein Zeichen der Erzieherin läuft der „Elefant" los und versucht Mitspieler zu fangen. Jeder abgeschlagene Mitspieler wird zum „Elefanten" und muß mitfangen.

Förderungsbereich: Bewegungshandlungen; Fähigkeit, mit der Gesamtgruppe in Kontakt zu treten.

148

182 Wer fürchtet sich vorm schwarzen Mann

Dieses Spiel, bei dem bereits unsere Großeltern als Kinder ihre helle Freude hatten, und das es variiert auch unter dem Namen „Alle meine Entlein, kommt nach Haus" gibt, eignet sich für eine größere Spielerzahl. Wir benötigen dafür einen großen Raum (Turnhalle). Ein Kind, das den „schwarzen Mann" spielt, stellt sich in die Mitte, während die anderen Spieler an der Seite des Raumes stehen. Der „schwarze Mann" ruft nun: „Wer fürchtet sich vorm schwarzen Mann?" Die Kinder antworten: „Niemand!" Der „schwarze Mann": „Wenn er aber kommt?" Die Kinder: „Dann laufen wir davon!" Daraufhin müssen sie sofort loslaufen und versuchen, auf die andere Seite des Raumes zu kommen. Der „schwarze Mann" hat dabei die Aufgabe möglichst viele Kinder zu fangen. Die Gefangenen werden jetzt selber zum „schwarzen Mann" und müssen in der nächsten Runde mitfangen. Wer zuletzt übrig bleibt, hat gewonnen.

A	ab 3
T	10–20

Förderungsbereich: Bewegungssicherheit; Fähigkeit mit der Gesamtgruppe durch Bewegungsablauf in Beziehung zu treten.

183 Hase im Kohl

Jeweils drei Spieler bilden eine Gruppe. Zwei davon stellen sich gegenüber und fassen sich bei den Händen, der dritte Spieler stellt sich in deren Mitte. Mehrere solche Dreiergruppen verteilen sich im Raum. Ein Kind ist überzählig. Es läuft durch den Raum. Sobald es an eine Gruppe kommt, müssen die sich an den Händen fassenden Spieler den „Kohl" öffnen und der „Hase", der in der Mitte sitzt, muß schnell weglaufen. Läuft er zu spät weg und wird gefaßt, muß er mit einem der beiden Spieler wechseln, die den „Kohl" bilden. Dieses Spiel sollte möglichst schnell gespielt werden.

A	ab 5/6
T	10–20

Förderungsbereich: Fähigkeit mit Partnern in Beziehung zu treten; Reaktionsfähigkeit, Schnelligkeit.

184 Komm mit, lauf weg!

Die Kinder stehen im Kreis und halten sich an den Händen. Ein Spieler läuft im Kreis herum und schlägt ein Kind an mit dem Ruf: „Komm mit!" Beide Kinder laufen nun in gleicher Richtung um den Kreis herum. Wer zuerst am freigelassenen Platz ankommt, darf sich in den Kreis stellen. Das andere Kind läuft weiter und schlägt einen neuen Laufpartner an. Wird ein Kind mit den Worten „Lauf weg!" angeschlagen, muß es in die entgegengesetzte Richtung laufen.

A	ab 5/6
T	10–20

Förderungsbereich: Reaktionsfähigkeit; Bewegungssicherheit.

A	ab 5
T	10-20

185 Brückenbauen

Die Kinder stellen sich im Kreis paarweise auf, reichen sich die Hände (mit gestreckten Armen) und bilden so eine Brücke. Ein überzähliger Spieler steht außerhalb des Kreises. Er schlägt ein Paar an und bleibt auf deren Platz stehen. Die beiden Spieler des angeschlagenen Paares laufen in entgegengesetzter Richtung durch die Brücken hindurch. Wer zuerst wieder auf seinem Platz ankommt, bildet mit dem Stehengebliebenen eine neue Brücke. Der andere schlägt ein neues Paar an usw.

Variationen: In verschiedenen Bewegungsarten durch die Brücken kriechen, trippeln, Zwergengang usw.

Förderungsbereich: Reaktionsfähigkeit; Kooperation, mit anderen Kindern in Beziehung treten; Bewegungssicherheit.

A	ab 5
T	8-20

186 Der Ballon platzt

Ein Kreis mit gerader Spielerzahl wird gebildet. Die Kinder fassen sich an den Händen und laufen nach links. In der Mitte des Kreises steht ein Mitspieler. Dieser ruft nach einer Weile: ,,Der Ballon platzt!" Nun werden die Hände gelöst und jedes Kind sucht sich schnell einen Partner aber nicht den Nachbarn. Da sich auch der Einzelspieler einen Partner sucht, bleibt wieder ein Kind übrig, das beim nächsten Spielgang in der Kreismitte steht.

Förderungsbereich: Reaktionsfähigkeit; Bewegungssicherheit; Kommunikationsfähigkeit.

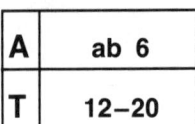

A	ab 6
T	12-20

187 Eckenfang

An den 4 Eckpunkten eines rechteckigen Spielfeldes sitzt je ein ,,Häscher" und beobachtet den regen Verkehr, der von Schmalseite zu Schmalseite flutet. Plötzlich stürzen sie auf ein verabredetes Zeichen (Ruf) los, um eine wilde Jagd auf die ,,Flüchtenden" zu beginnen. Abschlagen dürfen die ,,Häscher" aber erst, wenn sie sich vorher durch Handanfassen vereinigt haben. Die letzten vier abgeschlagenen Spieler sind die neuen Häscher.

Förderungsbereich: Beweglichkeit im Laufrhythmus, Bewegungssicherheit; Kooperation mit den anderen Mitspielern; Reaktionsfähigkeit.

Material: Markierungsmöglichkeiten (Dosen, Körbe, Stangen).

188 Hundehüttenspiel

Die Kinder stellen sich in einem äußeren und einem inneren Kreis auf. Im äußeren Kreis sind die Spieler in der Mehrzahl. Der innere Kreis steht in Seitgrätschstellung. Nun laufen die Spieler des äußeren Kreises um den inneren Kreis herum. Auf ein akustisches Zeichen der Erzieherin (Ruf, Pfeifsignal, Handtrommel), versucht jeder Läufer in die „Hundehütte", d. h. durch die gegrätschten Beine der Kinder in den Innenkreis zu gelangen. Einige Kinder haben die „Hundehütte" nicht gefunden und müssen beim nächsten Spielgang noch einmal mitlaufen. Nun werden die Kreise gewechselt, d. h. wer im Innenkreis war, muß außen laufen und umgekehrt.

A	ab 4/5
T	12–20

Variationen: Kriechen, Seitengalopp.

Förderungsbereich: Reaktionsfähigkeit; Konzentration; Bewegungssicherheit, Erleben verschiedener Bewegungsarten.

189 Tauziehen

Wir benötigen ein dickes Seil, damit sich niemand in die Hände schneiden kann. Die Mitte des Seiles wird markiert. Zwei gleichstarke Gruppen nehmen das Seil an den Enden in die Hände und beginnen auf Kommando mit aller Kraft zu ziehen. Sieger ist die Gruppe, der es gelingt, die andere Gruppe auf ihre Seite zu ziehen.

A	ab 4
T	10–20

Variation: Reifen sind geeignete Hilfsmittel, um Partnerübungen im Ziehen durchzuführen.

Förderungsbereich: Körperbeherrschung, Bewegungssicherheit.

Material: 1 langes, festes Seil.

190 Fuchs und Hase

Eine Gruppe „Hasen" läuft auf einem abgesteckten „Feld" umher. Ein Kind, der „Fuchs", hat einen Ball und versucht, die anderen damit abzuwerfen. Gelingt es ihm, sind sie ebenfalls „Füchse" und dürfen versuchen, mit abzuwerfen.

A	ab 5
T	10–20

Förderungsbereich: Geschicklichkeit (Treffen), Ausdauer, Reaktionsfähigkeit; Sozialverhalten (Fähigkeit, mit der Gesamtgruppe in Beziehung zu treten).

Material: 1 Ball, Kreide bzw. Markierungsmaterial zur Eingrenzung des Spielfeldes.

A	ab 5
T	5–10

191 Alter Bär

In der Ecke eines Spielfeldes sitzt in einer abgegrenzten „Höhle" der „Bär", bewaffnet mit einem eindrucksvollen Plumpssack, den er aber bei der Jagd immer nur mit beiden Händen fassen darf.
Die Spieler schleichen sich an seine „Höhle" und versuchen ihn zu necken: „Komm heraus, du alter Bär, beißen kannst du doch nicht mehr!"
Plötzlich stürzt der verärgerte „Bär" hervor und verfolgt die Spötter. Wen er mit seinem Plumpssack trifft, der muß mit in die „Höhle" und wird selbst zum „Bär", darf aber nur gemeinsam, d. h. mit Handanfassen weiterjagen. In die freie Hand nimmt er ebenfalls einen Plumpssack. Jeder weitere Gefangene schließt sich auf gleiche Weise der Fangkette an, bis kein Spötter mehr übrig bleibt.

Förderungsbereich: Reaktionsfähigkeit; Kooperation mit anderen Kindern; Koordination der Bewegungsabläufe (Laufen, Handanfassen, Werfen), Laufrhythmus.

Material: 1 größerer Plumpssack und weitere kleine Plumpssäcke.

A	ab 4
T	3–5

192 Schnecke

Wir zeichnen eine Schnecke auf den Boden und teilen sie in zwölf Felder ein. Jedes Kind hüpft von einem Feld zum anderen bis ins Zentrum und zurück. Die Trennstriche dürfen dabei nicht berührt werden. Wer dies fehlerlos schafft, darf die Anfangsbuchstaben seines Namens in ein beliebiges Feld zeichnen (oder von der Erzieherin zeichnen lassen).

Das nachfolgende Kind muß dieses gekennzeichnete Feld überspringen. Selber darf man sich dort aber bei einem neuen Durchgang ausruhen.

Förderungsbereich: Bewegungssicherheit; Merkfähigkeit; Regelverständnis.

Material: Ein Stock bzw. Kreide zur Markierung.

A	ab 5
T	2–8

193 Becher-Ball

Dieses Spiel ist recht spaßig, aber auch schwierig. Das Kind hat die Aufgabe, einen Tennisball mit einem Becher zu fangen.

Förderungsbereich: Bewegungssicherheit im Fangen; Reaktionsfähigkeit, Geschicklichkeit.

Material: Tennisball, Plastikbecher.

194 Chinesenhut

Die Kinder stellen sich in zwei Riegen auf. Zuvor wurden ein Ziel und eine Startlinie gekennzeichnet. Das erste Kind jeder Riege bekommt einen Chinesenhut aus Pappe (ohne Halterungsband) aufgesetzt. Es muß nun versuchen, ohne daß der Hut herunterfällt, so schnell wie möglich ans Ziel und wieder zurückzulaufen. An der Startlinie wieder angekommen übergibt es dann dem nächsten Spieler den Hut.

A	ab 4
T	10–20

Variationen: Es wird mit einem Luftballon zwischen den Beinen gehüpft. Oder: Verschiedene Geh- und Laufarten werden durchgeführt (Zehenspitzengang, Rückwärtsgehen, Trippelschritte).

Förderungsbereich: Geschicklichkeit, Bewegungssicherheit, Durchführen verschiedener Bewegungsabläufe; Interaktion mit der Gruppe.

Material: 2 Chinesenhüte, Kreide oder andere Hilfsmittel zur Markierung, Luftballons.

195 Seilspiele

Ein Seil ist gerade auf dem Boden ausgelegt. Die Kinder stehen an einem Seilende und führen der Reihe nach folgende Aufgaben aus:

A	ab 3
T	10–20

- Die Kinder gehen auf dem Seil entlang (Fuß vor Fuß).
- Die Kinder gehen seitlich mit hohlen Füßen auf dem Seil entlang.
- Die Kinder hüpfen über das Seil.
- Die Kinder hüpfen beidfüßig um das Seil herum.

Nun wird das Seil etwa 50 cm über den Boden gehalten oder festgebunden. Die Kinder steigen und springen darüber. Es kann auch durchgekrochen werden.

Förderungsbereich: Bewegungssicherheit; Kräftigung der Fuß- und Beinmuskulatur.

Material: 1 Seil.

196 Tausendfüßler

Für dieses Spiel – es kann als Wettlauf durchgeführt werden – bildet die Erzieherin zwei gleichstarke Riegen. Die Kinder gehen auf allen Vieren. Mit den Händen umfassen sie dabei die Fußgelenke ihres Vordermannes. Welcher „Tausendfüßler" schafft es, als erster über ein markiertes Ziel zu kriechen?

A	ab 5
T	3–5

Förderungsbereich: Bewegungssicherheit; Geschicklichkeit.

A	ab 3
T	10–20

197 Rollen

Man kann mit Geräten aber auch mit dem eigenen Körper rollen.
– Die Kinder rollen Bälle frei umher.
– Bälle werden an einer vorgezeichneten Linie entlang gerollt.
– Zwei Bälle werden zugleich gerollt.
– Ein Ball – dann zwei zugleich – werden um Hindernisse herumgerollt.
– Bälle werden mit Stäben gerollt.
– Ein Ball wird gerollt und wieder eingefangen.
– Ein Reifen wird gerollt (mit der Hand/mit dem Stab).
– Ein Reifen wird gerollt und wieder eingefangen.

Alle Kinder rollen selbst:
– Purzelbäume, Rolle rückwärts/vorwärts und seitwärts.

Förderungsbereich: Bewegungssicherheit.

Material: Bälle, Reifen, Stäbe, Markierungsmaterial, Turnmatten, (zu Hause kann das Kind auf Kissen oder Decken üben).

A	ab 4/5
T	10–14

198 Luftballon-Löffel-Stafette

Zwei gleichstarke Mannschaften werden gebildet. Die Spieler sitzen in zwei Reihen auf dem Fußboden (Turnmatte). Etwa 10 Meter von der Startlinie entfernt, wird ein Wendepunkt markiert (Stuhl oder umgekippter Eimer/Korb).
Die ersten Spieler jeder Mannschaft erhalten einen Kochlöffel. Die Aufgabe besteht nun darin, einen Luftballon mit Hilfe des Löffels um den Wendepunkt herum zur eigenen Mannschaft zurückzutreiben. Dort angekommen, begibt sich der nächste Spieler auf die Strecke.

Förderungsbereich: Bewegungssicherheit; Reaktionsfähigkeit und Geschicklichkeit; Bewegungserfahrung mit Luftballons.

Material: 2 Holzlöffel, Luftballons.

10. Spiele zum Gestalten – Ästhetische Erziehung

10. Spiele zum Gestalten – Ästhetische Erziehung

Bildnerisches Gestalten – Ästhetische Erziehung

Das Kind erlebt das Spiel als eine gestaltende und formende Tätigkeit mit relativ hohem Erlebniswert. Bildnerisches Gestalten stärkt die Äußerungs- **Stärkung der** und Zuwendungsfähigkeit des Kindes, macht Zusammenhänge bewußt, **Äußerungsfähigkeit** entspannt, fördert die Kreativität und Phantasie. Die ästhetische Erziehung beschränkt sich nicht nur auf das eigene Schaffen (Bauen, Malen, Formen), sondern erstreckt sich auch auf das Erkennen, Interpretieren, Beurteilen und Genießen von Kunst, Landschaft und Menschen. Das Kind erfährt, daß es nicht nur lebenserhaltende, sondern auch sogenannte „höhere Werte" gibt, z. B. die schöpferischen Fähigkeiten des Menschen.

Der Erwachsene sollte dem spontanen Interesse des Kindes, seine Umwelt umzugestalten und zu verändern, durch Zuwendung und das Bereitstellen möglichst wenig strukturierter Materialien entsprechen. Das freudige Hantieren des Kindes ist dabei wichtiger als das fertige Produkt. Hilfestellungen sollten beim gestaltenden Spiel nur so weit gegeben werden, daß sie dem Kind weiterhelfen, seine Ideen zu verwirklichen. Nicht die Reproduktion, sondern die eigene Ausdrucksfähigkeit steht bei der äst- **Ausdrucksfähigkeit** hetischen Erziehung im Vordergrund.

Als wichtige Lernziele lassen sich nennen: **Lernziele**

- Kennenlernen verschiedener Arbeitsmaterialien und Arbeitstechniken,
- kreatives (schöpferisches) Umgehen mit den Materialien,
- Gewinnen eigener ästhetischer Wertmaßstäbe.

Querverbindung:

> Farbenspiele
> Spiele zur Sinneswahrnehmung
> Beobachtungsspiele
> Sprachspiele

157

Spielvorschläge:

A	ab 5
T	3–10

199 Phantasiebauten

Während eines Spaziergangs sammeln die Kinder allerlei Dinge (z. B. Steinchen, kleine Äste, Naturmaterialien usw.), die ihnen schön oder interessant erscheinen. Im Haus (Kindergarten) werden dann zwei Gruppen gebildet. Sie sollen aus den gesammelten Dingen gemeinsam etwas bauen. Hierzu bekommen sie ein bestimmtes Thema gestellt; z. B. „Stadt" oder „Spielplatz".
Als Bastelunterlage dient eine Styroporplatte oder Tapete bzw. Tonpapier im Format von ca. 80 x 80 cm.
Am Ende der Beschäftigung sprechen die Kinder darüber, was sie dargestellt haben.

Förderungsbereich: Phantasie, Kreativität; Feinmotorik; Sozialverhalten (Gesammeltes der Gemeinschaft zur Verfügung stellen); Sprache.

Material: Gesammelte Gegenstände, Styroporplatte bzw. Tapete oder Tonpapier (ca. 80 x 80 cm), Klebstoff oder Leim, evtl. Tesafilm.

A	ab 4
T	3–6

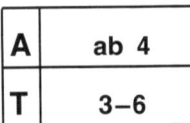

200 Tüten-Masken aus Papier

Für Verkleidungs- und Kinderfeste in der Karnevalszeit lassen sich mit einfachen Mitteln effektvolle Masken basteln. Tüten werden über den Kopf gestülpt, von der Erzieherin an den Augen, der Nase und dem Mund markiert und von den Kindern selbst an diesen Stellen ausgeschnitten. Ein besonders lustiges Aussehen erhalten die Tüten, wenn man ihnen mit Kreppapier und Watte Haare, Augenbrauen, Wimpern und vielleicht auch noch Bärte anklebt. Einzelheiten lassen sich auch mit einem Filzstift aufmalen.

Förderungsbereich: Manuelle Geschicklichkeit; Phantasie beim Ausgestalten der Maske; Verbalisierung (Gespräche mit anderen beim Basteln und im anschließenden Spiel mit den Masken).

Material: Große rechteckige Tüten (oder Waschmittelkartons), Scheren, Krepp- und Buntpapier, Watte, Klebstoff, Filzstifte.

Wichtig: Auf keinen Fall Plastiktüten! Die Kinder auf die Erstickungsgefahr hinweisen!

201 Kneten

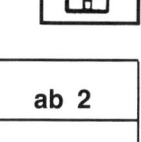

Schon kleine Kinder hantieren gern mit Materialien, die sie verändern können: Sand, Lehm, Schnee, Ton, Knetgummi. Das Reizvolle ist der direkte Kontakt der Hände mit dem Material. Die Kinder stellen zuerst einfache Grundformen her:
Kugeln, lange Würste, Bananen, Brote, Gurken u. ä. . . .
Das Kind kann dabei seinen Vorstellungen freien Lauf lassen.

Zwei wesentliche Knettechniken werden unterschieden:
1. Die Form wird aus einem Klumpen herausgedrückt und gezogen.
2. Die Einzelteile (Kopf, Rumpf, Beine usw.) werden gesondert geformt und dann zu einem Ganzen zusammengefügt.

A	ab 2
T	1-8

Plastilin ist ein besonders formbares Knetmaterial. Die Farben sind giftfrei. Zu Beginn des Knetens und nach längerem Nichtgebrauch ist das Material etwas hart. Der Erwachsene hilft dann beim Weichkneten.

Gemeinschaftsspiel: Wir kneten einen Zoo (Tiere, Zäune, Gehege, Häuser, Brücken).

Förderungsbereich: Manuelle Geschicklichkeit; Spiel- und Experimentierfreude; bildnerischer Ausdruck.

Material: Erde, Wasser, Ton oder Knetgummi, Knetwachs, Plastilin, Ton.

202 Abstrakte Malerei

Für dieses Spiel benötigen wir fünf Tuben Temperafarbe und für jeden Mitspieler mehrere Kartonblätter im DIN-A4-Format. Jeder Spielteilnehmer legt sein Kartonblatt griffbereit. Der Spielleiter übernimmt die Farbverteilung. Er drückt aus jeder Tube ca. 2 cm Farbe. Diese wird nun mit dem zweiten Kartonblatt abgedeckt. Durch Drücken, Quetschen, Schieben, Streichen versucht jeder die Farbe so auf dem Blatt zu verteilen, daß ein abstraktes Bild entsteht. Bevor die Bilder gezeigt und aufgehängt werden, gibt jedes Kind seinem Bild einen Namen.

A	ab 4
T	3-6

Förderungsbereich: Bildnerische Ausdrucksfähigkeit, Spiel- und Experimentierfreude; Kennenlernen einer neuen Maltechnik; Benennen und Unterscheiden der Farben; Interpretationsfähigkeit (Äußerungen des Kindes zu seinem Bild).

Material: 5 verschiedene Temperafarben, Kartonblätter im DIN-A4-Format, Unterlagen, Schürzen.

203 Masken aus Schuhkartons

Nicht nur aus Tüten, sondern auch aus Schuhkartons lassen sich sehr schöne und effektvolle Masken herstellen, die sich auch als Raumschmuck verwenden lassen.
Wie bei der Tütenmaske werden Augen und Mund- und Nasen-Öffnungen herausgeschnitten. Anschließend wird die Maske mit Wasserfarben bunt bemalt und evtl. zusätzlich mit Buntpapierstreifen, Federn, Watte oder bunten Pfeifenreinigern (z.B. als Augenbrauen) beklebt. An der Rückseite wird eine Schnur als Halterung angebracht.

A	ab 5
T	4–6

Förderungsbereich: Manuelle Geschicklichkeit; Phantasie, Kreativität.

Material: Schuhkartons, Wasserfarben, Pinsel, Buntpapier, evtl. Federn, Watte und Pfeifenreiniger, Klebstoff, Scheren, Band.

204 „Abfall-Kunst"

Benötigt werden Plakatkarton, Zeitungen, farbiges Papier, Stoffreste, Abfälle von Frischgemüse, Klebstoff und eine Schere. Jedes Kind nimmt vom vorhandenen Material soviel es möchte und „komponiert" daraus auf einem Plakatkarton sein eigenes Werk.

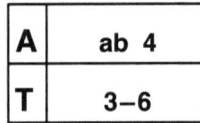

A	ab 4
T	3–6

Förderungsbereich: Phantasie, Originalität; Fingerfertigkeit.

Material: Siehe oben!
Als Unterlagen für Collagen eignen sich auch Holzbretter und Spanplatten, besonders wenn die anzubringenden Gegenstände genagelt oder geheftet werden.

Weitere Materialien: Kleinere Schachteln jeder Art (Streichholzschachteln), Draht, Federn, Garnrollen, Röhren, Lederabfälle, Strohhalme, Steinchen, Muscheln, Knöpfe, Kastanien, Kunststoffstücke.

205 Wasser, Schwamm und Farbe

Jedes Kind erhält einen Tapetenrest, der auf der Rückseite mit einem Schwamm angefeuchtet wird. Mit einem Pinsel wird Tusche aufgetropft. Das Kind beobachtet das „Verlaufen" der Farbe.

A	ab 3
T	3–10

Variationen: Durch Schräghalten des Blattes entstehen neue Farbbewegungen. Das Blatt kann auch zusammen- und wieder auseinandergefaltet werden.

Förderungsbereich: Experimentieren und kreatives Umgehen mit Farben, Formen und Materialien.

Material: Schwamm, Tapetenreste (Malpapier), Pinsel.

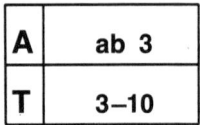

206 Schattenmalen

Eine Tür mit Milchglasfenster oder ein mit Tesafilm befestigtes Stück Transparentpapier auf einer Glastür wird durch eine Lampe angestrahlt.
Die Hälfte der Kinder sind die Zuschauer, die anderen sitzen, bzw. stehen hinter der Milchglasscheibe. Sie bemalen die Scheibe mit einem Borstenpinsel. Die anderen Kinder raten, was gemalt wird.

Förderungsbereich: Phantasie, Originalität; Beobachtungsfähigkeit; Konzentration.

Material: Borstenpinsel, Lampe bzw. helle Lichtquelle.

A	ab 6
T	6–10

207 Pingpong-Malerei

A	ab 5
T	3-6

Für dieses Spiel erhält jedes Kind ein Blatt Zeichenpapier im DIN-A 2-Format. Nach Möglichkeit wird für das Zeichenpapier ein hochkantiges Tablett als Malunterlage benutzt. Aus einer kräftigen Wasserfarbe wird ein ,,Farbbad" hergestellt und in kleine Schälchen gegossen.

Die Kinder benetzen einen Tischtennisball rundum mit Farbe. Für etwa 20–30 Sekunden kann jetzt durch verschiedene Bewegungen des Tabletts der Ball seine Malstrecke zurücklegen. Mit entsprechender Übung lassen sich die Bewegungen des Tischtennisballes genau steuern.

Die Freude über das entstandene ,,Zufallskunstwerk" ist bei den Kindern in der Regel groß.

Die Kinder tragen bei diesem Spiel Schürzen, die Ärmel sind aufgekrempelt.

Förderungsbereich: Manuelle Geschicklichkeit; Experimentieren mit einer neuen Maltechnik.

Material: Wasserfarben (es können mehrere gleichzeitig benutzt werden), weiße Papierblätter (DIN A 2), Tabletts, Tennisbälle.

208 Blumen aus Kreppapier

A	ab 5
T	1-5

Kreppapier ist als Raumschmuck vielseitig verwendbar. Mit geringem Aufwand lassen sich reizvolle Blumen herstellen.

Jedes Kind erhält einen Stock (Lampionstab) und vier Bahnen Kreppapier in unterschiedlicher Breite und Farbe (5, 10, 15 und 20 cm). Die Bahnen werden – von der kleinen ausgehend – um den Stab gewickelt, der als Blumenstiel dient. Die Papierbahnen müssen locker (gerafft) um den Stiel gewickelt werden; ein Blumendraht hält das Kreppapier am Stiel fest. Mit einer Schere wird nun beliebig eingeschnitten und der Stiel mit Kreppapier umwickelt. Die Blume ist fertig. Sie kann als Raumschmuck benutzt, in eine große Vase gestellt oder als Geschenk oder Preis verwendet werden. Vielleicht findet sich sogar Verwendung in einem Stegreifspiel.

Förderungsbereich: Manuelle Geschicklichkeit; Experimentieren.

Material: Kreppapier in verschiedenen Farben, zugeschnitten auf Bahnen von 5–20 cm Breite, Lampion- oder Bambusstäbe, Blumendraht evtl. Tesafilm, Scheren.

209 Wir bauen

Der Erzieher schüttet mehrere „Baumaterialien" auf einen Haufen (größere Holzstücke, Bausteine und Bauwürfel, Garnrollen, Kästchen, Schachteln und Dosen, Ästchen, Stifte und Steine). Allein oder in kleinen Gruppen entsteht eine Baulandschaft.

Förderungsbereich: Körperhaftes Bauen mit vorgefundenen Bauelementen, Erkunden und Unterscheiden der Materialien; Fingerfertigkeit (Feinmotorik).

A	ab 3
T	2–5

Material: Siehe oben!

210 Spiel mit der Tastplatte

Für dieses Spiel benötigen wir eine große Spanplatte. Die Kinder kleben darauf zahlreiche Gegenstände mit unterschiedlicher Oberflächenstruktur (z. B. verschiedene Stoffe, Schmirgelpapier, Hölzer, Blech- und Plastikteile, Fell, Watte, Federn, Kork, Styropor usw.).

Die Gegenstände können durcheinander oder gruppiert aufgeklebt werden, z. B. als glatte, rauhe, weiche oder harte Tastplastiken.

A	ab 4
T	3–6

Die Kinder „betrachten" das Bild mit den Händen und beschreiben ihre wahrgenommenen Eindrücke. Die Augen sind dabei geschlossen.

Förderungsbereich: Tastsinn; schöpferisches Tun; Reflexionsvermögen, Interpretationsfähigkeit.

Material: Siehe oben!

211 Blas' ein Bild!

Die Kinder sitzen an abgedeckten Tischen. Jedes Kind hat vor sich ein Blatt Papier (DIN A 2). Ein Klecks sehr flüssiger Wasserfarbe oder Tusche wird auf das Papier gebracht. Mit einem Stohhalm soll nun jeder einzelne die Farbe auf seinem Blatt in Bewegung setzen. Je nach Stellung des Halmes und der Intensität des Pustens, bilden sich lange Straßen, Verästelungen und Phantasiegebilde. Die Kinder reden über ihre Bilder und die entstandenen Formen.

A	ab 5
T	3–6

Förderungsbereich: Experimentieren mit Materialien, Farben und Formen; Verbalisierung.

Material: Papier, Wasserfarben (Tusche), Strohhalme, Plastikdecken, Schürzen.

A	ab 3
T	1–8

212 Drachen im Herbst

Herbststimmung bedeutet Wind, Regen, früh einbrechende Dunkelheit, Laternenlaufen und Drachensteigen.

Wir falten mit den Kindern einen kleinen Drachen. Sie haben dabei die Möglichkeit, über das Erlernen des Faltvorganges hinaus ihre Phantasie beim Anmalen des Drachengesichtes spielen zu lassen.

Das Kind muß die Beschreibung und Demonstration des Faltens durch den Erzieher genau beobachten, verstehen und dann selbst durchführen.

Nach dem Austeilen der Blätter beginnen die Kinder auf dem Tisch zu falten.

Faltvorgang:

Um die Ecken der fertigen Drachenform zu befestigen, wird Klebstoff ausgeteilt. Dann soll dem Drachen ein buntes Aussehen gegeben werden; die Kinder erhalten dazu Filzstifte. Zum Schluß werden dem kleinen Drachen Schwänzchen und Ohren (z. B. aus Wollfäden) angeklebt.

Andere Faltformen:
Schon seit langem werden einfache Faltformen im Kindergarten praktiziert. Diese ,,Zweckformen" sind z. B. Buch, Tüte, Becher, Hut, Briefumschlag, Körbchen, Schiffchen, Glöckchen und Sterne.

Kinder sollten nie einen Faltvorgang in der Luft durchführen, sondern immer auf fester Unterlage. Das Kind erhält stets genügend Faltpapier und der Erwachsene sollte erst dann weitere Formen zeigen, wenn erste Grundformen beherrscht werden.

Förderungsbereich: Manuelle Geschicklichkeit (Feinmotorik); Genauigkeit, konsequentes Durchhalten der Tätigkeit bis zur Fertigstellung.

Material: Faltpapier, Buntstifte, Wollfaden und Klebstoff.

213 Spiel mit Dia und Projektor

Die Kinder sitzen am Tisch. Jedes Kind erhält zwei Diagläser und kann darauf verschiedene Dinge kleben, z. B. Fäden, Haare, Federn, Watte, kleine Blätter usw. Die Dias können auch mit Glühlampenlack bemalt oder mit Klebstoff bestrichen werden.

A	ab 5
T	5–10

Anschließend werden die Dias projiziert und es wird darüber gesprochen.

Förderungsbereich: Experimentieren; Reflexion; Verbalisierung (Interpretationsfähigkeit).

214 Malen mit Fingerfarben

Kinder malen leidenschaftlich gern. Dabei gehen sie wesentlich intuitiver vor als Erwachsene. Die umgebundene Schürze oder der Kittel unterstreichen die Möglichkeit, frei mit dem Material Farbe umgehen zu können.

A	ab 3
T	3–8

Von der Erzieherin vorgetragene Geschichten können gespielt und gemalt werden. Bei den ersten Malversuchen sollten die Kinder noch entsprechende Orientierungshilfen erhalten (z. B. Bildvorlagen, Bilderbücher oder Dias). Sie dienen jedoch nur als Impulse und sollten nach kurzem Zeigen weggelegt werden, um eine Reproduktion der Vorlage zu vermeiden und eine eigenständige Gestaltung zu fördern. Die Kinder bemalen mit Fingerfarben die Fenster ihres Gruppenraumes oder des Vorraumes. Die farbigen Fenster sehen besonders reizvoll aus, wenn die Sonne durchscheint und die Fingerfarben ihre volle Leuchtkraft entfalten können. Dieses Spiel- und Malvorhaben eignet sich besonders für die Vorbereitung von Kinderfesten während des ganzen Jahres, zum Fasching und zum Tag der Offenen Tür.

Förderungsbereich: Kennenlernen und Handhabung des Materials; Phantasie und Kreativität, Spiel- und Experimentierfreude.

Material: Fingerfarben, ausreichend Fensterfläche.

166

11. Darstellende
Spiele

11. Darstellende Spiele

Darstellendes Spiel

Sicherheit im Spiel gewinnen

Im darstellenden Spiel macht das Kind vielfältige Lernerfahrungen. So können wir z. B. beim sozialen Rollenspiel (Vater, Mutter, Kind) nachgespielte Verhaltensweisen beobachten, die sich eng an die Bezugspersonen anlehnen. Oft versuchen Kinder, die durch eine autoritäre oder laissez-faire-Erziehung verunsichert sind, im Spiel Sicherheit zu gewinnen.
Dem darstellenden Spiel geht meist ein Erlebnis voraus (z. B. Gespräch, Geschichte, Bildbetrachtung).
Der Erwachsene sollte gezielt Material anbieten. Verkleidungsgegenstände haben für das Kind hohen Aufforderungscharakter. Beim Spiel beobachtet der Erwachsene und gibt, wenn nötig, Hilfestellung oder übernimmt selbst eine kleine Nebenrolle.

Verarbeitung von Konflikten

Die Ableitung und Verarbeitung von Konflikten und die Gewinnung eines Selbstkonzepts des Kindes werden durch das darstellende Spiel ermöglicht und sind durch nichts zu ersetzen.

Querverbindung:

Sprachspiele
Spiele zur Sozialerziehung
Musikspiele
Bewegungsspiele
Spiele zur Umwelt-, Sach- und Naturbegegnung

Spielvorschläge:

215 Der Spaziergang

Die Kinder sitzen im Stuhlkreis und vollziehen die Bewegungen der Erzieherin nach. Sie schlägt die Handflächen auf die Knie (Marschtempo) und beginnt von einem Spaziergang zu erzählen. Dabei geht es durch hohes Gras (Handflächen werden aneinandergerieben), über eine Holzbrücke (Fäuste schlagen gegen die Brust) und ungewollt wird in eine Pfütze getreten. Die Geschichte wird weiter erzählt, neue Bewegungen kommen hinzu. Am Schluß werden alle Bewegungen in umgekehrter Reihenfolge rasch wiederholt.

A	ab 3
T	1–20

Förderungsbereich: Manuelle Geschicklichkeit; Vorstellungskraft, Nachahmungsfähigkeit.

216 Meine Tante aus Amerika ist da

Alle Spieler sitzen im Stuhlkreis. Der Spielleiter sagt zu seinem Nachbarn: ,,Meine Tante aus Amerika ist da; sie hat einen Sonnenschirm mitgebracht!" Dabei hebt er den Arm hoch. Diese Nachricht wird von Spieler zu Spieler weitergesagt. Jeder hebt dabei den Arm. In der zweiten Runde hat die Tante einen ,,Waschlappen mitgebracht". Jeder Spieler hält den Sonnenschirm aus der ersten Runde und führt dazu nun die Bewegung des Gesichtwaschens aus. So kommen immer weitere Gegenstände hinzu, bis zum Schluß der Spielleiter sagt: ,,Meine Tante . . . ist wieder abgereist und hat alles wieder mitgenommen!" Die Spieler hören dann mit den Bewegungen auf.

A	ab 4
T	6–10

Förderungsbereich: Genaues Zuhören und Beobachten; manuelle Geschicklichkeit; Koordination von Gehörtem und Bewegung; Darstellen in der Gruppe; Phantasie.

217 So ein Theater

Die Erzieherin bittet 3–4 Kinder der Gruppe mitzuspielen. Die anderen sind Zuschauer. Ein Spieler bleibt bei der Erzieherin, die anderen gehen hinter eine Stellwand oder in einen Nebenraum.

A	ab 6
T	12-20

Die Erzieherin spielt nun eine ganz einfache, pantomimische Szene vor, z.B. Wäsche waschen und aufhängen.

Jetzt wird der zweite Spieler hereingerufen, dem der erste die Szene vorspielt, so wie er sie im Gedächtnis hat. Der zweite Spieler spielt sie dem dritten vor, dieser wiederum dem vierten. Der letzte Spieler sagt, was er meint, gespielt zu haben. Die anderen werden ebenfalls befragt.

Zuletzt spielt die Erzieherin noch einmal die Originalszene vor und erklärt sie gleichzeitig.

Förderungsbereich: Genaues Beobachten; Gedächtnis und Vorstellungs-vermögen.

218 Kugelkopfkasper

Es geht darum, in sehr vereinfachter Form Kasperltheater zu spielen. Als Köpfe werden Kugeln (Gardinenkugeln, alte Bälle oder Styropor-kugeln) verwendet, die die Kinder auf den Mittelfinger stecken.

Die Hände werden mit bunten Fingerhandschuhen „bekleidet". Die Figuren sind nicht typisiert, so können die Kinder beim Spiel ihrer Phantasie freien Lauf lassen. Jedes Kind stellt seine Figur vor und läßt sie handeln.

A	ab 4
T	1-5

Es kann natürlich auch hinter einer gespannten Decke oder einem auf die Seite gekippten Tisch gespielt werden.

Förderungsbereich: Freie Rede, sprachlicher Ausdruck; Phantasie.

Material: Gardinenkugeln, alte Gummibälle oder Styroporku-geln, evtl. eine Decke.

219 Lieder darstellen

Die Kinder singen ein ihnen bekanntes Lied. Ein Kind oder auch meh-rere versuchen dann, dazu passende pantomimische Bewegungen zu erfinden. Alle sitzen während des Spiels im Halbkreis.

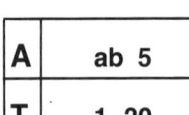

A	ab 5
T	1-20

Variationen: Ein Kind erfindet die Bewegungen. Das Lied wird wie-derholt, und alle machen die Bewegungen nach. Oder: Ein einzelnes Kind macht Bewegungen zu einem Lied, das alle kennen, jedoch ohne etwas zu sagen oder zu sin-gen. Die anderen Kinder erraten das Lied.

Förderungsbereich: Freies Darstellen, Sprechen und Bewegen vor der Grup-pe; Phantasie; Beobachtungsfähigkeit.

220 Zauberer

Ein Kind ist der „Zauberer". Es darf die anderen mit dem „Zauber-stab" verzaubern (z. B. in einen Hund, eine Katze, eine Lokomotive usw.). Die anderen Kinder geben dann die entsprechenden Laute von sich und machen die entsprechenden Bewegungen dazu. Wer es be-sonders gut kann, darf „Zauberer" sein. Natürlich wird der Erzieher darauf achten, daß jedes Kind einmal an die Reihe kommt.

A	ab 3
T	5–20

Förderungsbereich: Phantasie; Wissenserweiterung (Wer oder was macht welche Geräusche?); körperlicher Ausdruck.

Material: Lineal oder Zeigestock als „Zauberstab".

A	ab 5
T	5–20

221 Abends ausgehen

Jeweils zwei Kinder denken sich aus, was sie machen würden, wenn sie abends ausgehen dürften (z.B. ins Kino gehen, einen Schaufensterbummel machen usw.). Paarweise führen sie dann pantomimisch ihr Unternehmen vor. Die Zuschauer müssen erraten, um was es sich dabei handelt.

Variation:	Die Erzieherin stellt kleine Aufgaben (z.B. Mutter beim Kochen darstellen, radfahren oder fliegen). Wer eine „Vorstellung" gegeben hat, darf eine Aufgabe stellen.
Förderungsbereich:	Phantasie; freie Darstellung vor der Gruppe, Abbau von Hemmungen.

A	ab 5
T	8–15

222 Was ist das?

Alle sitzen im Kreis. Ein Kind flüstert seinem Nachbarn leise etwas ins Ohr, z.B. „Essen", „müde sein" oder „Gesicht waschen". Dieser Mitspieler versucht nun, diese Tätigkeit durch Gebärden, Mimik und Gestik auszudrücken. Die anderen Kinder müssen raten. Wer richtig geraten hat, darf als nächster seinem Nachbarn eine Anweisung ins Ohr flüstern.

Variation:	Ältere Kinder können sich Berufe ausdenken.
Förderungsbereich:	Phantasie; Wahrnehmung, Vorstellungsvermögen; Abbau von Hemmungen.

A	ab 4
T	10–20

223 Der Wärter ist nicht da

Dieses Spiel findet in einem „Gefängnis" statt. Ein Kind wird ausgewählt, den Wärter zu spielen. Es sitzt auf einem Stuhl und beobachtet, wie die anderen Gefängnisinsassen ihre Arbeit verrichten (z.B. pantomimische Darstellung von Zeichnen, Schreiben, Malen, Wischen) oder etwas anderes tun.

Plötzlich steht der Gefängniswärter auf und ruft: „Der Wärter ist nicht da!" Und schon wird es lustig im Gefängnis. Alle lachen, singen, hüpfen, springen umher und tanzen.

Plötzlich setzt sich der Gefängniswärter schnell wieder auf seinen Stuhl und ruft: „Der Wärter ist wieder da!" Das Kind, das als letztes beim Spielen und Tanzen erwischt wird, gibt ein Pfand oder scheidet aus.

Förderungsbereich: Phantasie; freies Bewegen, Fein- und Grobmotorik.

224 Geschichten weitererzählen

Alle sitzen im Kreis. Die Erzieherin (oder ein Kind) beginnt eine Geschichte zu erzählen. Plötzlich wirft sie einem Kind einen Plumpssack zu. Dieses muß dann die Geschichte fortführen.

Förderungsbereich: Phantasie, Ideenreichtum und Originalität.

Material: Ein Plumpssack oder ein geknotetes Tuch.

A	ab 6
T	5–20

225 Leute ohne Unterleib

Aus Illustrierten schneiden die Kinder von Personen, die ihnen gut gefallen, den Kopf, den Oberkörper oder den Unterkörper aus. Jedes Teilstück wird auf ein Zeichenpapier geklebt. Mit dem Fasermalstift wird die jeweilige Figur dann zu Ende gemalt, so wie die Kinder dies nach ihrer Vorstellung tun wollen.

Förderungsbereich: Phantasie, Kreativität; Feinmotorik.

Material: Scheren, Klebestifte, Fasermaler.

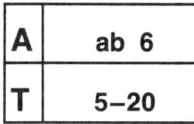

A	ab 5
T	5–8

226 Spiel mit Handpuppen

Das Handpuppenspiel, hier besonders das Kasperltheater, übt auch im Fernsehzeitalter auf das Kind immer noch besondere Faszination aus. Im Handpuppenspiel erlebt das Kind unmittelbar, es wird direkt in das Spielgeschehen einbezogen. Der Erzieher tritt dabei in den Hintergrund. Lebendiges Gegenüber wird die Puppe.

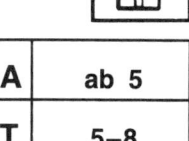

A	ab 3
T	2–100

Das traditionelle Kasperlspiel besteht aus folgenden Figuren:

Kasperl	– klug, lustig, hilfsbereit, mutig und trotzdem kein Held, das Gute wollend.	Traditionelle Figuren im Kasperlspiel
Seppel	– Kasperls Freund ist auch eine positive Figur, jedoch einfältig, nicht klug, ängstlich.	
Großmutter	– gebrechlich, hilfsbedürftig, sorgt sich, jedoch auch hilfsbereit, gütig.	
Gretel	– Kasperls Frau bemüht sich, ihren Mann zu verstehen, ansonsten nüchtern auf das Praktische bedacht.	

173

König	– Es gibt im Kasperlspiel zwei Charaktere des Königs. Der negative (mißbrauchende) König wird im Kindergarten in der Regel selten eingesetzt. Der positive König setzt die verkörperte Macht positiv ein und zeigt, daß auch ihm Grenzen gesetzt sind.
Prinzessin	– unselbständig, naiv, zart, sehr hilfsbedürftig.
1. Räuber	– verschlagen, brutal, ersetzt fehlende Klugheit durch Kraft, hat stets böse Absichten, schiebt meist seinen Komplizen vor.
2. Räuber	– ausgesprochen dumm, einfältig, wird meist vom ersten Räuber vorgeschickt und dann gefangengenommen.
Hexe	– sehr listig, klug, verschlagen, in der Intelligenz dem Kasperl ebenbürtig, verkörpert die böse Macht, gefährlich durch ihre Flugkünste.
Hund	– In zahlreichen Geschichten ist er Kasperls treuer Gefährte und immer zur Stelle, wenn es darum geht, Bösewichte zu schnappen.
Krokodil	– böse, sehr gefräßig, dumm.

Diese Darsteller können – je nach Spielhandlung – ergänzt werden durch:
Polizist, Prinz, Hase, Dame, alter Herr, Zauberer, Mädchen, Junge, Richter.

Identifikation

Das *Kasperlspiel* wird vom Kind ganzheitlich wahrgenommen und entsprechend emotional verarbeitet. Ähnlich wie im Märchen symbolisieren die einzelnen Figuren das Gute und das Böse. Die Kinder identifizieren sich mit den Darstellern.
Kasperlpuppen gibt es in Spielzeugfachgeschäften und Kaufhäusern. Je nach Ausstattung (Gummikopf oder handgeschnitzter Holzkopf) kosten sie zwischen DM 10,– und DM 60,–.

Zum *Handpuppenspiel* der Kinder gehören Figuren aus ihrer Umwelt, z. B. Vater und Mutter, Bäcker und Kaufmann, Arzt, Polizist, Hund, Katze usw. Der Inhalt der gespielten Geschichten schildert Szenen des täglichen Lebens.

Figuren selbst herstellen

Mit einfachen Mitteln können auch selbst Figuren hergestellt werden, z. B. aus Holzkugeln, Schachteln, Kochlöffeln usw.
Eine einzelne Handpuppe kann vom Erzieher als Hilfe zur Kontaktaufnahme eingesetzt werden (Puppe, Erzieher und Kinder treten in ein Wechselgespräch).

Die Kleinsten im Kindergarten können nur die Handlung einer einzigen Puppe verfolgen. Durch das Spielen in Szenen aus dem Alltag

(Mutti kauft ein, wäscht ab, räumt auf usw.) erfaßt das Kind die einzelnen Handlungsabläufe, beteiligt sich am Gespräch und nimmt handelnd teil (z. B. durch Zureichen eines Gegenstandes). Zusätzlich zur **Hilfsmittel** agierenden Puppe in der Hand des Erwachsenen werden Hilfsmittel benötigt, z. B. Schlüsselbund, verschiedene Haushaltsgegenstände, Kugelschreiber usw.

Später können kurze Handlungen mit einzelnen Höhepunkten gespielt werden. Die Spielzeit kann dabei zwischen 10–30 Minuten liegen. Sie

A	ab 4

sollte nicht überzogen werden. Spannungslose Monologe sollten ebenso vermieden werden wie Brutalitäten, Aufforderungen zur Unwahrheit und eine moralisierende ,,Zeigefingerpädagogik". **spannungslose Monologe vermeiden**

Förderungsbereich: Sprachentwicklung; Problemlösen, Phantasie und Kreativität.

Material: Kasperlpuppen, selbsthergestellte Puppen (z. B. aus Kochlöffeln, Wellpappe, Schachteln oder Holzkugeln), evtl. ein Vorhang oder ein umgekippter Tisch als Bühne.

A	ab 4/5
T	10–20

Einbeziehen
aller Kinder

227 Stegreifspiele

Im Kindergarten beziehen sich Stegreifspiele sehr oft auf Erzählungen. Märchen mit einfachem Inhalt werden von den Kindern gerne in eine Handlung umgesetzt. Sie identifizieren sich dabei auch mit der übernommenen Rolle.

Folgende Märchen sind für das Stegreifspiel geeignet:
- Rotkäppchen
- Hänsel und Gretel
- Dornröschen
- Der Wolf und die sieben Geißlein
- Der süße Brei
- Die Bremer Stadtmusikanten
- Frau Holle

Beim Spiel eines Märchens sollte versucht werden, dieses zusammenhängend aufzuführen. Sowohl die wörtliche Rede als auch im Märchen vorkommende Reime sollten gebraucht werden. Die Erzieherin hilft bei der Rollen- und Raumaufteilung. Die Kreisform ermöglicht die Einbeziehung aller Kinder in das Spielgeschehen (z. B. „Hecke" bei Dornröschen, „Pferdegetrappel", Reime werden mitgesprochen). Grundsätzlich können die Märchen ohne Requisiten gespielt werden.

Um das Ausdrucks- und Imitationsvermögen der Kinder anzuregen, sollten aber bestimmte Hilfsmittel bereitgestellt werden (z. B. Tücher, Hüte, Papierschwanz, Pappohren, Geschirr). Sollte das Spielgeschehen erlahmen, hilft die Erzieherin durch Erzählen weiter und gibt den Kindern wieder Spielsicherheit.

Förderungsbereich: Sprache als Ausdrucksmittel, Wortschatzerweiterung; Zuhören und Ausredenlassen; Standpunkte zum Handlungsgeschehen werden bezogen (Identifikation mit den positiven Figuren).

Material: Tücher, Hüte, Kleidungsstücke, Buntpapier, evtl. Schminke.

228 Lustige Bärenjagd

Die Kinder stehen im Halbkreis dem Spielleiter gegenüber. Dieser sagt ihnen, daß ein „wilder Bär" ausgebrochen sei, der nun wieder eingefangen werden solle. Der Handlungsablauf wird vom Spielleiter durch Kommandos und Bewegungen vorgegeben. Die Kinder machen alle Bewegungen nach:

„Wir schlafen,
wachen auf (recken, strecken, gähnen),
waschen uns,
ziehen uns an,
machen die Schranktür auf,
holen das Gewehr heraus,
Tür auf, Tür zu,
wir gehen,
unter einem Zaun hindurch,
springen über einen Bach,
gehen durch hohes Gras,
klettern einen Baum hoch.
Wo steckt der Bär? Kein Bär in Sicht!
Wir klettern den Baum hinunter,
wir gehen weiter,
den Berg hoch (langsam mit hängenden Armen)
und halten Ausschau.
Wo steckt der Bär? Kein Bär in Sicht!
Wir gehen weiter,
bis vor die Bärenhöhle.
Wir rufen: „Bär wo bist du?"
Der Bär kommt!
Wir laufen, laufen, laufen,
den Berg hinunter,
laufen, laufen, laufen,
klettern den Baum hoch
und wieder herunter.
Wir laufen, laufen, laufen,
durch hohes Gras,
klettern unterm Zaun hindurch
und laufen weiter,
Tür auf, Tür zu,
Schrank auf,
Gewehr hineingestellt,
Schrank zu,
wir ziehen uns aus,
legen uns hin und schlafen.

A	ab 3
T	10–20

Förderungsbereich:

Pantomimische Darstellung; Nachvollziehen und Durchführen von Bewegungsabläufen, Bewegungserfahrungen; Zuhören und Beachten der Hinweise durch den Spielleiter; Reaktionsfähigkeit.

12. Farben-
spiele

12. Farbenspiele

Farben

Der Umgang mit verschiedenen Farben und Formen ist für Kinder immer interessant. In ihrer täglichen Umwelt begegnen sie ja den verschiedenartigsten Gegenständen verschiedensten Farbtönen.

Da beim Kleinkind eine andere Farb- und Bildauffassung besteht als beim Erwachsenen – für einen Dreijährigen ist die violette Bilderbuch-Kuh nichts Ungewöhnliches – wird das Kind vom Erwachsenen allmählich in die Wirklichkeit eingeführt. So entwickelt das Vorschulkind zunehmend Sinn für die Realität. Gleichzeitig steigt bei ihm das Bedürfnis, Dinge zu benennen und einzuordnen. Durch entsprechende Anregungen wie Lernspiele und didaktische Materialien werden Denk- und Sprachentwicklung zusätzlich gefördert. **Farb- und Bildauffassung des Kleinkindes**

Im Spiel erlebt das Kind die Farben als Unterscheidungsmittel und als Symbol. Es lernt mit Farben darzustellen und sie zu verändern (mischen/verdünnen) und setzt sie als Ausdrucksmittel ein. **Farben als Unterscheidungs- und Ausdrucksmittel**

Der intensive Umgang mit Farben trägt entscheidend zur ästhetischen Bildung des Kindes bei.

Querverbindung:

> Gestaltende Spiele – ästhetische Erziehung
> Spiele zur Sinneswahrnehmung
> Beobachtungsspiele
> Sprachspiele
> Spiele zur Umwelt-, Sach- und Naturbegegnung

Spielvorschläge:

A	ab 4
T	5-8

229 Farbenlotto

Der Erzieher bereitet Bildkärtchen mit einfachen, einfarbigen Motiven vor. Je nach Teilnehmerzahl sollte eine entsprechend große Menge vorhanden sein. Sofern nicht bereits vorhanden, sollte auch ein Farbwürfel angefertigt werden.

Die Motivkärtchen werden an die Kinder verteilt (bis zu 8 Teilnehmer). Ein Kind beginnt mit dem Farbwürfel zu würfeln und fragt seinen Nachbarn z.B.: ,,Hast Du etwas in der Farbe braun?" Kann das Kind antworten: ,,Ja, mein Hase sieht braun aus!" dann darf es diese Karte beiseite tun. Wer auf diese Weise zuerst alle Kärtchen losgeworden ist, ist Sieger.

Förderungsbereich: Farbkenntnisse; Zuordnen.

Material: Bildkärtchen mit einfachen, einfarbigen Motiven und ein Farbwürfel.

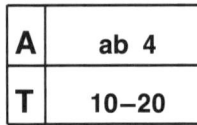

A	ab 4
T	10-20

230 Weg suchen

Wir sitzen im Stuhlkreis. Ein Kind steht in der Mitte und ruft: ,,Gelbe Bäumchen, wechselt euch!" Alle Kinder, die etwas Gelbes angezogen haben, wechseln nun schnell die Plätze. Der Ausrufer muß ebenfalls versuchen, einen Platz zu erwischen. Jedesmal bleibt also ein Kind übrig. Der Ausrufer kann aber auch ,,Bunte Bäumchen, wechselt euch!" rufen. Dann müssen alle die Plätze tauschen.

Förderungsbereich: Farbkenntnisse.

A	ab 4
T	1-5

231 Farben benennen

Farbkarten werden gemischt und auf dem Tisch ausgebreitet. Der Erwachsene läßt sich die Farben zeigen und benennen. Richtig benannte Farbkarten werden herausgenommen.

Förderungsbereich: Erkennen, Benennen der Farben.

Material: Farbkarten (Pappe und Buntpapier).

232 Farben vergleichen

Der Erzieher fertigt 22 gleichgroße (6 x 6 cm) Farbkarten an, indem er Pappkarten mit Buntpapier beklebt: rot, gelb, grün, blau, braun, schwarz, weiß, rosa, grau, violett, orange.

Der Erzieher erläutert: „Es sind von jeder Farbe 2 Karten vorhanden, die zusammengehören. Kannst Du herausfinden, welche Karten dieselbe Farbe haben?"

A	ab 4
T	5–10

Förderungsbereich: Unterscheiden, Vergleichen.

Material: Pappe, Buntpapier, Schere, Klebstoff.

233 Perlen fädeln

Die Kinder sitzen am Tisch. Jedes erhält vier Perlen verschiedener Farbe, die auf eine Schnur aufzufädeln sind. Die Perlenkette wird dann fortlaufend in dieser Farbreihenfolge gestaltet, z.B. blau, rot, gelb, weiß und wieder blau, rot, gelb, weiß . . . usw.

Kinder, die ihre Kette schnell zu Ende aufgefädelt haben, können den anderen helfen oder mithelfen, die fertigen Ketten im Raum aufzuhängen.

A	ab 4
T	1–8

Variation: Das Spiel läßt sich auch als Stafette mit vorgegebener Farbfolge durchführen.

Förderungsbereich: Farbkenntnisse.

Material: Bunte Perlen, Schnüre, Schälchen.

234 Mein rechter Platz ist leer

Dieses alte Kreisspiel erfreut sich auch heute noch großer Beliebtheit.

Ein Stuhl im Kreis bleibt leer. Das Kind, zu dessen rechter Seite der leere Stuhl steht, darf sich einen Nachbarn wünschen. Dabei muß es ihn beschreiben. „Mein rechter Platz ist leer, ich wünsche mir das Kind mit dem blauen Rock, der weißen Bluse und den blonden Haaren her!" Das angesprochene Kind wechselt nun den Platz und das Spiel beginnt aufs neue.

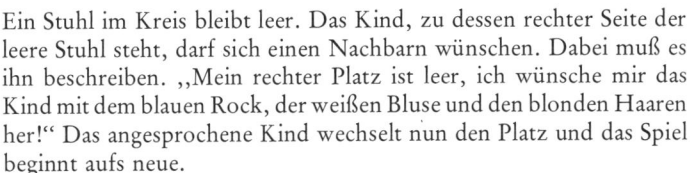

A	ab 3
T	10–20

Der Erzieher kann bei diesem Spiel beobachten, welche Kinder zueinander Kontakt suchen.

Förderungsbereich: Farbkenntnisse; Sprache.

A	ab 5
T	12–20

235 Farben bedecken

Wir bilden zwei oder auch mehrere Kreise (je Kreis maximal 6 Kinder). Jede Gruppe erhält fünf verschiedene Farbplättchen (10 x 10 cm), z. b. rot, braun, blau, grün und gelb. Von jeder Gruppe werden nun Gegenstände gesucht, die in ihrer Farbe den Kärtchen gleich sind. Auf ein rotes Kärtchen legt man z. B. ein rotes Handtuch, usw.

Förderungsbereich: Kombination von Farbe und Gegenstand; Kooperation.

Material: Gegenstände, die von Erwachsenen zu Beginn des Spieles ausgelegt werden, Farbplättchen.

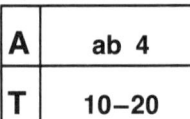

236 Das gleiche Muster

Die Kinder gehen seitwärts im Kreis, den Rücken zur Mitte gewandt. Jedem Kind hat die Erzieherin ein Quadrat (15 x 15 cm) aus einer Tapete um den Hals gehängt. Von jedem Muster gibt es zwei solcher Quadrate, von einem Muster aber nur ein einziges. Alle Kinder sprechen im Gehen: ,,Wir geh'n im Kreis herum und sehen uns nicht um.''

Klatscht die Erzieherin in die Hände, drehen sich alle um und suchen ihren Partner mit dem gleichen Schild. Ein Kind bleibt übrig. Es trägt das einzelne Tapetenstück. Die anderen sagen zu ihm: ,,Du armer Mann, was fängst Du an? Du bist ja ganz allein und kannst nicht fröhlich sein.''
Dann werden die Quadrate gewechselt. Das Spiel beginnt von neuem.

Variation: Es können auch verschiedenfarbige Wäscheklammern benutzt werden.

Förderungsbereich: Form- und Farbenkenntnis.

Material: Quadrate aus Tapetenmuster zum Umhängen.

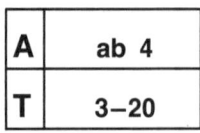

237 Ich sehe etwas

Ein Kind schaut sich im Raum um und wählt für sich einen für alle gut sichtbaren Gegenstand aus. Hat dieser z. B. eine rote Farbe, dann fragt das Kind: ,,Ich sehe etwas, was ihr nicht seht, und das ist rot.''

Alle anderen dürfen raten. Falls die Aufgabe schwer lösbar ist, dürfen Hilfen gegeben werden. Wer sie gelöst hat, darf als nächster fragen.

Förderungsbereich: Farbkenntnisse.

238 Bausteine verstecken

Der Erwachsene versteckt in einem anderen Raum für jedes Kind jeweils drei Bausteine der gleichen Form und Farbe, einen vierten, dazupassenden Baustein erhält das Kind selbst.
Nun müssen die Kinder nach den ihnen fehlenden drei Steinen suchen.
Wer dabei einen Stein entdeckt, der ihm nicht gehört, muß ihn liegenlassen. Findet ein Kind seine Steine nicht, dürfen ihm die anderen beim Suchen helfen.

| A | ab 4 |
| T | 3–6 |

Förderungsbereich: Form- und Farbenkenntnis.

Material: Jeweils vier Bausteine gleicher Form und Farbe.

239 Hell und dunkel

Bei diesem Spiel sollen die Kinder den Unterschied zwischen hell und dunkel erfahren. Die Kinder sitzen im Stuhlkreis.

Die Erzieherin hat ein Tablett mitgebracht. Auf ihm liegen helle und dunkle Farbscheiben. Jedes Kind nimmt eine und gemeinsam wird sie beschrieben (hellgrün – dunkelgrün usw.).

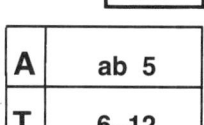

| A | ab 5 |
| T | 6–12 |

Variation: Ein Brett mit heller und dunkler Hälfte wird verwendet. Die Kinder ordnen die Farbscheiben der jeweiligen Hälfte zu.

Förderungsbereich: Unterscheiden von hellen und dunklen Farben.

Material: 1 Tablett oder Brett, verschiedene hell- und dunkelfarbige Scheiben.

240 Bunte Wäsche

Zwei Mannschaften werden gebildet. Die eine heißt ,,Hell'', die andere ,,Dunkel''. Die Kinder sollen von einer gespannten Wäscheleine, auf der helle und dunkle Wäschestücke durcheinander aufgehängt sind, die jeweils für ihre Gruppe bestimmte Wäsche abnehmen und zu einer etwa 10 Meter entfernten Ziellinie bringen.
Am Schluß wird noch einmal überprüft. Die Mannschaften können nach einem Durchgang wechseln.

| A | ab 5 |
| T | 6–12 |

Förderungsbereich: Differenzierung (hell und dunkel); Reaktionsvermögen und Geschwindigkeit.

Material: Hell- und dunkelfarbige Wäsche, Wäscheleine.

241 Lustiges Schuhekaufen

A	ab 5
T	5–10

Alle Kinder ziehen ihre Schuhe aus und legen sie auf einen Haufen am Ende des Raumes. Dann bilden sie zwei Riegen und um die Wette muß jeder die Schuhe seines Hintermannes holen und sie ihm anziehen. Dabei muß sich jedes Kind die Schuhe der anderen gut einprägen. Verwechslungen machen das Spiel besonders lustig.

Förderungsbereich: Form- und Farbengedächtnis; manuelle Geschicklichkeit.

242 Bunte Fähnchen

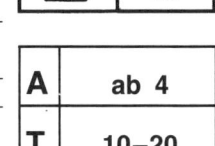

An die Kinder werden Fähnchen in vier verschiedenen Farben verteilt: z.B. rot, gelb, grün und blau.
Die 4 Ecken des Spielraumes erhalten eine dementsprechende Farbkennzeichnung.
Alle Kinder gehen nun mit ihren Fähnchen durch den Raum, bis ein Signal ertönt. Jetzt muß jeder so schnell wie möglich in die Ecke mit seiner Farbe gehen.

A	ab 4
T	10–20

Variation: Die Fähnchen werden beim Umhergehen getauscht. Dabei kann Musik eingesetzt werden.

Förderungsbereich: Farbkenntnisse; Konzentration; Reaktionsvermögen.

Material: Fähnchen in vier verschiedenen Farben, Musikinstrumente oder Kassettenrekorder.

243 Rot, blau, gelb, grün

Die Kinder sitzen im Stuhlkreis. Die Erzieherin steht in der Mitte und beginnt eine Stegreifgeschichte zu erzählen. Wenn in der Geschichte eine Farbe (z.B. rot, blau, gelb oder grün) genannt wird, wechseln alle Spieler ihre Plätze, auch die Erzieherin sucht sich einen Platz.
Wer übrig bleibt, erzählt die Geschichte weiter.

A	ab 6
T	6–12

Variationen: Die Farbbegriffe lassen sich beliebig erweitern. Oder: Farbkarten werden gezeigt.
Erschwernis: Vor Spielbeginn wird mitgeteilt, daß in der Geschichte Gegenstände genannt werden, die bestimmten Farben entsprechen (z.B. Tomate = rot, Postauto = gelb).

Förderungsbereich: Reaktionsfähigkeit; Farbkenntnisse, Zuordnen (Gegenstand – Farbe), Konzentration.

Material: evtl. Farbkarten.

13. Spiele mit Mengen, Zahlen und Formen

13. Spiele mit Mengen, Zahlen und Formen

Mengen, Zahlen und Formen – Kognitive Förderung

Im täglichen Leben lernt das Kind, daß Gegenstände unterschiedlich groß sind, daß sie verschiedene Formen haben oder trotz gleicher äußerer Beschaffenheit unterschiedlich schwer sein können.

Mit zunehmendem Alter und differenzierterer Wahrnehmung lernt das **differenzierte** Kind auch Mengen zu vergleichen und zu ordnen, richtige Begriffe (auch **Wahrnehmung** Zahlen) zu gebrauchen oder Folgen herzustellen, bei denen jeweils das folgende Glied vom vorhergehenden bestimmt wird.

Im Spielen mit Mengen, Zahlen und Formen werden das Symbolverständ- **assoziatives Denken** nis und das assoziative Denken (Assoziation = Verknüpfung von Vorstellungen), die Wahrnehmungsschärfe und die Gliederungs- und Merkfähigkeit gefördert.

Um das Denken des Kindes anzuregen, benötigt es Information und Anreize aus seiner Umwelt. Bei der Förderung der kognitiven (erkenntnismäßigen) Fähigkeiten des Kindes muß der Erwachsene die dem Kind eigentümliche Denkentwicklung berücksichtigen und ihm Möglichkeiten geben, seine Umwelt selbständig zu erfahren. Weder Dressur noch ,,Nürnberger **keine Dressur!** Trichter" sind geeignet, intensive Erfahrungen zu ermöglichen.

Der Spielcharakter muß auch beim Umgang mit Mengen, Zahlen und Formen erhalten bleiben.

Querverbindung:

> Spiele zur Sinneswahrnehmung
> Beobachtungsspiele
> Experimentelle Spiele
> Spiele zur Umwelt-, Sach- und Natur-
> begegnung
> Sprachspiele

Spielvorschläge:

A	ab 5
T	6–8

244 Viel oder wenig?

Die Spieler erhalten Schalen mit etwa 30 Muggelsteinen. Ein Spieler greift in ein Schälchen und nimmt in beide Hände verschieden viele Steinchen. Nun fragt er seinen Nachbarn: ,,Viel oder wenig?" Dieser zeigt auf eine der beiden Hände und sagt z. B. ,,wenig". Stimmt dies, so muß der Fragende die Steine zurücknehmen. Wurde falsch geraten, muß der Antwortende die Steine übernehmen und macht weiter. Wer nach einer bestimmten Rundenzahl die wenigsten Steine hat, ist Sieger.

Förderungsbereich: Mengenbergriff.

Material: Schälchen und Muggelsteine.

A	ab 5
T	2–8

245 Perlen fädeln

Jeder Mitspieler erhält zwei Schalen mit Perlen. In der einen befinden sich 10 rote, in der anderen Schale 20 blaue Perlen (es können auch andere Farben sein). Zusätzlich erhält jeder Spieler eine Schnur.
Den Kindern muß genau erklärt werden, wie aufgefädelt werden soll, z. B: ,,Eine Perle aus der Schale mit den wenigen Perlen und vier Perlen aus der Schale mit den vielen Perlen!"
Ist ein Fehler in der Kette, muß sie bis zu dieser Stelle wieder aufgemacht werden. Wer die Kette fehlerlos gefädelt hat, ist Sieger und darf die Kette aufhängen.

Förderungsbereich: Mengenunterschiede; Farbkenntnisse; Konzentration.

Material: Perlen, Schnur, Schalen.

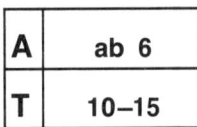

A	ab 6
T	10–15

246 Zahlenrhythmus

Alle Kinder sitzen im Kreis. Es wird durchgezählt und jeder merkt sich seine Zahl. Dann schlagen alle nacheinander auf die Schenkel, um in den Rhythmus zu kommen. Das erste Kind beginnt und nennt beim ersten Schlagen seine Zahl (1), beim zweiten Schlagen die Zahl eines Mitspielers (z. B. 5). Dieser Spieler macht dann ebenso weiter. Kommt jemand aus dem Rhythmus, so scheidet er aus.

Förderungsbereich: Rhythmisches Zählen; Wahrnehmung des anderen; Konzentration.

247 Musik-Spiel

Die Kinder bewegen sich nach Musik im Raum. Immer wenn die Musik aufhört, ruft der Spielleiter eine Zahl, nach der sich die Kinder gruppieren (z. B. 3, 6, 2, 5).
Die Kinder, die sich zuletzt angefaßt haben, müssen sich setzen.

Förderungsbereich: Mengenbegriff, Zahlen; Wahrnehmung der anderen; Sinneswahrnehmung (Hören); Selbstbeherrschung.

Material: Plattenspieler oder Kassettenrecorder und entsprechend Schallplatten bzw. Tonkassetten.

A	ab 5
T	15–20

248 Zähle weiter!

Der Spielleiter wirft einem Kind ein geknotetes Tuch zu und nennt z. B. die Zahl 3. Vorher wurde ausgemacht, daß immer bis zur Zahl 7 weitergezählt werden soll. Das Spiel kann vor- und rückwärts durchgeführt werden. Das betreffende Kind zählt also weiter: 4, 5, 6, 7.

Förderungsbereich: Zahlenfolge.

A	ab 5
T	10–20

249 Zahlenquiz

Die Mitspieler bilden zwei Riegen. Der Spielleiter stellt nun dem Alter der Teilnehmer angemessene Rechenaufgaben. Die Riege, die zuerst die Auflösung ruft, bekommt einen Punkt. Der Sieger wird nach Punkten ermittelt.

Förderungsbereich: Rechnerisches Denken; Schnelligkeit, Reaktionsfähigkeit.

A	ab 6
T	6–10

250 Alles oder nichts

Jedes Kind erhält vier oder auch mehr Murmeln und darf so viele in die rechte Hand nehmen, wie es möchte. Dann hält es die geschlossene Hand einem anderen Kind hin, und dieses muß raten, ob sich in der Hand eine gerade oder ungerade Anzahl von Murmeln befindet. Rät es richtig, gewinnt es die Murmeln und das Kind muß ausscheiden. Rät es falsch, muß es selbst ausscheiden.

Förderungsbereich: Unterscheiden lernen von geraden und ungeraden Zahlen.

Material: Murmeln.

A	ab 7
T	2–8

A	ab 5
T	4—6

251 Zahlen würfeln

Jeder Spieler am Tisch erhält eine Schale mit Muggelsteinen. Mit einem Zahlenwürfel wird gewürfelt. Jeder Spieler legt dann jeweils entsprechend viele Muggelsteine vor sich hin. Am Ende einer Runde wird gezählt. Wer die meisten Steine hat, bekommt eine Marke. Eine neue Runde beginnt. Wer zum Schluß die meisten Marken besitzt, ist Sieger.

Variationen: Mit Zahl- und Farbenwürfel wird gespielt. Es müssen dann Muggelsteine der entsprechenden Farbe aufgelegt werden.
Oder: Spiel mit zwei Zahlenwürfeln. Die Kinder müssen zusammenzählen und dann entsprechend legen.

Förderungsbereich: Mengenbegriff; Farbunterscheidung; Konzentration.

Material: Würfel (Farb- und Zahlenwürfel).

A	ab 5
T	4—6

252 Klimperndes Glück

Wir sitzen am Tisch. Nacheinander dürfen alle Kinder einen mit Geldstücken gefüllten Hut einmal auf den Tisch leeren. Dann zählen die Kinder, wie viele Münzen mit der Zahl nach oben liegen. Ein Erwachsener schreibt das Ergebnis auf. Wer die meisten Punkte hat, ist Gewinner.
Der Teilnehmerkreis sollte dabei nicht mehr als sechs Kinder betragen.

Förderungsbereich: Zahlenfolge; Unterscheidungsfähigkeit.

Material: Hut, Geldmünzen.

A	ab 8
T	5—10

253 Die verbotene Sechs

Der Spielleiter stellt Rechenaufgaben, in deren Ergebnis eine oder mehrere Sechsen vorkommen. Reihum wird jeder Mitspieler auf seine mathematischen Kenntnisse „geprüft", darf aber die verbotene Sechs nicht aussprechen. Auf die Frage „Wieviel ist 34 weniger 8?" darf also nicht mit „26" geantwortet werden, sondern mit „19 plus 7" oder mit „52 durch 2" usw. Der Spielleiter ist der einzige, der die Sechs aussprechen darf.

Das Spiel bietet unbegrenzte Variationsmöglichkeiten.

Förderungsbereich: Rechnerisches Denken; Denkfähigkeit, Konzentration.

254 Das verbotene Einmaleins

Bevor man mit dem Spiel beginnt, muß ein bestimmtes Einmaleins ausgewählt werden, das „verbotene Einmaleins" z.B. Siebener Einmaleins.

Nun werden die natürlichen Zahlen laut nacheinander von den Spielern (oder auch einem einzelnen Spieler) aufgesagt. Die 7 und alle anderen Zahlen, die mit der Zahl 7 in Zusammenhang stehen (7, 14, 17, 21, 27 usw.) dürfen nicht ausgesprochen werden.

Ersatzweise sagt man dafür „stop" oder einigt sich auf ein Phantasiewort.

A	ab 8
T	10–20

Förderungsbereich: Konzentration; mathematische Entwicklung einer Zahl, Multiplizieren von Zahlen.

195

A	ab 5/6
T	4–8

255 Zahlenlotterie

Jeder Spieler erhält eine Anzahl von Perlen (oder Muggelsteinen). Die übriggebliebenen Perlen bekommt die „Bank", die in der Mitte eines Stuhlkreises deponiert ist.

Für diesen Zweck wurde vorher eine Drehscheibe aus Pappe mit vier verschiedenen Farbfeldern (rot, hellrot, blau, hellblau) und einem Zeiger angefertigt. Bei Spielbeginn kann auf die verschiedenen Farben gesetzt werden.

Bei „Rot" muß die Menge, die auf dem roten Farbfeld steht, der Bank abgeliefert werden. Bei „Hellrot" kann man von der Bank die entsprechende Summe abholen.

Bei „Blau" bekommt der rechte Nachbar die Summe.

Bei „Hellblau" muß der rechte Nachbar die Perlen abgeben.

Variation: Es können mehr Farbunterscheidungen eingeführt und zusätzlich Zahlen in die Farbfelder eingetragen werden.

Förderungsbereich: Einhalten der Reihenfolge; Lernen, abzugeben; Zählen.

Material: Perlen oder Muggelsteine, Drehscheibe aus Pappe mit vier verschiedenen Farben und Zeiger.

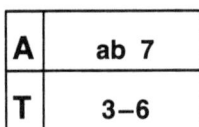

256 Bei drei ist alles aus

Bei diesem Würfelspiel darf jeder Spieler grundsätzlich beliebig oft würfeln und seine Augenzahlen addieren. Der Spieler versucht auf diese Weise so viele Punkte wie möglich zu bekommen. Bei einer gewürfelten Drei aber ist es aus. Alle Punkte werden wieder gelöscht. Gewonnen hat der Spieler mit der höchsten Augenzahl.

Am Spiel können bis zu sechs Kinder teilnehmen. Sofern kein größerer Würfel vorhanden ist, sollte möglichst jeder Spieler seinen eigenen Würfel erhalten.

Förderungsbereich: Addieren von Zahlen; verlieren können.

Material: Würfel.

A	ab 8
T	2–5

257 Das kleine Einmaleins

Wir benötigen für dieses Spiel zwei Würfel. Jeder Spieler multipliziert nach seinem Wurf die Augenzahl des einen Würfels mit der des anderen Würfels. Die höchste Zahl gewinnt jeweils.

Förderungsbereich: Multiplizieren von Zahlen.

Material: Zwei Würfel.

258 Zählball

Die Kinder bilden einen Kreis. Der Spielleiter steht in der Mitte. Er wirft einem Kind einen Ball zu und ruft dabei „eins". Das Kind ruft „zwei" und wirft gleichzeitig den Ball zurück. Der Spielleiter wiederholt den Spielvorgang, bis alle Zahlen in der Reihenfolge von 1 bis 10 genannt sind.

Förderungsbereich: Zahlenfolge.

Material: Weicher Ball.

A	ab 5
T	10–20

259 Die verbotene Zahl

Der Erwachsene zeigt den Kindern vorbereitete Kärtchen, auf denen Zahlen stehen. Die Kinder nennen die einzelnen Zahlen. Eine vorher festgelegte Zahl darf aber nicht genannt werden, sondern alle Kinder klatschen bei deren Erscheinen.

Förderungsbereich: Zahlenauffassung; Reaktionsvermögen.

Material: Verschiedene Karten mit Zahlen.

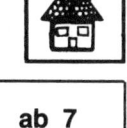

A˙	ab 7
T	5–20

260 Zähle weiter!

Ein Kind steht in der Mitte des Kreises. Es ruft ein anderes auf und nennt ihm eine Zahl zwischen 2 und 9. Dazu wird entweder „vorwärts" oder „rückwärts" hinzugefügt, zum Beispiel „4 rückwärts". Dann muß von 4 rückwärts bis 1 gezählt werden. Oder: „4 vorwärts" = „5, 6, 7, 8, 9."
Wenn der Mitspieler richtig gezählt hat, darf er selbst eine neue Aufgabe stellen, sonst stellt der erste noch einmal eine Aufgabe.

Förderungsbereich: Zahlenfolge.

A	ab 5
T	5–20

261 Schrittezählen

Kindern macht es großen Spaß, beim Spaziergang die Schritte zu zählen. Spielend wird gelernt, wenn die Erwachsenen sagen: „Wir machen jetzt drei ganz kleine Schritte. Und jetzt zwei Riesenschritte. Jetzt einen winzig kleinen Schritt . . ." usw.

Förderungsbereich: Zahlen als Begriffe für bestimmte Mengen.

A	ab 3
T	1–10

262 Papier zerreißen

A	ab 6
T	3-6

Jedes Kind bekommt ein Zeitungsblatt (nicht mehr als 6 Kinder gleichzeitig). Wenn alle Kinder ihr Blatt in der Hand halten, ruft der Spielleiter „Achtung" und nennt schnell eine Zahl. Die Kinder müssen dann ihr Zeitungsblatt in entsprechend viele Stücke zerreißen. Wer als erster dem Spielleiter die richtige Anzahl Papierfetzen bringt, ist Sieger.

Förderungsbereich: Zahlenunterscheidung; schnelles Denken; Reaktionsfähigkeit.

Material: Zeitungen.

263 Laut zählen

A	ab 3
T	1-20

Der Erwachsene sollte das Kind bei möglichst vielen Gelegenheiten laut zählen lassen. Man kann z. B. fragen: „Wie viele Augen, Ohren, Finger, Hände, Beine usw. hast Du?"
Erwachsener und Kind zählen gemeinsam. Oder: „Wie viele Becher (Tassen, Teller) stehen auf dem Tisch?" „Wie viele Kinder sind hier im Raum?" usw. Dabei soll darauf geachtet werden, die Zahlen langsam von 3 über 5 bis 10 zu steigern. Geduld ist hier besonders wichtig.

Förderungsbereich: Zählen von 1 bis 10.

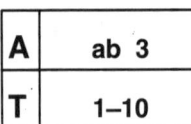

264 Anwendung des Zählens

A	ab 3
T	1-10

Zu Hause und im Kindergarten bieten sich viele Gelegenheiten, um im Spiel Gelerntes anzuwenden und zu überprüfen:
„Bitte hole mir zwei Teller!" „Du darfst dir drei Bonbons wegnehmen." „Hole mir bitte einen Löffel!" Weitere Situationen ergeben sich z. B. beim Kochen, beim Nähen und Tischdecken.

Förderungsbereich: Zählen; Unterscheiden.

Material: Beliebige Gegenstände.

265 Aufteilen

Flüssigkeiten und Obst sind geeignete Mittel, um die Begriffe „ganz", „halb" und „viertel" zu verdeutlichen. Wenn das Kind ein ganzes Glas voll Apfelsaft an zwei Kinder verteilt, bekommt jeder nur ein halbes Glas voll. Schüttet das Kind zwei halbgefüllte Gläser Apfelsaft in ein Glas, so wird dieses ganz voll. Wird ein halbes Glas Apfelsaft in zwei Gläser gefüllt, so sind sie nur zu einem Viertel gefüllt.

A	ab 5
T	3–5

Der Erwachsene läßt das Kind einen Apfel an zwei Kinder aufteilen. Jeder erhält dabei einen halben Apfel. Werden beide Hälften zusammengedrückt, ergibt es wieder einen ganzen Apfel. Der halbe Apfel läßt sich nochmals teilen. Es ergeben sich Viertel. Weitere Variationen sind möglich.

Förderungsbereich: Unterscheiden, Zuordnen von Mengen.

Material: Flüssigkeiten, Obst, beliebige Gegenstände, die aufgeteilt werden können.

266 Verteilen

Verschiedene Gegenstände (z. B. Bauklötze) liegen in beliebiger Anzahl auf dem Tisch. Der Erzieher stellt die Frage: „Hier liegen 8 Bauklötze. Kannst du sie so verteilen, daß vier Kinder gleich viele Klötze bekommen?" Um dieses Spiel durchführen zu können, müssen aber die vorher genannten Zählspiele vorausgegangen sein.

Förderungsbereich: Teilen.

A	ab 5
T	3–5

267 Sortieren

Nahezu alles läßt sich sortieren: Langes und Kurzes, Schmales und Breites, Großes und Kleines, Dickes und Dünnes. Auf einem Teller sind Erbsen, Bohnen, Sonnenblumenkerne und Linsen vermischt. Die Kinder ordnen, was zusammengehört.

Förderungsbereich: Zuordnen, Erkennen, Unterscheiden.

A	ab 3
T	1–5

268 Mehr oder weniger?

Durch Umschütten von Flüssigkeiten in verschieden geformte Gefäße wird dem Kind deutlich, daß die gleiche Menge in verschiedenen Gefäßen unterschiedlich „aussieht".

Förderungsbereich: Vergleichen, Abmessen.

Material: Verschieden geformte Glasgefäße.

A	ab 5
T	1–6

199

A	ab 4
T	1–6

269 Kleiner oder größer?

Durch das Gegenüberstellen verschiedener Gegenstände (Bilderbuch, Buntstifte, Bausteine usw.) machen wir dem Kind Größenunterschiede deutlich.
Variationen sind nahezu unbegrenzt möglich.

Förderungsbereich: Abmessen, Unterscheiden.

A	ab 5
T	1–8

270 Leichter oder schwerer?

Gegenstände lassen sich auch in der Hand abwägen. Ebenso können beim Umgang mit der Spielwaage oder der Haushaltswaage Vergleiche und Gewichtsbezeichnungen deutlich gemacht werden.

Förderungsbereich: Erkennen von Gewichtsunterschieden, Vergleichen.

Material: Beliebige Gegenstände, Spielzeug- oder Küchenwaage.

A	ab 6
T	6–12

271 Reichtum raten

Jedes Kind erhält fünf Pfennigstücke oder Knöpfe. Die Kinder stellen sich paarweise gegenüber auf und stecken die Hände in ihre Taschen oder halten sie auf dem Rücken. Auf das Stichwort: „Zeig her!" halten sie dem Partner die geschlossene Hand hin, in der einige oder alle Pfennigstücke verborgen sind. Wer die Anzahl der Pfennigstücke richtig errät, darf im Spiel bleiben. Stimmt die geratene Zahl nicht, darf der im Spiel bleiben, der der tatsächlichen Anzahl am nächsten kam. Die Kinder, die richtig geraten haben, bilden erneut Paare, bis sich zuletzt das Paar der „Besten" mißt.

Förderungsbereich: Unterscheiden größerer und kleinerer Mengen. Zählen von 1–5.

Material: Pro Spieler 5 Pfennigstücke oder Knöpfe oder Muggelsteine.

A	ab 5
T	1–3

272 Quadrate legen

Der Erwachsene überträgt die abgebildeten Quadrate auf ein (größeres) Stück Pappe und zerschneidet dieses jeweils auf den vorgezeichneten Linien. Wer kann die zerschnittenen Quadrate wieder zusammenlegen?

Förderungsbereich: Differenzieren, Zuordnen, räumliches Denken.

Material: Pappe oder festes Papier.

273 „Schwarzer Peter"

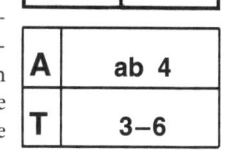

| A | ab 4 |
| T | 3–6 |

In diesem Kartenspiel für Kinder bilden jeweils zwei Karten ein Pärchen, z. B. Bauer und Bäuerin, Koch und Köchin, Holländer und Holländerin, Spanier und Spanierin usw. Um schneller die Zusammengehörigkeit feststellen zu können, tragen die beiden zusammengehörenden Karten in der linken oberen Ecke das gleiche Symbol, z. B. beim Bauernpaar ein Bauernhaus, beim Holländerpaar eine Windmühle usw. Dazu kommt noch die Einzelgängerkarte, der sogenannte „Schwarze Peter".

Nun werden die Karten gemischt und reihum verteilt, bis keine Karte mehr übrig ist. Jeder Spieler schaut, ob er ein Pärchen in der Hand hat. Wenn ja, legt er diese Karten beiseite. Dann läßt jeder nacheinander seinen linken Nebenmann verdeckt eine Karte ziehen. Wieder werden komplette Pärchen abgelegt. Dies wird so lange wiederholt, bis alle zusammengehörenden Karten auf dem Tisch liegen und nur noch ein Pechvogel übriggeblieben ist, der den „Schwarzen Peter" in der Hand hält. Ihm wird die Nase schwarz angemalt (nur bei größeren Kindern, bei kleineren nicht).

Förderungsbereich: Motive und Formen erkennen und zuordnen.

Material: 1 Kinder-Kartenspiel „Schwarzer Peter", schwarze Theater-Schminke.

274 Wieviel ist in der Schachtel?

A	ab 5
T	3–8

Die Erzieherin stellt 6 Streichholzschachteln auf den Tisch. In den Schachteln befinden sich verschiedene Gegenstände (z. B. kleine Figuren, Knöpfe, Pfennige, Perlen, Erbsen usw.). Wie viele sind in jeder Schachtel?
Um den Kindern das Raten zu erleichtern, malt man auf jede vorbereitete Schachtel das, was sie enthält. Die Erzieherin notiert sich daneben . auf einem Zettel jeweils die Anzahl der Dinge.
Die Kinder dürfen nun die Schachteln nehmen und schütteln. Sie sollen dadurch die Anzahl der Gegenstände erraten, die sich in der Schachtel befinden. Erzieherin und Kinder zählen gemeinsam die Gegenstände in jeder Schachtel.

Förderungsbereich: Mengen unterscheiden, Zählen; Sinneswahrnehmung Hören; Konzentration.

Material: 6 Streichholzschachteln mit Knöpfen, Figuren, Erbsen, Pfennigen, Reißzwecken, Perlen.

275 Äpfelpflücken

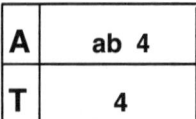

Wir fertigen eine Scheibe mit leicht drehbarem Zeiger an. Zusätzlich werden 36 Motivkärtchen hergestellt (bemalen oder bekleben), auf denen ein Apfel dargestellt ist. Die Größe der Drehscheibe sollte 40 x 40 cm betragen, die der Motivkärtchen ca. 6 x 6 cm. In jede der vier Ecken werden jeweils 9 Motivkärtchen gelegt. Den Mittelpunkt der Scheibe bilden 5 verschiedene Motive.
Vier Kinder bemühen sich nun, als erste alle Äpfel zu pflücken. Der Reihe nach dreht jeder einmal den Zeiger; bleibt er auf einem Apfelmotiv stehen, darf das erste der jeweils 9 vorhandenen Apfelkärtchen genommen werden usw. Variationen sind möglich.

Förderungsbereich: Zuordnen, Zählen.

Material: 1 feste Pappe, 1 Nagel (zur Befestigung des Zeigers), 36 beklebte oder bemalte Motivkärtchen.

276 Puzzle mit Köpfen

Der Spielleiter sucht aus Illustrierten großformatige Porträt-Aufnahmen heraus. Die Kinder kleben sie auf eine möglichst feste Pappe und schneiden das über die Kanten ragende Papier ab.
Der Spielleiter teilt dann das Bild mit dem Lineal in bis zu 15 unregelmäßige Drei- und Vierecke auf und zerschneidet es mit einem scharfen

Messer entsprechend dieser Markierung. Die einzelnen Porträtstückchen sollen dann von den Kindern wieder zu einem Ganzen zusammengefügt werden. Puzzlen kann man allein oder im Zweier- oder Gruppenwettkampf. Wer setzt sein Bild zuerst zusammen?

A	ab 4
T	1–3

Variation: Es lassen sich beliebige andere Vorlagen zu einem Puzzle verarbeiten. Der Spielleiter kann z. B. ein Puzzle nur zum Teil fertigstellen und die Kinder erraten lassen, wen oder was das halbfertige Bild darstellt.

Förderungsbereich: Zuordnen, Erkennen, Kombinieren, Vergleichen; optisch Wahrgenommenes wird kurzzeitig im Gedächtnis behalten.

Material: Bilder (Porträt-Aufnahmen), stärkere Pappe, Klebstoff, Bleistift, Lineal, scharfes Messer.

277 Schatzgräber

Der Spielleiter versteckt zwei verschiedenfarbige Tongefäße (rot und blau angemalte, einfache Blumentöpfe), die er vorher in jeweils vier gleichgroße Scherben zerbrochen hatte (z. B. in der Sandkiste). Jeweils zwei Kinder sind die „Schatzsucher". Sie haben die Aufgabe, ihren „Schatz", den sie vorher auf einer Bildkarte sehen konnten, mit Schaufeln auszugraben und wieder zusammenzusetzen. Aus den einzelnen Scherben soll mit Hilfe eines Allesklebers wieder jeweils ein vollständiger Topf entstehen.

A	ab 6
T	4

Förderungsbereich: Manuelle Geschicklichkeit; Kombinationsfähigkeit.

Material: 2 einfache, bemalte Tontöpfe, 2 Schaufeln, 2 Bildkarten mit rotem und blauem Topfmotiv, Alleskleber.

278 Was fehlt?

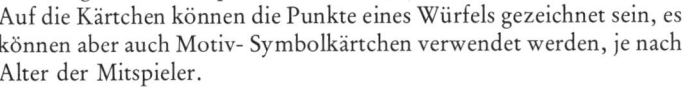

Es werden sechs Bilderkärtchen in bestimmter Reihenfolge auf den Tisch gelegt. Ein Spieler dreht sich um, ein anderer nimmt ein Kärtchen weg. Der erste Spieler muß raten, welches fehlt.
Auf die Kärtchen können die Punkte eines Würfels gezeichnet sein, es können aber auch Motiv- Symbolkärtchen verwendet werden, je nach Alter der Mitspieler.

A	ab 4
T	5–8

Variation: Die Kärtchen werden in der Reihenfolge verändert.

Förderungsbereich: Erfassen von Zahlen und Mengen; Beobachtung; Wissenserweiterung.

Material: Bildkarten.

14. Experimentelle Spiele
Flamme, Wind, Mikroskop

14. Experimentelle Spiele

Experimentieren

eigene Erfahrungen sammeln, Zusammenhänge erkennen

Im experimentellen Spiel sammelt das Kindergarten- und Vorschulkind durch kleine Versuche eigene Erfahrungen. Es lernt dabei, Vorgänge gezielt zu beobachten und Zusammenhänge zu begreifen.
Bei einfachen physikalischen und chemischen Experimenten kann das Kind die Entstehung einer Sache (z. B. Regen oder Elektrizität) erfassen und deren Bedeutung und Eigenart erkennen. Der Erwachsene sollte dabei unbedingt vom Erfahrungsbereich des Kindes ausgehen. Besonders im Haushalt bieten sich gute Möglichkeiten, komplizierte Vorgänge kindgerecht im Spiel zu vermitteln.

Querverbindung:

Spiele zur Umwelt-, Sach-, und Naturbegegnung
Spiele zur Sinneswahrnehmung
Beobachtungsspiele

Spielvorschläge:

Spiele mit Wasser

Dinge, die für den Erwachsenen selbstverständlich und alltäglich sind, üben auf Kinder oftmals noch eine besondere Faszination aus. Durch spielerische Experimente wird der Wissensdurst der Kinder gestillt. Sie erfahren dabei Zusammenhänge und werden zum Mitdenken und zum Erforschen von Umwelt- und Naturgegebenheiten angeregt.

279 Es regnet

Die Kinder füllen einen Topf mit Wasser. Mit Hilfe eines Tauchsieders oder auf dem Herd wird das Wasser zum Kochen gebracht. Während es sich erhitzt, können die Kinder berichten, was sie beobachten:
- Das Wasser dampft.
- Der Dampf ist wärmer als die Luft.
- Er steigt in die Höhe.
- Das Wasser sprudelt.

A	ab 5
T	1–10

Die Erzieherin hält eine Glasplatte oder einen Spiegel über das kochende Wasser. Dort kühlt sich der aufsteigende Dampf ab. Dabei bilden sich Wassertropfen, die herunterfallen. (Sollten weder Spiegel noch Glasplatte vorhanden sein, läßt sich dieser Vorgang auch am Topfdeckel demonstrieren.)
Im Topf ist jetzt weniger Wasser als zuvor, was sich durch eine vorher angebrachte Markierung zeigen läßt.

Erfahrung: Dampf ist wärmer als Luft. Er steigt in die Höhe, kühlt sich ab und wird zu Wassertropfen; dieser Vorgang spielt sich in der Natur genauso ab.

Material: Topf, Glasplatte (Spiegel oder Deckel), Kochplatte oder Tauchsieder.

280 Nebel

Eine erwärmte Flasche wird halb mit Wasser gefüllt. Auf die Flaschenöffnung wird ein Eiswürfel gelegt. Durch die Verdunstung steigt warme Luft nach oben und wird dort durch den Eiswürfel abgekühlt. Die Kinder beobachten, wie sich deshalb in der Flasche Nebel bildet.

A	ab 5
T	2–10

Erfahrung: Die Kinder erkennen, daß Wasser in unterschiedlichen Erscheinungsweisen – hier als Nebel – auftreten kann.

Material: Weiße Glasflasche, Eiswürfel.

A	ab 5
T	2–10

281 Wasser verändert

Täglich gehen wir mit Wasser um (beim Waschen, Kochen und Trinken). Um zu zeigen, wie Wasser beim Kochen bestimmte Dinge verändert, läßt die Erzieherin von den Kindern ein rohes Ei aufschlagen. Dann läßt sie es in kochendes Wasser gleiten. Die Kinder sehen, wie das Ei gerinnt: es verändert sein Aussehen.

Variationen: Kakao oder Farben werden mit Wasser vermischt.

Erfahrung: Die Kinder erleben, daß mit Hilfe des Wassers Nahrungsmittel ihre Beschaffenheit verändern.

Material: 1 Ei, Kochtopf, Herdplatte, evtl. Kakao, Kaffee, Wasserfarben.

282 Wasser verdunstet

Wasser kann auch weniger werden, ohne erhitzt zu werden. Um diesen Vorgang der Verdunstung zu veranschaulichen, wird ein Taschentuch befeuchtet und mit dem Föhn wieder getrocknet.

Variation:	Die Kinder stellen ein Schälchen Wasser auf die Heizung; sie beobachten, wie es von Tag zu Tag weniger wird. Markierungsstriche zeigen das Verdunsten an.
Erfahrung:	Die Kinder erkennen den Vorgang des Verdunstens.
Material:	Taschentuch, Föhn, Schälchen.

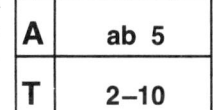

A	ab 5
T	1–10

283 Schnee, Eis und Hagel

Ähnlich wie der Regen entsteht auch der Schnee, nur daß dabei der Dampf nicht flüssig wird, sondern zu winzigen Kristallen gefriert.

Im Winter können die Kinder eine Schüssel Schnee auftauen oder einen mit Wasser gefüllten Behälter zum Gefrieren in den Kühlschrank stellen. Die Kinder beobachten dabei die vor sich gehenden Veränderungen.

A	ab 5
T	2–10

Erfahrung:	Das Kind erlebt die Vorgänge des Gefrierens und Auftauens.
Material:	Plastikbehälter oder Eisschale, Kühlschrank.

284 Umgang mit Elektrizität

In unserer technisierten Welt gehört der Umgang mit Strom zur täglichen Umwelterfahrung des Kindes. Im elterlichen Haushalt, im Kindergarten und sogar beim Spielen werden Kinder mit Elektrizität konfrontiert.

Neben den Annehmlichkeiten, die der Strom mit sich bringt, *sind Kinder aber auch täglich Gefahren ausgesetzt,* deren Ursachen in der falschen Handhabung elektrischer Geräte zu finden sind.

A	ab 4
T	1–20

Im Gespräch weist der Erwachsene auf die Notwendigkeit des Stromes hin, spricht dabei aber auch über die *Gefahren.* Dabei sollte deutlich werden, daß Strom kein unbegreifliches Wunder ist, vor dem man Angst haben muß, sondern ein selbstverständlicher Bestandteil des Lebens, mit dem man aber richtig umgehen muß. **über Gefahren sprechen**

209

285 Experimentieren mit Geräten

A	ab 5
T	1–10

Die Kinder sitzen im Halbkreis um einen Tisch, auf dem die Erzieherin verschiedene elektrische Geräte aufgebaut hat: Lampe – Föhn – elektr. Kaffemühle (mechanische Ausführung zum Vergleich) – Mixer – Tauchsieder – Kochplatte – Radio-Elektrowecker – Verlängerungsschnur – Mehrfachstecker – Glühbirne – Batterie – Klingel – Klingeldraht.

Die Erzieherin schließt die Geräte an das Stromnetz an, die Kinder setzen der Reihe nach die verschiedenen Geräte in Betrieb und beschreiben, was sich jeweils ereignet (Die Lampe erzeugt Licht, das Radio erzeugt Töne . . .).

Erfahrung: Die Kinder erfahren, daß Strom im Elektrizitätswerk erzeugt wird und in Leitungen (Kabeln) in die Wohnung fließt. Sie erfahren, daß man nur unter Einhaltung bestimmter Verhaltensmaßregeln gefahrenlos mit Elektrizität umgehen kann (keine defekten Kabel berühren, nicht mit nassen Händen elektrische Geräte anfassen, nichts – außer Stecker – in die Steckdose stecken und keine elektrischen Geräte in die Badewanne mitnehmen).
Beim Experimentieren wird den Kindern deutlich, daß Strom die unterschiedlichsten Geräte betreiben kann und lernen ihre Handhabung und Funktion kennen.

286 Aufbewahrter Strom

Die Kinder sitzen am Tisch und erzeugen mit einer Batterie elektrisches Licht, lassen ein Transistorradio ertönen und eine Klingel läuten, indem sie mit zwei Klingeldrähten einen Kontakt herstellen.

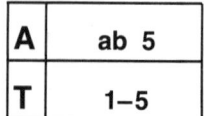

A	ab 5
T	1–5

Erfahrung: In Batterien ist Strom gespeichert.

Material: Glühbirne, Klingeldraht, Taschenlampe, Transistorradio, Klingel.

287 Wir erzeugen Strom

Die Erzieherin dreht ein Fahrrad um und stellt es auf Sattel und Lenker. Ein oder zwei Kinder bewegen zusammen die Pedale. Die anderen Kinder beschreiben, was sie sehen: Vorne und hinten leuchten die Lampen.

Die Erzieherin erklärt, daß die Lampen deshalb aufleuchten, weil die

Räder bewegt werden, an denen sich der Dynamo (erläutern!) dreht und dadurch Strom erzeugt. Wenn die Kinder aufhören zu drehen, bewegen sich die Räder nicht mehr, das Licht erlischt.

A	ab 4
T	5–10

Erfahrung: Die Kinder erkennen, daß man selbst Strom erzeugen kann; sie beschreiben Gesehenes.

Material: Fahrrad (mit möglichst am Hinterrad installiertem Dynamo).

Spiele mit Magnetismus

Das Thema „Magnetismus" ist ein umfangreiches physikalisches Gebiet. Auch hier besteht die Schwierigkeit, komplizierte Vorgänge kindgerecht vereinfacht darzustellen.
Im spielerischen Umgang mit Magneten setzt sich das Kind mit diesen physikalischen Vorgängen auseinander.

A	ab 4
T	1–6

288 Die Zauberspur

Die Erzieherin schüttet auf ein Blatt Papier Eisenspäne und bewegt unter dem Papierbogen den Magnet hin und her. Die Kinder nehmen die Bewegungen und „Spuren" wahr und beschreiben sie. Die Kinder bewegen dann selbst den Magnet.

289 Magnetisch oder nicht?

Die Kinder sitzen am Tisch und erhalten verschiedene Gegenstände: Radiergummi, Steinchen, Stoff, Pappe, Kork, Holz, Plastik, Nagel, Schrauben und Nadeln.
Welche Gegenstände werden vom Magneten angezogen?

290 Magnetangeln

Wir fertigen kleine Papierfische an (auf Karton gemalte Fische werden ausgeschnitten) und befestigen an ihnen Heft- oder Büroklammern. Die Kinder erhalten eine Schnur mit einem Magnet und „fischen" die „Fische" aus einem Plastikeimer oder Karton.

Variation: Es können auch Nägel und Schrauben in ein mit Wasser gefülltes Weckglas gegeben und geangelt werden.

A	ab 3
T	2–6

Erfahrung: Erleben von Magnetfeldern (durch erläuterndes Gespräch der Erzieherin) beim spielerischen Umgang mit Eisenspänen. Unterscheiden zwischen magnetischen und nichtmagnetischen Gegenständen.

211

291 Mikroskopieren

A	ab 5
T	1–6

Die Erzieherin bringt ein Vergrößerungsglas und ein Mikroskop mit. Sie läßt die Kinder verschiedene Gegenstände (z. B. eine Blume oder ein Insekt) durch das Vergrößerungsglas betrachten. Anschließend erklärt sie, daß man mit Hilfe des Mikroskopes Dinge so vergrößert sehen kann, wie man sie mit dem bloßen Auge und auch mit dem Vergrößerungsglas (bzw. Lupe) nicht erkennen würde.

Die Kinder schauen der Reihe nach durch das Mikroskop und betrachten verschiedene, von der Erzieherin bereitgelegte Objekte (z. B. Zwiebel, Wassertropfen, Würfelzucker, Watte, Wollfaser, Haar usw.).

Erfahrung: Mit technischen Hilfsmitteln können Dinge vergrößert betrachtet werden.

Spiele mit dem Wind

Die Kinder nehmen den Wind als etwas Natürliches wahr. Er läßt z. B. die Blätter im Herbst hochwirbeln und den Drachen steigen.

Der Erwachsene gibt ein kleines Rätsel:

„Es braust um die Ecken
und ist manchmal sehr geschwind.
Ich weiß, was es ist – du weißt es auch,
es ist der . . . (Wind)."

292 Windmacher

Die Kinder pusten und fächeln sich mit den Händen Luft ins Gesicht. Danach erhält jedes Kind ein Tütchen mit Papierschnipseln, die in die Kreismitte gepustet werden sollen.

Die Schnipsel werden dann wieder aufgesammelt und auf ein flaches Tablett gelegt. Die Erzieherin gibt einem Kind einen bereitliegenden Föhn, den es auf die Papierschnitzel richtet. Sie wirbeln hoch, und die Kinder versuchen sie aufzufangen.

A	ab 4
T	8–12

Sind alle Papierteilchen „eingefangen", darf jedes Kind einmal den Föhn in die Hand nehmen und sich ins Gesicht und in die Haare pusten.

Der Sitzkreis wird aufgelöst und die Kinder formieren sich in zwei gleichstarke Gruppen. Die beiden ersten Kinder jeder Mannschaft haben die Aufgabe, mit einem Pappdeckel (DIN-A4-Format) ein aus Tonpapier bestehendes „Blatt" über eine Strecke von ca. 10 Metern zu wedeln, dann das Blatt in die Hand zu nehmen und dem nächsten Spieler an den Start zu legen. Vorher einmal demonstrieren!

Erfahrung: Die Kinder erkennen, daß Wind bewegte Luft ist. Die Kinder erleben, daß man künstlich Wind erzeugen und mit ihm spielen kann.

Material: Papierschnipsel, Tüten (Briefumschläge), Tablett, Föhn, Pappdeckel, Tonpapier.

15. Spiele zur Umwelt-, Sach- und Naturbegegnung

15. Spiele zur Umwelt-, Sach- und Naturbegegnung

Umwelt-, Sach- und Naturbegegnung

Das tägliche Umwelterleben des Kindes bezieht sich auf die Bereiche Familie und Mitmenschen (Haushalt, Nahrung, Hygiene, Krankheit/Gesundheit), Technik (Geräte, Maschinen, Verkehrsmittel) und Natur (Tier- und Pflanzenwelt, Wetter, Jahresablauf).

Spiele zur Umwelt-, Sach- und Naturbegegnung sollen dem Kind helfen, sich in seiner Umwelt besser zurechtzufinden und das Kind befähigen, sich selbst entsprechende Hilfen zu verschaffen. **Umweltkenntnisse erweitern, Lebenszusammenhänge begreifen**

Im Spiel, durch Beobachtungen und im Gespräch mit dem Erwachsenen erweitert das Kind seine Umweltkenntnisse und lernt bedeutungsvolle Lebenszusammenhänge begreifen.

Querverbindung:

> Experimentelle Spiele
> Darstellende Spiele
> Gestaltende Spiele
> Sprachspiele
> Spiele zur Sozialerziehung

Spielvorschläge:

A	ab 3
T	5-20

293 Woraus ist der Gegenstand?

Die Erzieherin greift aus einem Korb nacheinander Gegenstände und hält sie hoch mit der Frage: ,,Woraus ist der Gegenstand gemacht?" Wer es zuerst weiß, darf den Gegenstand behalten. Gewinner ist derjenige, der am Ende des Spiels die meisten Gegenstände vor sich liegen hat.

Förderungsbereich: Unterscheidung verschiedener Gegenstände durch Benennung; Wissenserweiterung.

Material: Verschiedene Gegenstände aus unterschiedlichem Material (z. B. aus Holz, Stoff, Metall, Pappe, Gummi, Ton, Glas usw.).

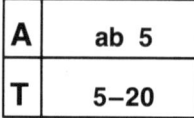

A	ab 5
T	5-20

294 Wer findet den Beruf?

Ein Kind steht in der Mitte des Kreises und wird aufgefordert, sich einen Beruf und die dazugehörigen Materialien (z. B. Handwerkszeug) auszudenken. Es nennt den anderen nun die Dinge, die bei der Arbeit benötigt werden (z. B. Nadel, Pinsel, Löffel usw.). Die Kinder müssen erraten, in welchem Beruf diese Gegenstände benötigt werden. Wer es zuerst weiß, stellt die nächste Aufgabe.

Variation: Das Kind macht Bewegungen, die den Beruf erkennen lassen.

Förderungsbereich: Kenntnisse über verschiedene Berufe. (Der Erzieher hilft durch entsprechende Erläuterungen.)

A	ab 4
T	6-10

295 Federn oder Fell?

Die Mitspieler sitzen sich in zwei Riegen gegenüber. Eine jede hat einen Sprecher; die anderen Kinder dürfen ihm vorsagen. Der Spielleiter fragt: ,,Kennt ihr Tiere mit Fell?" Die beiden Gruppen antworten abwechselnd. Danach kann gefragt werden: ,,Wer kennt Tiere mit Federn?" Wieder antworten die Sprecher der Gruppen. Die Riege, die am meisten weiß, hat gewonnen.

Förderungsbereich: Reaktionsfähigkeit; Kenntnisse aus der Natur.

296 Tiernamen-Spiel

Jeder Spieler denkt an ein Tier, verrät dies aber nicht. Dann stellt jeder die Bewegungsart seines Tieres pantomimisch dar. Einige Tiere werden vielleicht schnell erraten. Mitspieler, deren Tiere nicht so leicht erraten werden, ahmen die Laute nach, die das Tier von sich gibt. Schwierig wird es hier natürlich, wenn das gewählte Tier keine vernehmbaren Laute von sich gibt. Dann kann pantomimisch vorgeführt werden, wie es frißt. Ein kleines Gespräch über die verschiedenen Tiere schließt das Spiel ab.

A	ab 5
T	6-12

Förderungsbereich: Freies Bewegen vor der Gruppe, Darstellung von Bewegungsabläufen; Phantasie; Wissenserweiterung im Bereich Tierwelt.

297 Arche Noah

Alle Kinder erhalten eine Bildkarte, auf der ein Tier abgebildet ist. Von jeder Tierart sind zwei Karten im Spiel. Jedes ,,Tier" (z. B. Frosch, Schlange, Adler, Hund, Katze) muß nun sein Gegenstück finden, indem es charakteristische Bewegungen ausführt.

A	ab 4
T	8-12

Förderungsbereich: Freies Bewegen; Beobachtungsfähigkeit, Erkennen und Zuordnen von Bildmotiven und Bewegungsabläufen; Wissenserweiterung.

Material: Bildkarten mit einfachen Tiermotiven.

298 Oberbegriffe finden

Die Kinder sitzen sich in zwei Riegen gegenüber. Das erste Paar beginnt, die Fragen der Erzieherin zu beantworten, z. B.:

,,Wozu gehört der Stuhl?" (zu den Möbeln)
,,Wozu gehört die Kirsche? (zum Obst)
,,Wozu gehört das Messer?" (zum Besteck) usw.

A	ab 5
T	6-12

Derjenige, der zuerst antwortet, gewinnt einen Punkt für seine Partei. Sieger ist die Gruppe mit den meisten Punkten.

Variation: Zu nahezu allen Lebensbereichen lassen sich Oberbegriffe finden.

Förderungsbereich: Erkennen von Gemeinsamkeiten; Wortschatzerweiterung.

A	ab 5
T	1–6

299 Bäume erkennen

Bei diesem Spiel handelt es sich um ein Bilderlotto, bestehend aus Karten, die verschiedene Baumarten zeigen, und Karten mit den dazugehörigen Blattformen. Die Kinder erhalten verschiedene Karten mit Blattformen. Die Erzieherin zeigt eine Karte mit einer Baumart. Das Kind, das die dazugehörige Blattform besitzt, hebt die Karte ebenfalls hoch und bekommt die andere Karte dazu. Sieger ist, wer die meisten Paare besitzt.

Förderungsbereich: Kennenlernen von Baum- und Blattformen.

Material: Verschiedene Baum- und Blattsorten werden ausgeschnitten. Im Herbst werden Blätter gesammelt.

A	ab 4
T	5–8

300 Für jede Frucht ein Blatt

Für dieses Spiel bauen die Kinder einen Verkaufsstand auf. Verkauft werden Eicheln, Kastanien, Bucheckern usw. Eichen-, Kastanien-, und Buchenblätter u. a. dienen als Geld. Wer drei Eicheln kauft, muß mit drei Eichenblättern bezahlen. Für vier Kastanienblätter erhält man vier Kastanien.

Förderungsbereich: Früchte und Blätter zuordnen; Mengen- und Zahlbegriffe.

Material: Laub und Früchte.

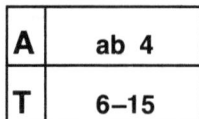

A	ab 4
T	6–15

301 Das Gegenteil suchen

Die Kinder sitzen im Stuhlkreis. Die Erzieherin nennt einen Begriff z. B. „Ein runder Tisch" und wirft ein geknotetes Tuch einem Kind zu. Dieses antwortet mit dem Gegenteil, also: „ein eckiges Tuch". Nun nennt es selbst einen Begriff und wirft das Tuch weiter!

Beispiele:
ein dickes Buch – ein dünnes Buch,
ein großer Stein – ein kleiner Stein,
ein kurzer Stab – ein langer Stab, usw.

Wer nicht antworten kann, gibt ein Pfand ab.

Förderungsbereich: Eigenschaften verschiedener Dinge erkennen; Wortschatzerweiterung.

Material: Ein Tuch.

302 Gegenstände mit „H"

Wir benötigen ein Bild oder ein Bilderbuch. Die Erzieherin zeigt den Kindern ein Bild und fragt: „Wer sieht die Gegenstände, die mit einem „H" beginnen?" (Es kann später jeder andere Buchstabe benutzt werden.)

Förderungsbereich: Benennen von Gegenständen; Beobachtungsfähigkeit, Konzentration.

Material: Ein Bild oder Bilderbuch.

A	ab 6
T	1–8

303 Aus der Natur

A	ab 5
T	5–10

Vor dem Spiel einigen sich die Kinder auf bestimmte Fragen aus dem Bereich der Natur (Feld, Wald und Gewässer). Nun wirft ein Kind einem anderen ein geknotetes Tuch zu und nennt dabei einen Begriff, z.B. ,,Wald". Das Kind, dem das Tuch zugeworfen wurde, antwortet schnell mit einem Tier aus diesem Lebensbereich, z.B. ,,Reh", und wirft das Tuch bei Nennen eines neuen Bereichs (z.B. ,,Wasser") weiter. So wird das Spiel fortgesetzt. Die drei Bereiche können auch um den Bereich ,,Luft" ergänzt werden.

Förderungsbereich: Reaktionsfähigkeit; Kenntnisse aus der Natur.

Material: Ein Tuch.

304 Flaschendrehen

A	ab 5/6
T	6–20

Die Kinder sitzen im Kreis; in der Mitte liegt eine Flasche. Ein Kind dreht die Flasche und stellt gleichzeitig eine Frage aus einem vor Spielbeginn festgelegten Themengebiet (z.B. Bereich Lebewesen: ,,Welches Tier hat einen Rüssel?"). Ist die Frage von dem Kind, auf das die Flasche zeigte, beantwortet worden, so darf dieses eine weitere Frage stellen.
Wer nicht antworten kann, gibt ein Pfand.

Förderungsbereich: Reaktionsfähigkeit; Umweltkenntnisse.

Material: Eine Flasche.

305 Kleiderspiel

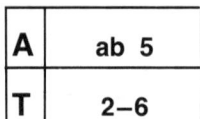

A	ab 5
T	2–6

Die Kinder lernen in einem kurzen Einleitungsgespräch, daß Kleidung dem Wetter angepaßt, d.h. zweckgebunden sein muß (z.B. eine warme Jacke, Gummistiefel).
Die Kinder sitzen am Tisch und falten gemeinsam mit der Erzieherin ,,Kleiderschränke" (gefaltete Schachteln aus einem Quadrat). In die ,,Schränke" werden mit Filzstift ,,Fächer" eingezeichnet, z.B. für Sommerbekleidung (Sonne), Regenbekleidung (Schirm) und Winterbekleidung (Schneemann), Unterwäsche und Schuhe.
Aus bereitgelegten Katalogen schneiden die Kinder die passenden Kleidungsstücke aus und kleben sie in die Fächer.

Förderungsbereich: Zuordnen und Differenzieren; manuelle Geschicklichkeit (falten, zeichnen, kleben, schneiden); Verbalisieren.

Material: Kleidungsstücke (zur Demonstration), Faltpapier, alte Kataloge, Filzstifte, Scheren, Klebstoff.

222

306 Tätigkeiten erraten

Die Kinder bilden einen Stuhlkreis. Ein Kind geht hinaus und überlegt sich eine Tätigkeit, die die anderen Mitspieler an seinen Bewegungen erkennen sollen, z. B. eine Tür anstreichen, Wäsche bügeln, den Fußboden reinigen usw. Wer zuerst richtig rät, was dargestellt wurde, darf selbst eine solche Aufgabe stellen.

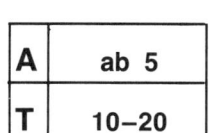

A	ab 5
T	10–20

Förderungsbereich: Pantomimischer Ausdruck; freies Bewegen vor der Gruppe; Kenntnisse über Tätigkeiten im Haushalt und Beruf.

307 Tiere erraten

Die Erzieherin flüstert jeweils einem Kind einen Tiernamen (z. B. Hund, Katze, Hase, Hahn) zu. Nach einigem Überlegen vor der Tür oder hinter einer Stellwand, ahmt das Kind vor der Gruppe das Tier nach, z. B. laufen und bellen wie ein Hund, hoppeln wie ein Hase . . . usw.

A	ab 4/5
T	2–12

Förderungsbereich: Kenntnisse im Lebensbereich Tier; freies Sichäußern; Beobachtungsfähigkeit; Phantasie.

308 Ernährungsspiel

Die Kinder sitzen um zwei zusammengestellte Tische. Die Erzieherin beginnt über die Ernährung zu sprechen: ,,Was essen wir? – Wie oft essen wir? – Wie heißen die Mahlzeiten?" – Ausgehend von der Frage ,,Warum essen wir?" fertigen die Kinder Bilder an, die Eisschränke darstellen. In diese ,,Eisschränke" werden ,,Lebensmittel" einsortiert, die zuvor aus Katalogen ausgeschnitten wurden.

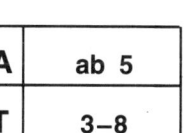

A	ab 5
T	3–8

Die Kinder ordnen die Lebensmittel in drei Gruppen:
1. Nahrungsmittel, die uns helfen gesund zu bleiben: Obst und Gemüse (Vitamine).
2. Nahrungsmittel, die uns beim Wachsen helfen: Fleisch, Fisch, Eier und Milch (Eiweiß).
3. Nahrungsmittel, die uns kräftig machen: Reis, Brot, Haferflokken, Kartoffeln (Kohlehydrate).

Förderungsbereich: Kennenlernen von Nahrungsmitteln in ihrer Bedeutung für den Körper; Differenzierung; manuelle Geschicklichkeit (beim Zeichnen, Ausschneiden und Einkleben der ,,Nahrungsmittel").

Material: Papierbögen (DIN A 2), Kataloge, Filzstifte, Scheren, Kleister.

A	ab 3
T	1–8

309 Fernsehen spielen

Fernsehen ist ein Bestandteil des täglichen Lebens geworden. Aus Untersuchungen weiß man, daß Kinder vom 3. Lebensjahr an nicht nur Sendungen wie „Sesamstraße", „Kli-Kla-Klawitter" und „Rappelkiste" sehen, sondern auch Fernsehsendungen des Abendprogrammes.

Wie verarbeiten die Kinder ihre TV-Erlebnisse?
Die Erzieherin bringt eine entsprechende große Pappkiste mit, die zur „Fernsehkiste" wird. Es ist den Kindern überlassen, im freien Spiel mit Hilfe dieses „Fernsehens" zu singen, spielen, malen, herumzualbern, zu reden, sich mitzuteilen.

Förderungsbereich: Sprache, Denken; freies und ungezwungenes Darstellen; Kreativität, Phantasie.

Material: Eine große Pappkiste, evtl. Farben und Verkleidungsutensilien.

310 Ich male mein Haustier

Die Kinder sitzen am Tisch. Die Erzieherin fragt, welche Haustiere sie kennen. Die Kinder berichten über den eigenen Hund, die Katze oder das Meerschweinchen. Die Kinder malen dann ein Bild von ihrem Haustier. Die Bilder werden gemeinsam betrachtet und besprochen.

A	**ab 4**
T	**2–6**

Förderungsbereich: *Beim Gespräch:* Die Kinder erfahren, daß jedes Tier etwas anderes frißt und wie man mit ihm umgeht; Erlebnisse werden berichtet, Fragen gestellt; Sprechen in zusammenhängenden Sätzen.
Beim Malen: Bildnerische Ausdrucksfähigkeit; Reflexionsfähigkeit (Umsetzen einer thematischen Vorgabe in ein Bild); Umgang mit dem Material.

Material: Wachsmalkreiden, Malpapier.

311 Museumsspiel

Naturkundliche Museen sind besonders gut geeignet, um auch schon 4jährigen Kindern die heimatliche Tierwelt näherzubringen.
Im Kindergarten wird mit Hilfe von Bildkarten als Anschauungsmaterial über bekannte und unbekannte Tiere gesprochen.
Beim Museumsbesuch erhält jedes Kind dann ein oder zwei Bildkarten. Ist das auf den Kärtchen abgebildete Tier im Museum zu finden?

Förderungsbereich: Kennenlernen verschiedener Tierarten; Wahrnehmung (Bildkarten/Anschauungsobjekte); Sprache.

Material: Bildkarten.

A	**ab 4**
T	**10–20**

312 Spiele mit Naturprodukten

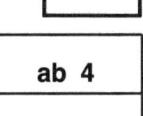

Beim Spaziergang, im Garten oder beim Spiel im Freien lassen sich immer wieder Dinge finden, die auf Kinder große Faszination ausüben: Steine, Äste, Kastanien, Hagebutten, Rindenstücke, Blumen, leere Schneckenhäuschen und Muscheln, Gräser und vieles mehr. Damit wird gern gespielt. Sie werden geordnet, sortiert und Legeketten erstellt. Es lassen sich auch sehr reizvolle Basteleien herstellen (Steinmännchen, Figuren aus Tannenzapfen usw.).
Die gefundenen Naturmaterialien fühlen sich unterschiedlich an, manche sind rauh, andere glatt, weich oder hart.

Förderungsbereich: Kennenlernen verschiedener Erscheinungsformen von Pflanzen, Tieren und Blumen; Phantasie (beim Basteln).

A	**ab 4**
T	**5–10**

313 Baumblätterkartenspiel

Auf einem Spaziergang suchen wir gemeinsam mit den Kindern Blätter. Je 2 Blätter jeder Art werden gepreßt und auf weißen Karton geklebt. Die Karten werden dann gemischt. Die Kinder suchen die zusammengehörigen Blattpaare heraus. Die Erzieherin hilft bei der Beschreibung der Blätter und nennt die Bäume, an denen sie wachsen.

Förderungsbereich: Naturkenntnisse; Vergleichen und Zuordnen (beim Spiel).

Material: Je 2 Blätter: Ahorn, Buche, Eiche, Kastanie; weiße Pappe und Klebstoff.

A	ab 4
T	4–8

314 Gemeinschaftshaus

Die Kinder bauen in Gemeinschaftsarbeit ein Haus. Für das Baumaterial sorgt der Erwachsene. Er bringt Waschmaschinenkartons mit. Die Kartons können angemalt oder tapeziert und dann eingerichtet werden. Fenster- und Türöffnungen müssen herausgeschnitten werden.

Förderungsbereich: Begriffserweiterung; Materialerfahrungen; soziales Verhalten (Gemeinschaftsarbeit Hausbau).

Material: 1 bzw. 2 Waschmaschinenkartons, Tapetenrolle, Fingerfarben, Sägen, Stoffe.
Spezielle Wünsche der Kinder sollten weitgehend berücksichtigt werden.

A	ab 4
T	2–5

315 Anti-Wasserangst-Spiele

Die Furcht vor dem Wasser kann der Erwachsene beim Kind sehr gut in ungezwungener (!) spielerischer Form abbauen:
- Gemeinsam am Strand mit dem Kind im Eimer Wasser holen.
- Plastikformen, Gummitiere und Schiffchen schwimmen lassen.
- Auf das Wasser schlagen, sich vom Kind anspritzen lassen.
- Das Kind kann seine Puppe baden.
- Ins Wasser hüpfen, die Beine hochnehmen (Storchengang).
- Kniereiterlieder singen, dann behutsam mit dem Kind in die Hocke gehen.
- Einen Wasserball auftrumpfen, mit dem Fuß schießen und fangen.

Der Schwierigkeitsgrad der Spiele kann gesteigert werden bis hin zu ersten Schwimmübungen.

A	ab 2
T	1

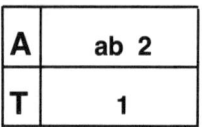

316 Schwimmen lassen und versenken

Die Kinder sitzen um den Tisch herum. In der Mitte steht eine mit Wasser gefüllte Schüssel, daneben liegen verschiedene Gegenstände aus Metall, Holz, Plastik, Gummi, Styropor, Porzellan usw.
Jedes Kind taucht seinen Gegenstand unter Wasser. Wird er auf dem Boden der Schüssel liegenbleiben oder wieder auftauchen?

A	ab 5
T	2–6

Förderungsbereich: Erkennen physikalischer Gesetzmäßigkeiten.

Material: Münzen, Holzklammern, Radiergummi, Lineal, Teller usw.

317 Obst, Nüsse und Gemüse

Auf dem Tisch stehen drei Teller. Auf dem ersten liegen Äpfel, Bananen und Orangen, auf dem zweiten Walnüsse, Haselnüsse und Erdnüsse und auf dem dritten Teller Tomaten, eine Gurke und Salat.
Die Kinder dürfen die verschiedenen Früchte anfassen; die Erzieherin hilft beim Kennenlernen und gibt entsprechende Erläuterungen. Dann werden alle Früchte zusammengelegt. Die Kinder haben die Aufgabe, die Früchte wieder auf die einzelnen Teller zu sortieren.

A	ab 3
T	5–20

Variation: Dieses Sortier- und Zuordnungsspiel läßt sich mit zahlreichen anderen Gegenständen (z.B. mit Knöpfen) durchführen.

Förderungsbereich: Ordnen; Differenzieren, Spezifizieren; Wissenserweiterung (Obst, Nüsse, Gemüse).

Material: Verschiedene Obst-, Nuß- und Gemüsesorten.

318 Pfänder auslösen

Bei einer Reihe von Spielen wird von den Verlierern ein Pfand abgegeben. Dieses wird dann am Ende eines oder mehrerer Spiele beim Spielleiter oder bei einem anderen Mitspieler ausgelöst.

A	ab 5
T	10–20

Bei jüngeren Mitspielern ist es sinnvoll, mehrere Vorschläge für das Pfandauslösen zu erfragen. Durchführbare Vorschläge werden vom Spielleiter auf einzelne Zettel geschrieben und in einen Topf geworfen. Später zieht dann jeder Pfandgeber einen Zettel. Für diejenigen, die noch nicht lesen können, liest der Spielleiter die Aufgabe vor:

Hier einige Beispiele:

1) Unter einem Stuhl durchkriechen
2) Eine Tierstimme nachmachen
3) Ein bekanntes Lied singen
4) Auf einem Bein stehen und bis 10 zählen
5) Zu einer gespielten Musik (Schallplatte, Kassette) dirigieren
6) Miauen wie eine Katze
7) Bellen wie ein Hund
8) Einen Purzelbaum machen
9) Einen Keks essen und dazu pfeifen
10) Vom Boden aufstehen, ohne dabei die Hände zu benutzen
11) Sich einen Schnurrbart mit Schminke oder Kohle anmalen lassen
12) Jedem Spielteilnehmer etwas Nettes ins Ohr flüstern
13) Schnell sechs Tiere nennen
14) Auf einem Bein um eine abgesteckte Strecke hüpfen
15) Wie eine Statue stehen. Jeder Mitspieler darf eine Veränderung an der Statue vornehmen, z. B. Arme, Hände, Beine, Kopf, Hüfte in eine andere Stellung bringen
16) 30 Sekunden lang lachen
17) Mit einem ernsten Gesicht eine Minute pfeifen oder ,,la, la'' singen
18) Dreimal hintereinander folgenden Satz sagen: ,,Metzger, wetz dein Metzgermesser!''
19) Eine Strickjacke oder einen Anorak verkehrt, also mit dem Rücken nach vorne, anziehen
20) Sich auf den Boden setzen und mit den Händen und Füßen klatschen

Aufgaben für ältere Mitspieler:

21) Den Anwesenden ein Phantasieprodukt verkaufen
22) Einem Eskimo einen Kühlschrank anpreisen
23) Einen kleinen Zeitungsartikel auf ,,Chinesisch'' vorlesen, d. h. alle auftauchenden ,,r'' werden als ,,l'' ausgesprochen
24) Von 35 rückwärts zählen und dabei die 19 und die 7 durch ,,gigack'' ersetzen
25) Fünf Zeitungsüberschriften nach der Melodie ,,Alle Vöglein sind schon da'' singen
26) Ein Kerzenlicht auspfeifen
27) Bei durchgedrückten Knien mit den Fingerspitzen den Boden berühren
28) Das Alphabet rückwärts aufsagen
29) Eine Lügengeschichte erzählen
30) Ein freie Rede halten (Thema: Großmutter's 100. Geburtstag) usw.

16. Spielzeug

16. Spielzeug

Unüberschaubarer Spielzeugmarkt

Spielzeug als verkleinerte Welt und Miniaturausgabe der Lebenswirklichkeit ist sehr alt.

Spielzeugindustrie Die Spielzeugindustrie entwickelte sich aus der handwerklichen Spielwarenherstellung, die besonders in den Gebirgsorten des Erzgebirges und Thüringens ansässig war. Später entwickelte sich im Raum Nürnberg/Fürth das Zentrum des Metallspielzeugs.

Heute gibt es nach Angaben des „Arbeitsausschuß Kinderspiel + Spielzeug e. V." weit über 100 000 Spielmuster. Allein im Zeitraum von 1969–1975 verdoppelte sich in der Bundesrepublik die Spielzeugproduktion. 1980 wurden für 1,5 Milliarden Mark Spielwaren umgesetzt. Geworben wird in Prospekten, Zeitungen, Illustrierten, in Rundfunk und Fernsehen, ohne Rücksicht auf Güte und Qualität. In der BRD werden in etwa 1000 Spielzeugbetrieben ca. 24 000 Mitarbeiter beschäftigt.

Spielzeugmarkt Der Spielzeugmarkt ist mittlerweile unüberschaubar geworden. Es gibt sehr viel gutes Spielzeug, aber auch unglaublichen Schund. Für Eltern und Erzieher ist es bei diesem übergroßen Angebot recht schwierig, das geeignete, den Entwicklungsstand und die Interessen des Kindes berücksichtigende Spielzeug zu finden.

Es werden bei weitem nicht so viele Spiele erfunden, wie uns die Neuerscheinungen einreden wollen. In den meisten Fällen handelt es sich um Nachahmungen vorgegebener Spielmuster. Viele teuer anzuschaffende Gesellschaftsspiele landen in der Ecke, weil die Regeln unklar sind, das Spiel **Spielstreß** zu langweilig oder zu schwierig ist. Es entsteht ein Spielstreß, der die Atmosphäre, die Spielfreude und den Familienfrieden stört. Für die Industrie ist Spiel in erster Linie Geschäft. Seit die Geburtenzahlen zurückgehen und dadurch weniger Spielsachen verkauft werden, vermehrt sich die Fülle der sogenannten Erwachsenenspiele. Als Erscheinung unserer Zeit fällt dabei auf, daß zunehmend Spiele von Mathematikern und Programmierern entwickelt werden.

Die zunehmende Freiheit in der modernen Leistungsgesellschaft läßt auch beim Erwachsenen den Wunsch nach anspruchsvollen und Vergnügen bereitenden Spielen und Spielzeugen immer deutlicher werden.

Noch vor wenigen Jahren stand man dem Spiel der Erwachsenen, abgesehen von klassischen Sport- und Brettspielen, recht kritisch gegenüber. Es galt als kindisch oder Zeitverschwendung, zu spielen.

Spielkreise Heute entstehen immer mehr Spielkreise, in denen Menschen aller Altersgruppen mit Hingabe und Begeisterung spielen. Die Spielkreise, in denen sich durchaus familienähnliche Verhaltensweisen entwickeln, bieten dem einzelnen Kommunikation und Aktivität, Freude und Zufriedenheit.

Spielzeugforschung – Spielzeugbewertung

Der „Arbeitsausschuß Kinderspiel + Spielzeug e. V.", der 1954 in „Arbeitsausschuß Ulm/Donau gegründet wurde, hat sich um die Spielzeugbewertung und **Kinderspiel +** Beratung der Spielzeugkäufer besonders verdient gemacht. Er setzt sich aus **Spielzeug e. V."** Pädagogen, Psychologen, Ärzten, Kunsterziehern und Designern zusammen, die das Spielzeug mit wissenschaftlichen Methoden untersuchen. Überprüft wird das Spielzeug auf sein Material und seine Funktion und ob es den pädagogischen Anforderungen genügt, die man an ein gutes Spielzeug stellt.

Spielzeug, das nach sorgfältiger Prüfung und strengen Kriterien des Arbeitskreises positiv beurteilt wird, erhält von ihm die Auszeichnung „spiel gut". Der Hersteller kann daraufhin das Spielzeug mit dem orange-roten „spiel gut"-Zeichen versehen. Das ausgezeichnete Spielzeug hat sich bewährt und kann empfohlen werden. Da jedoch jedes Kind individuell verschieden ist – auch unterschiedliche Interessen hat und in verschieden strukturierten Familien lebt –, kann nicht eindeutig festgelegt werden, ob das Spielzeug gerade für „dieses" Kind und „sein" Alter geeignet ist.

Eine Liste der ausgezeichneten Spielsachen, ein Handbuch „Gutes Spielzeug von A–Z" erhält man beim „Arbeitsausschuß Kinderspiel + Spielzeug e. V." in 7900 Ulm/Donau, Heimstr. 13

Seit 1965 beschäftigen sich auch die Erziehungswissenschaftler intensiver **Forschung** mit der Erforschung des Spielzeugs. Untersucht werden die Beschaffenheit, die pädagogische Funktion und die Vielfalt der Spielmöglichkeiten von Spielmaterialien, z. B. die Verwendbarkeit in Familie, Kindergarten, Hort, heilpädagogischem Heim, Krankenhaus und Altenheim.

Der richtige Kauf und Einsatz von Spielmaterial

Eltern, Verwandte und Geschenksuchende treten beim Spielzeugkauf als **Erwachsene als** „Vermittler" auf. Sie suchen für das Kleinkind das Spielzeug aus. Bei älteren Kindern, Jugendlichen und Erwachsenen entfällt in der Regel diese Vermittlerfunktion, sie kaufen sich ihr Spielzeug selbst.

Hier sind wichtige Hinweise für die richtige Auswahl:

- Die Gesamtentwicklung des Kindes muß berücksichtigt werden. Die **Hinweise für die** Altersangaben auf vielen Spielzeugen (z. B. Gesellschaftsspielen) sind **richtige Auswahl** oft recht grob.
  Bei den heutigen Entwicklungsunterschieden Gleichaltriger kann das Spielzeug für das eine Kind noch zu empfehlen sein, während es für ein anderes noch nicht oder nicht mehr geeignet ist.

– Eltern und Kinder sind der Reizüberflutung in den Spielzeugabteilungen der Kaufhäuser gleichermaßen ausgesetzt. Beim Kauf von Spielzeug sollten sich Eltern nicht vom augenblicklichen Interesse des Kindes (ver)leiten lassen; Eltern sollten sich vielmehr den Wunsch ihres Kindes erklären lassen und dabei ruhig zuhören.

– Lieber weniger, dafür gutes Spielzeug kaufen! Manche Eltern überschütten das Kind geradezu mit Spielzeug. Oftmals als Alibi für mangelnde Zuwendung! Ist das Kind von zuviel Spielzeug umgeben, verliert es seine Spielsicherheit, die Spontaneität erlahmt und es langweilt

sich. Mit zunehmendem Alter kann die Materialmenge (z. B. bei Konstruktionsspielen) erweitert werden, damit das Kind seine Vorstellungen, seine Geschicklichkeit und seine gestalterischen Fähigkeiten ausleben kann.

– Es sollte kein Spielzeug gekauft werden, das „mit sich selbst spielt" und das Kind in eine passive Zuschauerrolle drängt.

– Die Umwelt ist auch für das Kind schwer durchschaubar geworden. Umso wichtiger werden grundlegende Erfahrungen. Die Durch-

schaubarkeit (verständlicher Mechanismus) des Spielzeugs ist deshalb besonders wichtig.

Auch für das Spielzeug gelten die Regeln: „Vom Leichten zum Schweren", „Vom Einfachen zum Komplizierten". Für das Kind muß z. B. die Funktion des Autos erkennbar und die Menge von Baumaterialien überschaubar sein. Kinder, die schrittweise vom Schwierigkeitsgrad her aufbauende Spielerfahrungen machen, sind eher in der Lage, mit komplizierten Spielsachen umzugehen als Gleichaltrige.

– Beim Kauf von Dauerspielzeug, das z. B. den Hauptbestandteil des Spielmaterials in Kindergärten, Horten und Heimen darstellt, sollte man besonders auf die Haltbarkeit achten.

Das Kind muß aber auch lernen, mit seinen motorischen Fähigkeiten entsprechend umsichtig umzugehen, wenn es empfindliches Spielmaterial erhält.

– Spielzeug für Kleinkinder muß leicht zu reinigen sein. Stofftiere und Puppen muß man waschen können. Das Spielzeug muß auch unge-

fährlich sein. Seit 1972 gibt es gesetzlich festgelegte Sicherheitsnormen (DIN 66351 und DIN EN 71 Teil 1 und Teil 2), die vom TÜV

Im April 1982 wurde
die Europäische
Norm EN 71
„Sicherheit für Spiel-
zeug" vom Euro-
päischen Komitee
für Normung (CEN)
vorgelegt

überwacht werden. Gefährlich sind zerbrechliche, scharfkantige und spitze Spielsachen, ebenso Spielzeug, das seine Farbe verliert oder aus Glas oder Blech hergestellt ist. Es sollten keine Plüschtiere und Puppen gekauft werden, die mit Drahthaken versehene Glasaugen, Ohren, Arme und Beine haben. Gefährlich sind alle kleinen Dinge, die abgedreht und verschluckt werden können. Man sollte auch darauf achten, keine Puppen oder Plüschtiere zu kaufen, die leicht entflammbar sind, fusseln oder allzuleicht ihr „Innenleben" preisgeben.

– Es gibt Spielzeug, mit denen sich sehr einfache, aber auch besonders anspruchsvolle Spiele gestalten lassen (z. B. Ball, Puppe, Baukasten und Auto).

Der Preis für ein Spielzeug sollte sich nach dem Spielwert, d. h. nach den Spielmöglichkeiten und der Benutzungsdauer richten. Auch „Eintagsspielzeug" kann seinen Sinn haben. Abzulehnen sind teure Eintagspielzeuge, die nicht die Phantasie und Kreativität anregen, sondern lediglich zur stupiden Reproduktion eines vorgegebenen Arbeitsganges verführen. Wie kann ein Kind z. b. seine schöpferischen Kräfte entfalten, wenn es Flächen entsprechend vorgegebener Nummern ausmalt? **Spielmöglichkeiten**

– Im Hinblick auf die ästhetische Erziehung und Geschmacksbildung des Kindes sollten unbedingt Spielzeuge mit ansprechenden Farben und Formen ausgesucht werden. Kindern, denen gedankenlos „drollige Tierchen" und „Wabbelmonster" zum Spielen gegeben werden, sind als Erwachsene besonders empfänglich für Kitsch und Nippes. Ein Kreislauf zeichnet sich ab. **Geschmacksbildung**

– Vorsicht ist bei bestimmten „Fortsetzungs- oder Sammelspielzeugen" geboten, die in der Regel einseitig verwendbar sind (z. B. Puppen zum An- und Ausziehen). Sie wecken eine Konsumhaltung; ihr Preis steht oft in keinem Verhältnis zum Spielwert. **Konsumhaltung wird geweckt**

– Zu einer explosionsartigen Entwicklung im Bereich der Gesellschaftsspiele kam es 1980, als allein in der Bundesrepublik in einem Jahr über 500 Spiele auf dem Markt erschienen.
Bei Gesellschaftsspielen sollte darauf geachtet werden, ob die beigelegten Regeln geeignet sind, Ehrlichkeit und Fairneß zu stärken, oder ob sie zu ehrgeizigem Konkurrenzdenken und Selbstsucht verleiten. Fördert das Spiel die Denkfähigkeit, Reaktion oder Geschicklichkeit oder spielt nur blinder Zufall eine Rolle? Die Spielregeln müssen klar verständlich sein. **verständliche Spielregeln**

– Werden durch das Spielzeug bestimmte Fähigkeiten gefördert? Hat es bildende Wirkung? Welche Verhaltensweisen werden durch das Spielzeug gefördert?

– Wieviel Zeit wird ein Kind für ein Spielzeug aufwenden? Im Vorschulalter schwankt die Ausdauer, die ein Kind für ein Spielzeug aufbringt, zwischen 3–25 Minuten.

Kriegsspielzeug verbieten?

Alle Jahre wieder, meist um die Weihnachtszeit, finden Diskussionen um das Kriegsspielzeug statt, dessen Marktanteil in den letzten Jahren keineswegs geringer geworden ist.

Einhellig ist die Meinung der Pädagogen, daß Kriegsspielzeug (Pistolen, Gewehre, Panzer usw.) nicht in Kinderhände gehört. Eltern und Erzieher haben dabei keinen leichten Stand. Selbst in Kindergärten bauen sich schon

Vierjährige aus allen nur möglichen Materialien „Waffen", mit denen „geschossen" wird.

Der Erwachsene macht es sich zu einfach, wenn er dem Kind das „Schießen" mit der Pistole einfach verbietet. Er muß das Kind aufklären, daß man niemals auf Menschen zielt, und daß im Ernstfall eine Waffe Menschen töten kann. Der Erwachsene sollte sich jedoch darüber im Klaren sein, daß Gewalt und Brutalität in unserer Welt nicht allein durch Kriegsspielzeug ausgelöst werden. Das Kriegsspielzeug ist vielmehr ein Symptom unserer gegenüber Grausamkeiten abgestumpften Zeit. Die Ursache liegt in einer unglaubwürdigen Erwachsenenwelt, die im Kinderzimmer „abrüstet" und sich in der Wirklichkeit die Köpfe einrennt.

„Abrüstung" im Kinderzimmer

Verboten werden sollte auf jeden Fall das Spielen mit Wurfgeschossen, Pfeil und Bogen, Schleudern und Feuerwerkskörpern! Zu leicht kann es hier zu Verletzungen mit ernsten Folgen kommen.

Aufsehen erregte eine Verlautbarung der Bundesregierung im August 1981. Sie will die „Video-Killer-Automaten" für Jugendliche verbieten. Es handelt sich dabei um elektronische Spielgeräte, auf deren Monitoren Flugzeug-, Panzer- und/oder Menschensymbole „abgeschossen" werden sollen. Wann ein solches Gesetz als Verbot derart fragwürdiger, verrohender „Spielgeräte" in Kraft tritt, bleibt abzuwarten.

Geeignetes Spielmaterial

In den ersten Jahren unterscheidet das Kind nicht zwischen Spielzeug und Nicht-Spielzeug. Alles wird spielend erforscht. Dabei üben leere Kaffeedosen, Kochlöffel und Töpfe auf das Kleinkind die gleiche Faszination aus wie ein liebevoll ausgesuchtes Spielzeug.

„Spielbarkeit" abwägen

Eltern sollten die Gegenstände des täglichen Lebens nach ihrer „Spielbarkeit" für ihr Kind abwägen. Es lernt so seine Umwelt kennen und gerät nicht so leicht in Versuchung, unbedacht gefährliche Dinge auszuprobieren.

Oberbegriffe

Die Oberbegriffe „Spielmaterial" bzw. „Spielmittel" umfassen

a) gekauftes und selbstgebasteltes Spielzeug,
b) Lernmaterial, das der Bildung dient (z.B. Logische Blöcke),
c) Arbeitsmaterial, z.B. therapeutische Mittel wie Testmaterial.

Gliederungsmöglichkeiten

Spielmaterialien lassen sich wiederum gliedern

– nach dem Personenkreis und Alter der Benutzer,
– nach ihrer Bestimmung und dem Verwendungszweck,
  – nach dem Tun $\Big\}$ Spielfunktion,
  – nach der Spielart
– nach Gelegenheitsspielzeug, Dauerspielzeug und selbst erfundenem und selbstgebasteltem Spielzeug.

Auf den folgenden Seiten findet sich eine nach Alter untergliederte Sammlung geeigneten Spielmaterials. Zur gezielten Förderung wurde das Spielmaterial für das „Vorschulalter" zusätzlich nach Lernbereichen geordnet.

Spielmaterial für Kinder

Das Babyalter (bis zum Ende des 1. Lebensjahres)

Klappern, Rasseln, Beißringe, Beißspielzeug
Kugelkette
weiche Plüschtiere
Schwimmtiere
Puppen, Frotteepuppen, Werfpuppen
Greiflinge aus Holz
kleine, weiche Stoff- und Plüschbälle
Glockenwürfel, Rasselwürfel
Gummi-, Holz- und Plastikspielsachen für die Badewanne
Plastik-Bilderbücher
einfaches Holzspielzeug
Spieldosen, Musikglocke
Spielzeug aus Weichplastik

Das Kleinkindalter (etwa 1. bis 3. Lebensjahr)

Nachziehtiere, Spielzeug zum Nachziehen
Steckspielzeug
hohle Klötze, Kuben und Tafelbretter zum Ineinanderstellen
kleiner Kletterturm
Tretauto
Hartplastiktiere und Puppen für den Sandkasten
Baubecher
Autos, große Lastwagen aus Holz
Reittiere
Baukastensteine
Pappschachteln verschiedener Größe
Ballons
einfache Puzzlespiele
Legespiele
Schaumstoffklötze
Schlagspiele, hölzerner Hammer
Wasserspielzeug
Gummibälle
Pyramidentürme
Puppen- und Puppengeschirr

Das Spielkind- bzw. Kindergartenalter (etwa 3. bis 5. Lebensjahr)

Spielzeugautos (ca. 15–25 cm)
Holzeisenbahn
Lastwagen aus Holz oder Hartplastik
schöpferisches Spielmaterial (Buntstifte, Fingerfarben, Knetmasse, Ton,
    Plastilin)
Klötze aus Hart- und Weichplastik
Legosteine
Stofftiere
Sandspielzeug
Funktionsspiele
Holzbausteine
Holzkonstruktionstechnik
Puppen, Puppenkleidung und -zubehör, Puppenstube
Bauelemente
Figurenspiele
Bauernhöfe, Kaufmannsladen
Domino
Roller, Dreirad, Tretauto
Wagen
kleine Gartengeräte (Schaufel, Spaten, Hacke)
Spielzeug zum Stecken und Schrauben
Fädelperlen
Spielzeug, mit dem Geräusche erzeugt und Musik gemacht werden kann
    (Trommeln, Zigarrenkisten, Triangel, Mundharmonika usw.)
Aufstellspielzeug (Zoo, Tiere, Häuser, Menschen)
Verkleidungskiste (alte Kleider zum Rollenspiel)
Baumaterial
einfacher Plattenspieler und alte bzw. preiswerte Schallplatten, die das
    Kind selbst auflegt oder einschiebt
guter Plattenspieler, auf dem der Erwachsene dem Kind vorspielt
Hüpfbälle
Handspieltiere
unzerbrechliche holzgerahmte Spiegel
Bilderlotto
Puzzles
Spielfiguren (Haustiere, Fabeltiere, Indianer usw.)
Terrarium, Herbarium, Aquarium
Geduldspiele
Holzuhr mit verschiebbaren Zeigern
Bilder- und Memory-Spiele
Filzmaterial zum Formenlegen
Material für Handdruck: ausgeschnittene Kartoffeln, Schlüssel, Draht,
    Blätter, Apfelsinen usw.

Zeichenblock
einfache Gesellschaftsspiele
Fingerpuppen
Kasperlpuppen
Stoff zum Ausschneiden
Arztausrüstung
Spielzeug zum Haushaltspielen (Pfannen, Töpfe, Bestecke, Abwaschbek-
    ken, Herd, kleine Möbel usw.)
Kartenhaus
Spielzeug zum Basteln und Malen
Formenspiele
Spieltelefon
Kassettenrecorder
Magnetspiele

Das Vorschulalter (5. Lebensjahr bis Schulalter)

Vorschulalter

Die meisten Spielzeuge für das Spiel- und Kindergartenalter werden auch gerne vom Vorschulkind benutzt. Die geistige und seelische Entwicklung des Kindes schreitet schnell voran. Es entstehen neue Bedürfnisse, die ihre Befriedigung im Umgang mit geeigneten und fördernden Spielmaterialien finden.

Materialien:

- Spielmaterial zur Sozialerziehung:

fördernde Materialien: zur Sozialerziehung

Verkleidungskiste
Puppentheater
Arztkoffer
Bücher
Kasperlpuppen, Fingerpuppen, Handspieltiere
Kaufmannsladen, Spiel-Post (Kinderpost)
Bild- und spezielles Lernmaterial
Puppenstube mit Zubehör
Telefone
Autos aller Art
Pferdeleinen

- Spielmaterial zur Sprachförderung:
(Siehe auch soziales Lernen)

zur Sprachförderung

Bilderbücher, Bildmaterial, Märchenbücher, Bilder-Spiele
Schreibmaschine
Telefon
Radio- oder Fernsehgehäuse
Kassettenrekorder, Plattenspieler
Schallplatten
Fotos, Dias, Illustrierte, Plakate, Zeichnungen
Verkleidungskiste
Magnetische Buchstaben, Buchstaben aus Karton

- Sinneswahrnehmung/Beobachtung/Farben/Mengen/Zahlen und Formen:

zur Sinneswahrnehmung

Tierlotto, Märchenlotto
Memory
Puzzle (ca. 30–40 Teile)
Fingertip
Mosaik
Kubus und Scheiben
Fünfeckspiel
Lochbausteine
Farben-Domino, Formen-Domino
Scheibenpyramide
Formenspiele
Rosettenspiel
Knobelturm

Sortierkästen
Steckpuppe, Matrioschka-Puppe
Bunte Hartholzstecker
Kaleidoskop
Holzperlen, Kugeln, Würfel
Zählkasten
Farbenkreis
Walzenstecker, Gewichte, Feder-Waage, Tafel-Waage
Augen- und Farbenwürfel
Fotos, Dias
Kassettenrecorder, Tonband, Plattenspieler, Instrumente
spezielle Lernspiele (z. B. Mengentrainer)
geometrische Formen aus Plastik zum Zusammenfügen
Logische Blöcke

- Spielmaterial zur Entwicklung der manuellen Geschicklichkeit (Fingerfertigkeit):

Hammer, Nägel, Schrauben, Sägen
Steckspiele
Geschicklichkeitsrahmen
Klebstoff und Knetmasse
Schere
Bundstifte, Filzstifte, Papier
Würfelspiele
Legespiele
Konstruktionsspielzeug
Figurenspiele
Constri
Baufix
Legosteine
Bauelemente aus Quadern und Rundhölzern
Holzangelspiel
Puzzle

zur Entwicklung der manuellen Geschicklichkeit

- Förderung der Reaktionsfähigkeit:

Im Handel erhältliche Regelspiele sind z. B.
Schnipp-Schnapp
Hütchenspiel
Spitz, paß auf!
Fang den Hut!

zur Förderung der Reaktionsfähigkeit

- Spielmaterial zur Musikerziehung:

Schallplatten und Kassetten mit Liedern und Tänzen für Kinder
Triangeln
Schellen
Trommeln, Handtrommeln
Cymbeln
Blockflöten
Orffinstrumentarium, Montessori-Geräuschbüchsen
Becken
Schellenkranz
Xylophon
Glocken
Metallophon
Kugelrassel
Klingende Stäbe
selbstgebastelte Musikinstrumente aus:
Joghurtbechern (Rasseln),
Tassen, Gläsern und Flaschen, Dosen, Zigarrenkisten,
Blumentöpfe, Kokosschalen, Kochtöpfe usw.

zur Musikerziehung

- Spielmaterial zur Bewegungserziehung:

Bälle, Luftballons, Tücher, Bänder, Zauberschnur, Reifen, Ringe, Stäbe, Keulen, Taue (ca. 6–8 m), Seile, Bänke, Schwebebalken, Sandsäckchen, Kletterstangenelement.

zur Bewegungserziehung

● **Spielmaterial zum bildnerischen Gestalten / ästhetische Erziehung:**

Buntstifte, Bleistifte, Wachsstifte, Pinsel, Fingerfarben
Knetmasse, Knetwachs
Plastilin, Ton
Glutofix
verschiedene Papiersorten (z. B. Buntkarton, Kreppapier, Seidenpapier, Glanz-
papier, Transparentpapier)
Wolle, Bast, Stoffe
Metallfolien
verschiedene Klebstoffe (Uhu, Tesaband, Kleister, Leim)
Werkzeuge (Bohrer, Laubsägen, Scheren, Zangen usw.)
Naturmaterialien (Steine, Kastanien, Blätter, Äste usw.)
Stoffreste, Pelzreste, Knöpfe, Borten
Abfallprodukte des Haushalts (z. B. Blechdosen, Joghurtbecher, Kronkorken,
Kartons, Tüten, Kataloge usw.)
Strohhalme, Pfeifenreiniger
Styropor
Pappmaché, Toilettenpapier
Luftballons

● **Spielmaterial zur Umwelt-, Sach- und Naturbegegnung:**

Bilderbücher, Bildkarten, Schaubilder
Gesellschaftsspiele
Schallplatten und Kassetten mit verschiedenen Geräuschen (Martinshorn,
Schreibmaschine, Automotor usw.)
alle erdenklichen Gegenstände des Haushalts (Küchengeräte, Klingel, Taschen-
lampe, Spiegel, Uhr usw.)
verschiedene Verschlüsse
Blumentöpfe, Dosen, Blumenkästen, Blumensamen
Lupen und Vergrößerungsgläser
verschiedene Gegenstände aus Holz, Metall und Plastik
Materialien zur Geräuscherzeugung
Magnete in Stab-, U-, V- und Hufeisenform
Aquarium, Terrarium, Herbarium, Tierkäfig (Meerschweinchen, Goldhamster)
Glühbirnen, Batterien, Klingeldraht
Farben
Werkzeuge (z. B. Bohrer, Feilen, Hämmer, Schaufeln usw.)
Transistorradio
Fernglas
Bausteine, Klötze, Knetmaterial
Verkehrskiste, Autos, Verkehrszeichen-Domino
Luftballons
Wäscheklammern, Zahnräder
alter Wecker, alter Telefonapparat
Meßbecher
Pflanzen (frische und getrocknete Blumen und Blätter)
Schwämme
Stoffreste
Zahnstocher
Zucker, Salz, Kaffee usw.

Das Grundschulalter (6. bis 10. Lebensjahr)

Roll- und Schlittschuhe
Modellautos
Ausschneidebogen
Karten- und Gesellschaftsspiele
Jungen-, Mädchen- und Abenteuerbücher
Modellierbogen
Bastel- und Malutensilien
Zauberkästen
Baukästen (Lego, Fischer-Technik)
Konstruktionsspielzeug
Handarbeitsmaterial
Schallplatten, Kassetten
Plattenspieler, Kassettenrecorder

Das 11–13jährige Schulkind

Jugendbücher
Musikinstrumente (Gitarre, Blockflöte)
Schallplatten
Kassettenrecorder
Hobbykästen (Physik / Chemie / Elektronik / Optik)
Gesellschaftsspiele
Webrahmen, Materialien für Handarbeiten
Modelleisenbahn
Modellbaukästen (Autos, Häuser, Schiffe, Flugzeuge)
Fotoapparat
Sportgeräte, Rollschuhe
Modelliermaterial, Aquarellfarben.

Aktionen und Angebote

Spielekreis

Durch Ansprechen von Bekannten oder durch ein kleines Inserat in der örtlichen Zeitung rufen wir zur Gründung eines Spielekreises auf. Er kann thematisch und altersmäßig begrenzt oder für alle Altersgruppen offen sein. Gespielt werden Gesellschaftsspiele, Regel- und Interaktionsspiele. Alle Mitglieder des Spielkreises, der sich auch einen Namen geben kann, sammeln alte und neue Spiele.

alte und neue Spiele sammeln

Spielekiste / Spielekoffer

Für den Kindergarten, den Hort oder eine Freizeitgruppe stellen wir eine Spielekiste zusammen.

Inhalt der Spielkiste

Inhaltsvorschlag: Spielsachen, Gesellschaftsspiele, Bau- und Konstruktionsspielzeug, Bücher, Malstifte, Papier, Verkleidungsutensilien. Der Inhalt der Kiste richtet sich nach dem Alter seiner Benutzer. Für das kranke Kind zu Hause oder im Krankenhaus kann man einen Spielekoffer einrichten. Der Inhalt richtet sich neben dem Alter auch nach dem jeweiligen Gesundheitszustand des Kindes (Siehe auch „Spielzeugliste").

Kinderspielkreise

In Gemeinden, die über keinen Kindergarten verfügen, werden Spielkreise eingerichtet. Ehrenamtliche Helfer und Eltern, die selbst Kinder haben, übernehmen die Betreuung der Kinder.

Spiel-Olympiade

Sport, Spiel und Spaß müssen nicht immer an Turnhallen oder Stadien gebunden sein. Besonders im Sommer können wir z. B. Wettbewerbe im und um das Wasser herum durchführen. Muscheln und Steine werden im flachen Wasser gesucht, oder es werden Staffeln durchgeführt. Die Kinder lassen Schiffe, Boote und selbstgebaute Wasserfahrzeuge schwimmen.

Spielothek

Die Spielothek ist eine pädagogische Einrichtung!

In zahlreichen Ferienorten der Bundesrepublik (z. B. an der Ostsee und im Harz) wurden seit 1972 „Spielotheken" eingerichtet.
Unter sozial- und freizeitpädagogischer Beratung durch Fachpersonal werden dort Gesellschafts- und Regelspiele durchgeführt.

Die Spielothek kann ihren Platz ganzjährig in zwei mit ansprechendem Mobiliar ausgestatteten Räumen in einem Jugend-, Gemeinde- oder Ferienzentrum/Kurhaus haben oder als „mobile Spielothek" (z. B. ein mit Spielmitteln ausgestatteter Kleinbus) im Sommer durchgeführt werden.

Träger dieses Angebotes, das sich an Kinder, Jugendliche und Erwachsene gleichermaßen wendet, können Kurverwaltungen, Jugendämter, die Kirchen und Jugendringe sein.

Das Angebot der Spielothek enthält in ausreichendem Umfang sowohl altbewährte „klassische" als auch neue Gesellschaftsspiele (ca. 150–300 Tischspiele), die in den festen Einrichtungen für jeden Besucher in Regalen und auf Tischen erreichbar sind.

Als Tischspiele werden u. a. Einzelspiele („Tüftel"- oder "Labyrinth"- **Art der Tischspiele** Spiele), Glücksspiele („Mensch ärgere dich nicht"), Quiz- und Gedächtnisspiele, strategische Spiele, Aktions- und Kommunikationsspiele angeboten.

Als Mitarbeiter in Spielotheken sind Sozial-, Freizeitpädagogen, Erzieher und Praktikanten tätig. Sie nehmen die Aufgaben von Spieleberatern wahr. Dazu gehört die Hilfestellung beim Überwinden der Schwellenangst, das Auffangen von Unsicherheit der Besucher beim ersten Kontakt mit der Spielothek.
Spielbegeisterung, eigene Kontaktfreude und die Bereitschaft zum Gespräch sind unerläßliche Voraussetzungen für einen Mitarbeiter in der Spielothek.

Der Spieleberater hilft jedem Besucher beim Aussuchen und Erklären eines **Spieleberater** „passenden" Spiels. Er muß deshalb über ein entsprechend großes Repertoire an geeigneten Spielen verfügen. Der Spielverlauf muß schnell überschaubar vermittelt werden. Dabei hat der Spieleberater die Unterschiedlichkeit der Gruppen zu berücksichtigen, die von spielfreudigen Kindern bis zu spielunerfahrenen, skeptischen Erwachsenen reichen.

Spielparty

Parties werden zu einem besonderen Erlebnis, wenn auf ihnen nicht nur Musik gehört und getanzt, sondern auch gespielt wird. Man kann jedoch auch von vornherein zu einer Spielparty oder einem Spielfest einladen. Die Themen, Inhalte und Spiele, die angeboten werden, richten sich nach der Zielgruppe (Kinder, Jugendliche, Erwachsene).
Die Spielparty wird durch die Gruppe organisiert: Ausschmückung, Musik, Festlegung der Thematik (z.B. Spiele zum Kennenlernen, Geschicklichkeitsspiele, Quizspiele oder Wettbewerbe), Besorgen von Preisen, Getränken und Knabbereien.

Spielfeste	Spielfeste können mit 20, aber auch mit 2000 Teilnehmern durchgeführt werden. Spielfeste bieten die Möglichkeit, die Bewohner eines Stadtteils oder einer Gemeinde zusammen- und näherzubringen. Je nach Größe des Vorhabens werden entsprechend viele Spielleiter benötigt. Während bei Kindern ein Verhältnis von 1:20 angebracht ist, kann 1 Spielleiter für 150 Erwachsene ausreichen. Von der Teilnehmerzahl hängt es ab, ob die Spielparty auf einem Gartengelände, in einer Halle oder auf einer großen öffentlichen Geländefläche (z. B. Park, Sportplatz) stattfindet. Gute Anregungen zur Durchführung von Spielfesten bietet das Buch „new games – die neuen Spiele" von Fluegelman/Tembeck, Ahorn Verlag, 1979.

Spielwarenmesse

Einmal jährlich findet in Nürnberg die größte Spielwarenmesse der Welt statt. 1981 kamen 1720 Aussteller, davon ein Drittel aus dem Ausland, nach Nürnberg, um ihre Produkte anzubieten.
Besucht werden kann die rund 80 000 qm große Fachmesse nur von Händlern und Facheinkäufern.

Spielzeugbörse

Ähnlich wie bei einem Flohmarkt wird ausrangiertes Spielzeug an kleinen Ständen angeboten, jedoch nicht zum Kauf, sondern ausschließlich zum Tausch.

Spielzeugmuseum

Seit Februar 1971 besteht in der „Weltspielzeugstadt" das Spielzeugmuseum der Stadt Nürnberg – Museum Lydia Bayer, Karlstraße 13.
Im Laufe von zehn Jahren besuchten 1,3 Millionen Besucher die wohl zu den schönsten deutschen Museen gehörende Einrichtung. Gezeigt werden auf 460 qm Ausstellungsfläche altes Spielzeug, hervorragende Spielzeugplakate, Puppenstuben, mechanisch-technisches, hölzernes und Blechspielzeug.
Das Museum, von Liebhabern als Spielzeug-Wallfahrtsort bezeichnet, vermittelt einen einmaligen Überblick über die Geschichte des Spielzeugs.

Spielzeugsammlung

Durch eine Notiz in der örtlichen Zeitung ruft eine Jugendgruppe, Elterninitiative, Schule, ein Kindergarten, eine Frauengruppe, Freizeitorganisation oder ein Verein zu Spielzeugspenden auf. Das brauchbare, intakte Spielzeug kann bedürftige Kinder erfreuen, in einer Spielstube eingesetzt oder einem Heim zur Verfügung gestellt werden.

Spieltherapie

Die Spieltherapie (Selbstheilung im Spielprozeß) hilft, Verhaltensproblemen und Konflikten auf die Spur zu kommen und „spielend" zu lösen. Unter Kontrolle eines Fachmannes (Psychologe, Sozialpädagoge, Erzieher) wird versucht, durch freies und angeregtes Spiel Störungen aufzudecken, sie therapeutisch zu bearbeiten und Anhaltspunkte für Änderungen in der kindlichen Umwelt zu erhalten.

Besonders erfolgreich kann die Spieltherapie bei Kindern bis zum 12. Lebensjahr eingesetzt werden. Sie findet z. B. Anwendung bei folgenden Symptomen: **Anwendung bei vielfältigen Symptomen**

- Konzentrationsstörungen
- allgemeine Ängstlichkeit
- Minderwertigkeitsgefühle
- Kontaktscheue
- Sprachstörungen
- Kränklichkeit (z. B. Appetitlosigkeit, Über-, Untergewicht)
- Einnässen
- Nägelkauen, Daumenlutschen
- verlangsamte Motorik
- motorische Unruhe
- Schlafstörungen
- Störungen der Feinmotorik
- Streitsucht, Wutanfälle
- Legasthenie
- Passivität
- psychische Retardierung

Der Heilungsprozeß kann sich über mehrere Wochen und Monate, zum Teil auch über mehr als ein Jahr erstrecken. Die Therapie findet in der Regel einmal wöchentlich statt und dauert jeweils etwa 45–60 Minuten.

Durch Versuch und Irrtum und schlußfolgerndes Denken lernt das Kind, eine problemhafte Situation oder Lage zu bewältigen und allein oder mit Bitten um Hilfestellung zu verändern. **Lernen durch Versuch und Irrtum**

Als Ziele der Spieltherapie lassen sich u. a. nennen: **Ziele der Spieltherapie**

- Überwinden von Schwierigkeiten (Problemlösungsverhalten)
- Ausleben aufgestauter Energien und Aggressionen
- eigene Gefühle gegenüber anderen besser ausdrücken können
- Durchsetzungsvermögen (Selbstbehauptungsverhalten) entwickeln

- Aufbau eines positiven Selbstwertgefühls und Vertrauen zur Umwelt
- Abbau von Ängsten und Minderwertigkeitsgefühlen
- Steigerung der aktiven Erlebnisfähigkeit (z. B. im musischen, gestalterischen oder sprachlichen Bereich)
- Stabilisierung des Leistungsverhaltens.

Als Spielzeuge bzw. Spielmittel werden Gegenstände eingesetzt, die genügend Möglichkeiten zur Anregung der Phantasie offen lassen, Gestaltungsmöglichkeiten schaffen, Erfahrungen vermitteln, zur Übung der Motorik beitragen und die Aufnahme von sozialen Kontakten ermöglichen (siehe Kapitel ,,Geeignetes Spielzeug").

Das Gelingen des angestrebten Heilungsprozesses hängt in besonderem Maße vom Verhalten des Spieltherapeuten ab. Er muß Ruhe und Zuversicht ausstrahlen und das Kind so annehmen, wie es ist. Der Therapeut muß die **Gefühle erkennen und reflektieren** Gefühle des Kindes spontan erkennen und reflektieren, um ihm so Einsicht in sein Verhalten geben zu können.

Die Eltern müssen vor Beginn der Behandlung durch den Fachmann in die Ziele und den Verlauf eingewiesen werden. Eine partnerschaftliche Zusammenarbeit zwischen Therapeut und Eltern ist eine wichtige Grundlage für eine erfolgreiche Spieltherapie.

17. Spielplätze

17. Spielplätze

Der Spielplatz – ein „Stiefkind"?

Heute haben nur noch wenig Kinder die Möglichkeit, sich ihren Spielplatz im Freien auszusuchen. Mit zunehmender Bebauung und entsprechend starkem Straßenverkehr verschwinden natürliche Spielräume wie Gärten, Höfe, Straßen und Wiesen.

Eine verständnislose Umwelt mit einem Übermaß an Verboten und Verbotsschildern
- in Hausfluren
- in und um Mietshäuser
- auf Hinterhöfen, Marktplätzen und in Parks

und jährlich mehr als 70 000 (davon 1300 tödlich) im Straßenverkehr verunglückte Kinder (Zahlenangabe lt. Bundesverkehrsministerium 1981) führen zur Frage, wo Großstadtkinder noch Gelegenheit zum erlebnisreichen und zwanglosen Spiel finden können.

Erwachsene können sich nicht in ihre Kindheit zurückversetzen

Künstliche Spielplätze werden von Erwachsenen für Kinder geschaffen. Dabei scheint das größte Problem der Erwachsenen darin zu liegen, daß sie sich selbst nicht in ihre Kindheit zurückversetzen können.

Schlechter Zustand

Sehr viele Spielplätze zeigen im Hinblick auf ihren Zustand ein trostloses Bild. Über 50 Prozent der Geräte sind ein Sicherheitsrisiko.*
Die Spielgeräte sind verrostet und zum Teil verrottet. Die Sandkästen sind verschmutzt und dienen als Hundetoilette. Glasscherben und Coladosen liegen herum, Papierkörbe fehlen. Nicht selten findet man dornige Hecken als Spielplatzeinfassung und den giftigen Goldregen als Bewuchs. Die Kinderfreundlichkeit einer Stadt läßt sich gut am Zustand und an der Ausstattung ihrer öffentlichen Spielplätze ablesen.

Langweilige Ausstattung

Spielplätze sollen zu aktivem Spiel anregen. Das können sie jedoch nur, wenn sie abwechslungsreich gestaltet sind, also genügend Aktivitäten ermöglichen. Wenn man sich unsere öffentlichen Spielplätze ansieht, kommt man zu dem Schluß, daß hier die Entwicklung stehengeblieben ist.

fraglicher Spielwert der Geräte

Die Spielplätze sind durchweg mit einem Standardprogramm, bestehend aus Sandkasten, Schaukel, Rutsche und Wippe ausgestattet und z.T. mit

---

* Bundesweite Untersuchung von 116 Spielplätzen durch den „Stern" zusammen mit dem TÜV Norddeutschland im April und Mai 1982.

einem Klettergerüst ergänzt. Der Spielwert dieser Geräte ist fraglich. Sie bieten wenig Anreiz, sind nicht kreativitätsfördernd und lassen wenig sozialen Kontakt mit den Spielpartnern zu.

Schon nach kurzer Zeit werden die Spielgeräte langweilig, weil sie nur auf eine Bewegungsart ausgerichtet sind und meist nur von einem Kind zur gleichen Zeit benutzt werden können.

Wenn wir unter kreativem Spiel auch eine Förderung der Ich-Stärke verstehen, so kommt es auf den meisten konventionellen Spielplätzen zu einer Ich-Einschränkung. **Ich-Einschränkung**

Es gibt Streit um die Benutzung der Geräte mit Gleichaltrigen. Das Kind erlebt den Spielplatz als Konfliktfeld mit Zwängen, Auseinandersetzungen **Spielplatz als** und Langeweile. Neben Jugendlichen, die auf das Kind Druck ausüben, **Konfliktfeld** wird es auf dem Spielplatz auch durch die in das Spiel eingreifende Mutter oder durch ruhesuchende Erwachsene (,,Spielt nicht so laut!") in seinem Spielverhalten beeinflußt und entwickelt so Ablehnungsreaktionen.

Überlegungen zur Verbesserung der Spielplatz-Situation

Der Spielplatz ist ein Teil der kindlichen Umwelt. Die Kinder sollen dadurch mehr Möglichkeiten erhalten, ihre Phantasie zu entfalten und kreativ zu spielen.

Was ist zu tun?

1. Ein neues, verändertes Bewußtsein dem Kind und seinem Spiel ge- **Verändertes Be-** genüber muß gefördert werden. Solange Mitbürger ihr ,,Herz für **wußtsein gegenüber** Kinder" nur auf der Autoscheibe kleben haben, sich aber über das **Kind und Spiel** Spiel vor Garagentoren (aus Spielplatzmangel!) und auf Rasenflächen aufregen, wird sich nichts an der Bewegungsfreiheit des Kindes verändern.

2. Die für die Erstellung von Spielplätzen zuständigen Gemeinde- und Stadtverwaltungen, hier besonders die Gartenbau- und Jugendämter sollten mehr als bisher die Spielplätze als einen Teil zur Verbesserung der Spielqualität – und somit der Lebensqualität – verstehen und sie **Spielqualität** entsprechend konzipieren:
   – Spielplätze mit hohem Aufforderungscharakter für das Kind, **Spielplätze mit**
   – Möglichkeiten schaffen, den Spielplatz eigentätig umgestalten **hohem Aufforde-** zu können **rungscharakter**
   – mehr Bau- und Abenteuerspielplätze errichten.

3. Wenn Aktionsspielplätze eingerichtet werden, die Lernerfahrungen mit vielseitigem Materialangebot (Bauholz, Autoreifen, Holzkisten, Wasser, Kartons usw.) ermöglichen, muß eine Spielplatzbetreuung gewährleistet sein. Sie gibt Impulse, ist Ansprechpartner und ,,Auskunftszentrale" für die Kinder, teilt Materialien aus und nimmt die Aufsichtspflicht wahr.

4. Bei der Planung, Einrichtung und Erhaltung von Spielplätzen müssen die Bedürfnisse, Wünsche und Erwartungen ihrer Benutzer berücksichtigt werden.

Positive Beispiele gibt es seit fast 20 Jahren in Dänemark (Skrammel-Pladser), England (adventure-playground) und der Schweiz (Robinson-Spielplätze).

In deutschen Großstädten wie München, Berlin und Frankfurt entstanden die ersten Abenteuerspielplätze zwischen 1971 und 1973. Spielplatzaktionen, Abenteuer- und Bauspielplätze erregten in den vergangenen Jahren Aufsehen, scheiterten jedoch größtenteils wie-

der. Die Gründe lagen im wesentlichen im mangelnden Verständnis von Anliegern, Einwänden der Bau- und Gärtnereiverwaltungen, in Fragen der Haftung und Aufsichtspflicht, aber auch in unausgegorenen Konzeptionen und fragwürdigen Zielsetzungen.

Kinder dürfen nicht zum Experimentierfeld pädagogischer Moden gemacht werden. Die Entdeckung und Erprobung neuer, auch ungewöhnlicher Spielformen sollte man ihnen jedoch ermöglichen. Nur so können sie ihre schöpferischen Kräfte frei entfalten.

5. Eltern können sich in Eigeninitiative zusammentun, um Spielmöglichkeiten und Spielplätze für ihre Kinder zu schaffen.

6. Eltern, die keinen eigenen Garten haben, sollten jede Gelegenheit nutzen, mit ihren Kindern ins Grüne zu fahren, wo sie ohne Verbote toben können; weg aus den engen Wohnungen, den Hochhäusern und Ballungsgebieten.

7. Gehen Sie einmal auf einen Spielplatz in Ihrer Nähe. Überprüfen Sie, welche Spielmöglichkeiten dort bestehen. Beobachten Sie auch die Kinder, ob und wie sie die dortigen Geräte nutzen. Wie gehen die Kinder miteinander um? Schauen Sie sich den Zustand des Spielplatzes an. Wie ist die Beschaffenheit der Spielgeräte? Bestehen Gefahrenquellen oder ,,Verletzungsfallen" wie z.B. beschädigte Spielgeräte, zerbrochene Glasflaschen usw.? Informieren Sie das zuständige Ordnungsamt, wenn Sie verschmutzte Spielplätze sehen. Verlangen Sie, daß der schmutzige Sand ausgewechselt wird.

8. Fehlt in Ihrer Nähe ein Kinderspielplatz, der unbedingt notwendig wäre, so wenden Sie sich an Ihr Gemeinde- oder Stadtparlament. Schon 1956 forderte der Deutsche Städtetag, daß für 3–6jährige Kinder in einer Wohnungsentfernung von höchsten 100 m ein Spielplatz von 150 qm Größe bestehen soll. Für Kinder von 7–12 Jahren darf die Entfernung von der Wohnung höchstens 500 m betragen.

Der Bauspielplatz

Abenteuerlust und Tatendrang in richtige Bahnen lenken

Aus der Kenntnis heraus, daß herkömmliche Spielplätze durch die Installierung unveränderlicher Spielgeräte nicht geeignet sind, kreatives Verhalten zu fördern, entwickelte die Hansestadt Lübeck 1977 ein Konzept für die Errichtung eines Bauspielplatzes im Stadtteil Buntekuh.
Der Stadtteil besteht seit 1965. Bis zur Einrichtung des Bauspielplatzes bestanden für etwa 2500 Kinder im Alter von 8 bis 14 Jahren außer zwei Kindertagesstätten und 2 Spielstuben keinerlei Einrichtungen der Jugendhilfe. Neben einigen konventionellen Spielplätzen für die Kleinkinder ist im Kern- und am Randbereich dieses Stadtteils keine natürliche Landschaft vorhanden. Das Bild wird von Wohnblocks und Hochhäusern beherrscht.

Die Planer waren vor die Situation gestellt, daß Spielangebote für Kinder ab ca. 7 Jahren fehlten und die Gefahr bestand, daß durch den nicht ausgelebten Tatendrang und die Abenteuerlust, die Aktivität der Kinder fehlgeleitet wird und es in verstärktem Maße zu Kinder- und Jugendkriminalität kommt (z. B. Sachbeschädigung, Diebstahl und Körperverletzung). [*nicht ausgelebter Tatendrang*]
Der Bauspielplatz, der nun schon seit mehreren Jahren aktiv von 7–14jährigen genutzt wird, befindet sich auf einer Fläche von ca. 10 000 qm und kann von allen Punkten des Stadtteils innerhalb kürzester Zeit (max. 15 Minuten) erreicht werden.
Zum Bauspielplatz gehört ein 80 qm großes Spielhaus, das einen Aufenthaltsraum zum Spielen und Werken, einen Raum für die hauptamtlichen Betreuer (Sozialpädagogen und Erzieher), einen Geräteraum und sanitäre Einrichtungen enthält. [*hauptamtliche Betreuer*]
Organisatorisch untersteht der Bauspielplatz dem Jugendamt; für den Unterhalt des Platzes und des Spielhauses ist die Bauverwaltung zuständig. Für die effektive Arbeit auf dem Platz werden jährlich etwa 10 000 DM zur Verfügung gestellt.

Pädagogische Grundsätze: [*Pädagogische Grundsätze*]

Für die pädagogische Organisation stellte die Hansestadt drei Grundsätze auf:

a) Offenheit des Platzes
b) Veränderbarkeit des Platzes
c) Pädagogische Betreuung des Platzes.

Wörtlich heißt es

zu a) ,,Die in dieser Konzeption vertretene Auffassung von Spiel setzt voraus, daß die Entfaltung von Aktivitäten auf Ideen, Einfälle und

Entschlüsse der Kinder zurückgeht und nicht von Erwachsenen bestimmt wird. Die Angebote des Spielplatzes müssen offen sein, damit die Benutzer ihre Bedürfnisse und Entscheidungen verwirklichen können. Die Offenheit des Platzes muß da eingeschränkt werden, wo die Sicherheit gefährdet ist bzw. Interessen und Wünsche anderer Benutzer in unangemessener Weise eingeschränkt werden. Es ist die Aufgabe des pädagogischen Personals, einen Lernprozeß in Gang zu setzen, der die Kinder zu sozialem und kooperativem Verhalten führt".

Lernprozesse in Gang setzen

Veränderbarkeit des Platzes

zu b) „Wesentliches Element von Bauspielplätzen ist ihre Veränderbarkeit, die den wechselnden Neigungen der jeweiligen Besuchergruppen Rechnung trägt.
Ausgenommen von dieser Veränderbarkeit sind das Betreuerhaus und seine Einrichtung sowie Einzäunung und Randbepflanzungen des Platzes.
Aus der Forderung nach der Veränderbarkeit des Platzes ergibt sich die Folgerung, daß außer den oben genannten Einrichtungen keine festen Installierungen vorgenommen werden".

zu c) „Der Bauspielplatz nimmt in der Herstellung zwischenmenschlicher Beziehungen der Kinder untereinander einen hohen Stellenwert ein.
Für die Gesellschaft ist es von erheblicher Bedeutung, daß Kinder lernen, miteinander umzugehen . . .
Die Kinder müssen im Spiel die Gelegenheit erhalten, soziale Beziehungen anzuknüpfen. Als Partner kommen alle Altersgruppen in Frage.

Offenheit für alle Altersgruppen

Es ist notwendig, aus den Bereichen Familie und Schule auftauchende Probleme zu erkennen und auf ihren Abbau hin zu arbeiten.
Dabei ist eine enge Zusammenarbeit mit den sozialpädagogischen Fachkräften des Jugendamtes und des Sozialamtes zu entwickeln.
Die in diesem Abschnitt geschilderten Aufgaben können aber nur durch pädagogische Fachkräfte geleistet werden.
Eine begleitende Betreuung des Spielplatzes durch interessierte Erwachsene oder jugendliche Helfer sowie die Einbeziehung der Eltern der auf dem Platz spielenden Kinder ist jedoch ein wichtiges Ziel der pädagogischen Arbeit auf dem Platz.

Zusammenarbeit mit Institutionen

Es ist erforderlich, eine Zusammenarbeit zwischen den Betreuern und den im Stadtteil bestehenden Institutionen (z. B. Schulen, Kindertagesstätten, Sozialberatung usw.) zu entwickeln".

Das positive Beispiel Lübecks und einiger anderer Städte sollte Schule machen. Es verhindert, daß in Wohnballungsgebieten Kinder in eine Situation gedrängt werden, die sie früher oder später abstumpfen läßt und ihre Auswirkungen als Inaktivität oder Aggressivität im Jugendalter zeigt.

Spieleregister

Literaturliste

Bei der Zusammenstellung der folgenden Literaturauswahl wurde darauf geachtet, Eltern und Erziehern weiterführende Literatur zum Gesamtbereich „Spiel und Erziehung" aufzuzeigen.

Besonders für Eltern zu empfehlende Bücher sind mit einem ✻ gekennzeichnet.

✻ Ackermann, P./Kappelman, M.: Was tun, wenn Kinder schwierig werden?; Schweizer Verlagshaus, Zürich, 1980
✻ „Arbeitskreis für Jugendliteratur": Das Bilderbuch; München 1978
✻ „Arbeitsausschuß Kinderspiel + Spielzeug e. V.": Gutes Spielzeug von A–Z, Ulm
Arndt, M. (Hrsg.): Didaktische Spiele; Klett, Stuttgart 1970
Arndt, M.: Die Natur – erlebt und beobachtet mit Vorschulkindern; Klett, Stuttgart 1965

Bader, K. u. a.: Handbuch für Kindertagesstätten. Informationen zur öffentlichen Kindererziehung; Rowohlt, Reinbek 1977
Bayer, G./Knötzinger, M.: Wahrnehmen und Gestalten; Bardtenschlager, München 1978
✻ Becker/Niggemeyer: Ich sorge für ein Tier; Maier, Ravensburg 1973
Bergemann, M.: Sporterziehung im Vorschulalter; Bardtenschlager, München 1980
Bernstein, B.: Studien zur sprachlichen Sozialisation; Ullstein, Berlin 1981
Berzheim, N.: Kinder gestalten mit Musik und Bewegung; Auer, Donauwörth 1975
Brezinka, W.: Erziehungsziele, Erziehungsmittel, Erziehungserfolg; München 1976
Bittner/Schmidt-Cords (Hrsg.): Erziehung in früher Kindheit; Piper, München 1968
Blankertz, H.: Theorien und Modelle zur Didaktik; Juventa, München 1972
✻ Blechner, G.: Der Garten als Kinderspielplatz; Wiesbaden 1973
✻ Brüder Grimm: Kinder- und Hausmärchen; Bardtenschlager, München

Callies, E.: Vorschulerziehung; Coppenrath, Münster 1970
Château, J.: Das Spiel des Kindes; Paderborn 1969

✻ de Haen: Warum ist das Wetter so?; Maier, Ravensburg 1974
Diem, L.: Sport für Kinder; München 1973
✻ Dodson, F.: Dürfen Kinder alles?; Bertelsmann, München 1972
Drees, H./Drees E.: Schöpferische Musikerziehung; Bardtenschlager, München 1980

Ebert, W.: Zum bildnerischen Verhalten des Kindes im Vor- und Grundschulalter; Ratingen 1967
✻ Elffers, J./Schuyt, M.: Das Hexenspiel – Finger-Fadenspiele neu entdeckt; DuMont, Köln 1978

Fend, H.: Sozialisierung und Erziehung; Beltz, Weinheim 1971

✳ Fischer, G.: Die beliebtesten deutschen Volkslieder; Knaur, München 1980

Flitner, A. u.a.: Brennpunkte gegenwärtiger Pädagogik; Piper, München 1970

✳ Flitner, A.: Spielen – Lernen; Piper, München 1977

✳ Frank, K.: Kindergeschichten aus Deutschland; Fischer, Frankfurt 1981

Freudenreich u.a.: Rollenspiel; Schroedel, Hannover 1976

Frommlet, W. u.a.: Kinder spielen – Kinder lernen; Rowohlt, Reinbek 1975

Gebauer: Spielprojekte; Schroedel, Hannover 1976

Giesecke, H.: Einführung in die Pädagogik; Juventa, München 1978

Gold, V. u.a.: Kinder spielen Konflikte; Luchterhand, Neuwied 1973

Gollwitzer, E.: Kinderspielplätze; Callway, München

✳ Gordon, T.: Familienkonferenz; Hoffmann & Campe, Hamburg 1977

Grigat, R.: Psychologie für Erzieher; Bardtenschlager, München 1976

Grüneisl, G.: Spielen mit Gruppen; Klett, Stuttgart 1974

Hardach-Pinke, I./Hardach, G.: Kinderalltag – Deutsche Kindheiten in Selbstzeugnissen; Rowohlt, Reinbek 1981

Hederer, J.: Praxis- und Methodenlehre, Teil 2; Bardtenschlager, München 1980

✳ Heidenreich, G.: Das Kinder-Lieder-Buch; Fischer, Frankfurt/M. 1981

✳ Hetzer, H.: Spiel und Spielzeug für jedes Alter; München 1970

Hoenisch, N. u.a.: Vorschulkinder; Stuttgart 1969

Huizinga, J.: Homo ludens; Rowohlt, Reinbek

Huppertz, M. u. N.: Bilderbuch und didaktische Spiele; Stuttgart 1977

Huppertz, N./Schinzler, E.: Grundfragen der Pädagogik; Bardtenschlager, München 1980 (5. Aufl.)

Joerger, K.: Einführung in die Lernpsychologie; Freiburg 1977

✳ Kampmann, L.: Ravensburger Kindermalschule; Maier, Ravensburg 1971

✳ Kegel, G.: Sprache und Sprechen des Kindes; Rowohlt, Reinbek 1974

✳ Kietz, G.: Das Bauen des Kindes; dtv, München 1974

✳ Knerr, G.: Sachbegegnung in Kindergarten und Grundschule; Kösel, München 1977

✳ Kraus u.a.: Jugendlexikon Erziehung; Rowohlt, Reinbek 1976

Kreuzer, J.: Handbuch der Spielpädagogik; Schwann, Düsseldorf 1982

✳ Krüß, J.: Das Buch der sieben Sachen – Eine Sammlung von Versen und Geschichten; Knaur, München 1981

✳ Krüß, J. (Hrsg.): Die Hirtenflöte. Europäische Volkslieder; Biederstein, München 1965

Künzel-Hansen: Musik mit Kindern; Klett, Stuttgart 1973

✳ Lay, R.: Führen durch das Wort; Rowohlt, Reinbek 1981

Lewin, K.: Turnen im Vorschulalter; Berlin 1972

✳ Lexikon der Pädagogik; Herder, Freiburg i. Br. 1973

Mager, R. F./Pipe, P.: Verhalten, Lernen, Umwelt; Beltz, Weinheim 1973

Mann, L.: Sozialpsychologie; Beltz, Weinheim 1973

Marquard, M.: Einführung in die Kinder- und Jugendliteratur; Bardtenschlager, München 1979 (3. Aufl.)

✳ Mieskes, H.: Spielmittel recht verstanden – richtig gewählt, gut genutzt; Augsburg 1974

✳ Mayrhofer: Neues Spielen mit Kindern; Maier, Ravensburg

✻ Nass, K. O.: Des ersten Sohnes frühe Jahre; dtv, München 1980
Nelson, P. A.: Naturwissenschaftlicher Unterricht in der Grundschule; Klett, Stuttgart 1971
Nickel, H.: Entwicklungspychologie des Kindes- und Jugendalters, Bd. 1 u. 2; Huber, Bern 1975
✻ Noll, H.: Das sportliche Spiel; Bardtenschlager, München 1980

✻ Obermair, G.: Wortspielereien; Heyne, München
Oerter, R.: Entwicklung und Erziehung; Auer, Donauwörth 1977
✻ Oker, E.: Die schönsten Spiele mit Würfeln; Knaur, München 1980

✻ Pahlen, K.: Kinderlieder aus aller Welt; Schweizer Verlagshaus, Zürich 1979
Piaget, J.: Sprechen und Denken des Kindes; Schwann, Düsseldorf 1972
Piaget, J.: Nachahmung, Spiel und Traum; Klett, Stuttgart 1975
✻ Pichottka, I.: Spiel ist keine Spielerei – Ein Beispiel kindlicher Anschauungskraft; dtv, München 1975

✻ Rexilius, G./Grubitzsch, S.: Handbuch psychologischer Grundbegriffe; Rowohlt, Reinbek 1981
✻ Richter, H. E.: Eltern, Kind, Neurose; Stuttgart 1967
✻ Röhrs, H.: Kindergarten, Vorschule, Elternhaus in Kooperation; München 1976
✻ Rossberg, E.: Einzelkinder; Rowohlt, Reinbek 1981
Roth, H. (Hrsg.): Begabung und Lernen; Klett, Stuttgart 1969

✻ Scheuerl, H.: Das Spiel; Beltz, Weinheim
✻ Schmalohr, E.: Den Kindern eine Chance; dtv, München
✻ ,,Schwalbacher Spielkartei"; Haus Schwalbach, Wiesbaden-Dotzheim 1978
✻ Schwäbisch, L./Siems, M.: Anleitung zum sozialen Lernen für Paare, Gruppen und Erzieher; Rowohlt, Reinbek 1974
✻ Seitz, R.: Zeichnen und Malen mit Kindern; Don Bosco, München 1968
Spitz, R.: Vom Säugling zum Kleinkind – Naturgeschichte der Mutter-Kind-Beziehungen im ersten Lebensjahr; Klett, Stuttgart 1967
Stendler-Laratelli, C.: Früherziehung nach Piaget; Reinhard, München 1976
Syndikus, H.: Kinder singen und gestalten; Don Bosco, München 1980

Thiesen, P.: Jugendgruppenleiterspiel; Eutin 1978 (2. Aufl.)
✻ Thiesen, P./Cornils, V.: Handbuch Jugendarbeit; Bardtenschlager, München 1981
✻ Trapmann, H. u. a.: Auffälliges Verhalten im Kindesalter; Fischer, Frankfurt/M. 1980

✻ Van den Brouck, J.: Handbuch für Kinder mit schwierigen Eltern; Klett-Cotta, Stuttgart 1981
Vlatten, J.: Kleines Lexikon für Spiel und Geselligkeit; Haus Schwalbach, Wiesbaden-Dotzheim 1974

✻ Walter, K.: Das Kinderpartybuch; Heyne, München
✻ Wulf, Chr. (Hrsg.): Wörterbuch der Erziehung; Piper, München 1974
✻ Zeissner, G./Lotz, B.: Vorlesebuch Kindergarten; Bardtenschlager, München 1981

Züblin, W.: Das schwierige Kind; dtv-Thieme, München
✻ Zulliger, H.: Heilende Kräfte im kindlichen Spiel; Fischer, Frankfurt/M. 1971

Zeitschriften

,,Animation" – Zeitschrift für Freizeitpraxis und Freizeitwissenschaft (jährlich 12 Hefte); Vincentz, Hannover

,,Kindergarten heute" – Zeitschrift für Erziehung im Vorschulalter (jährlich 4 Hefte); Herder, Freiburg i. Br.

,,Spielmittel" – Zeitschrift für Information, Beratung, Diskussion (jährlich 5 Hefte); W. Nostheide, Bamberg

,,Welt des Kindes" – Zeitschrift für Kleinkindpädagogik und außerschulische Erziehung (jährlich 6 Hefte); Kösel, München.

Autor:

PETER THIESEN, geb. 1952 in Eutin/Holstein, Diplom-Sozialpädagoge, studierte Sozialpädagogik, Deutsch und Politische Bildung. Mehrjährige Tätigkeit als Bezirks- und Stadtjugendpfleger, Lehrbeauftragter an der Fachhochschule Kiel (1976–1979) und VHS-Dozent. Nach dem 2. Staatsexamen (1979) als Lehrer an der Fachschule für Sozialpädagogik in Lübeck. Zahlreiche Veröffentlichungen zu sozialpädagogischen Themen.

Im Stam-Verlag erschien: Thiesen/Cornlis: „Handbuch Jugendarbeit" (Stam 8058).